ミダス・デッケルス●著
Midas Dekkers
伴田良輔●監修　堀千恵子●訳

DEAREST PET ON BESTIALITY

愛しのペット

獣姦の博物誌

工作舎

フェリックス・ヴァロットン、「白鳥と水浴する女」、1893年ごろ。

愛しのペット　獣姦の博物誌

目次

はじめに

もっと自由に！

そこかしこをなで回し、みごとな毛並みにほおずりしては、よしよしとばかりに抱きしめる、動物好きがペットに示すかわいがりようは、人もうらやむほど激しい。愛撫を受ける頻度にかけては、イヌは人間をしのぐ。といっても、満遍なくというわけではない。一カ所だけ、ほとんどの人が手を触れない聖域がある。ほら、あそこ、下半身のあの部分だ。動物をかわいがることは大いにけっこうだが、獣姦などもってのほかとされ、その衝動を抑えられない者は恥知らずとの汚名を着せられる。だから、ペニスをぶらつかせ、盛りのついた雌が鳴き声を上げても、ペットのイヌやネコの性欲に対して見て見ぬふりを決めこむ。恋人ではなく、あくまでも飼い主に徹しようとするのだ。

しかし、いくらはしたないとはいえ、獣姦の発生をくい止めることはできない。

愛情がつのれば相手を抱きたいと思うのは自然の摂理。農場、売春宿、はたまた身近な自宅の炉端などで繰り広げられるこの行為、その最たる場所は頭のなかだろう。想像ほど有効に働く性器はない。現に動物への肉欲で貫かれた芸術文化など驚くに当たらず、「レダと白鳥」から、誘惑的な人魚、『フリッツ・ザ・キャット』、多数のポルノ雑誌、若い娘とポニー、下卑たジョーク、毛皮のコート、「なんてこった（fuck a duck）」という表現に至るまで、そんな例は巷にごろごろしている。そしてきわめつきは本書だ。こうした種々雑多な例から引きだしたデータをもとに、獣姦というテーマで一冊の本にまとめ上げている。

動物同士でも、種にまたがる性行為がタブーなのは変わりない。むしろ人間の場合より厳格なくらいだ。自然界で互いにかけ離れた外見の生物が交尾したとすれば、二匹の違いはたいがい種ではなく性別である。雌に比べると色鮮やかな雄のマガモ、雌ジカにはない雄ジカの枝角、雌のほうが体の大きい猛禽類といった具合に、同種でも雄と雌とでは見かけに格段の差があるケースが多い。

人間にはさほどの違いは見られず、男性が少々毛深く、女性はいくぶん丸みを帯びた体つきをしている程度だ。なのに、男子校に通っていた私たちの目には、女子がまるで異星からやって来たまったく別な生き物のように映った。通りを数本隔てた女子校は見慣れない宇宙人の世界で、動物園に近似していた。そのせいか、そんな生き物といつの日か寝てみたいという願いには、獣姦の危険な香りが漂った。

軒並み共学となった昨今、昔ほどの違和感はなくなったかもしれない。しかし、男女の間には依然として深い溝が横たわり、口紅や皮のジャケットで両者の差はさらに開きつつある。性交とは相手を伴う営みだ。それは必ずしも異性や同じ人種とはかぎらない。同性や異人種の場合もあるだろう。いずれにしろ、性的交わりが互いの境界を打ち破り、見知らぬ領域に踏み込む行為であることに間違いない。だからこそ、その行為は今なお獣姦の香りを放ち続けている。似た者同士の性交なんて、どこがおもしろいというのか。束縛を解いてもっと自由に！　心から欲望を満たすにはこれをおいてほかに手はない。

第1章 けもののごとく

好色なる動物の神話

ミセス・クラインにしっぽが生えた。前触れなしにウサギのしっぽがニョキニョキと。肝がすわったご婦人のこと、めったなことでは驚かない。ところがある日、ウサギの耳が不意にニョッキリ。さすがのミセス・クラインもあわてふためき病院へ。そのあげく、医者からウサギ専門の獣医に回され、母親はなんの助けにもならないどころか「天罰よ」といいだす始末。もうこうなったら、夫に告白するしかない。家を出る覚悟をし、泣きながら生えたてのしっぽと耳を夫に見せた。すると、ミスター・クラインはごちそうを一口妻に食べさせ、キスの嵐を浴びせていった。「好きなのはありのままの君。ウサギの君もとってもすてきさ」。

インメ・ドロス作『とてもすてきなウサギ』は、素朴な味わいを持つ作品である。ウサギに変身した人間。人間からキスの嵐を受けるウサギ。当初から人間と動物が密接にかかわってきた私たちの文化では、あってもなんら不思議はない話だ。人を誘惑する人魚、ロバの耳をしたミダス王、ヤギとアラブ人にまつわる冗談、厩舎を舞台にした十代の若者とウマのよくある話、「そわそわ（ants in the pants）」という表現、みだりにキスされるカエル。

このように、動物への愛情がまるっきりプラトニックのままなど絶対にあり得ない。獣姦はどこにでも存在している。芸術、科学、歴史、そして夜見る夢のなかにも。私たちはその現実から目をそらし、笑いをかみ殺している。しかし、どんなに本能を抑え込もうとも、やがては必ず露見するものだ。子ども時代は本に書かれた古代神話や伝説におそれおののきながらも恋いこがれ、高校生ともなれば、動物に絶えず変身する好色な神々で埋まったギリシア語やラテン語の宿題をいやがりもせずこなす。

図書館や博物館には長年、神殿遺跡から追い払われてその崇拝者たちも異邦人に一掃された、古代の神々が収められている。彼らの名はさまざまな芝居でよみがえり、天空にその姿形を残す。特有の獣性は恥ずかしげもなく堂々と描かれるかと思えば、人目をごまかすように形を変えて表現される場合もある。

オランダの救急医のロゴに示されたとぐろを巻くヘビが、古代神アスクレピオスとはだれも気づかないに違いない。その昔、女たちはこの神のために悩ましげに身もだえるヘビと交わった。また現在、息子の割礼で陰茎包皮を切除する儀式を、再生と不死を象徴する脱皮したヘビの抜け殻の奉納と考える父親が、はたしてどれだけいるだろう。さらには代々、運河沿いの大邸宅や宮殿がこぞって、キリスト教が何千人もの信者を火刑に処したような罪深い行為を犯す、レダと白鳥の絵を飾っているのはなぜなのか。

アゴスティノ・カラッチ、「ニンフと交わるサテュロス」、1584年ごろ。

美女レダに襲いかかる白鳥

最後の問いの答えはいとも簡単。ずばり、レダと白鳥のテーマが得もいわれず美しいからである。二五世紀もの間、神である白鳥の羽毛があでやかな生身の人間の肌と絡み合うイメージに、歴代の画家たちは創作意欲をかき立てられてきた。とはいえ、この卓越した組み合わせは、イースター・エッグを運ぶウサギ、人間のひざの上のネコ、一角獣などと同じく、一見無理がなさそうながら不自然このうえない。しかも、レダの「並外れた美しさ」の表現には画家たちも一苦労している。そのあまりの美しさに、『イリアス』で天地を揺るがす「雲を寄せ集める者」とされた古代ギリシアの最高神ゼウスさえ、どうにかしてレダを手に入れようと躍起になった。白鳥に身をやつしたゼウスが、ワシに追いかけられているふりをして、レダのひざの上に逃げ込むと、彼女は即座にマントをかけてゼウスをかくまい、ふたりは天地でも屈指の名高い交わりを持つ。

生物学的見地からいっても、これはまれにみる奇妙な話だといっていい。トリでもない人間が卵を産むのである。伝説によれば、その卵は二個だったという。一方からは後にトロイア戦争の原因となったヘレネ、他方からは双子のカストルとポリュデウケスが誕生した。ただし、双子は同夜にレダが寝床をともにした夫のスパルタ王の息子たちで、ヘレネはガンに変じて好色な白鳥のゼウスの目をくらまそうとして襲われるネメシスの卵からかえったという異説がある。いずれにせよ、地元のレウキッピデスの神殿には、レダが産んだとされる山ほどの卵の殻が展示されていた。

神々、恋人たち、そして彼らが変身した動物が入り乱れ、あたかも収拾がつかないような様相だが、そこにはちゃんとした筋道が通っている。事実、ゼウスはむやみに白鳥になったわけではない。他の大半のトリとだったら嫉妬する気も起きないだろう。幼児のキスさながら互いの腰をブチュッと押しあて、よもや落ちてはならじと羽をばたつかせる、笑止千万な事態になるのが関の山である。その点、白鳥は大きくてりっぱなペニスを持っている。自身の姿にも引けを取らず、どんな要求もどんとこいといった感じの堂々たるやつだ。このため古代では、レダの首をくちばしでねらい定めてとらえ、上から覆いかぶさっている、実に神々しく巨大な白鳥の絵が描かれた。今なおこの力強い描線にこだわる鑑識家に対し、現代の生物学者は白鳥らしくペニスが左向きかどうかに神経を尖らせている。

とはいえ、取り澄ました時代には、レダのスカートの下にもぐり込む白鳥のほうがお気に召したかもしれない。しかし、画家にとって白鳥は、翼をほんの少し伸ばし、背にわずかな丸みを加えるだけで、絵全体を引き締めることのできる格好の生物なのである。清らかな純白の外見とは裏腹に好色さを内に秘めたけものの姿は、観る者すべての心をつかんで離さなかった。「白鳥の羽は純白だがその肉は黒い」とはフランドルのことわざだ。オランダの劇作家ヨースト・ファン・デン・フォンデルは、劇『ノア』（一六六七）のなかでこう書いている。

もしも世界が水没したら
白鳥はどうなるの
白鳥はどうなるの

L・リーズネル、「レダ」。

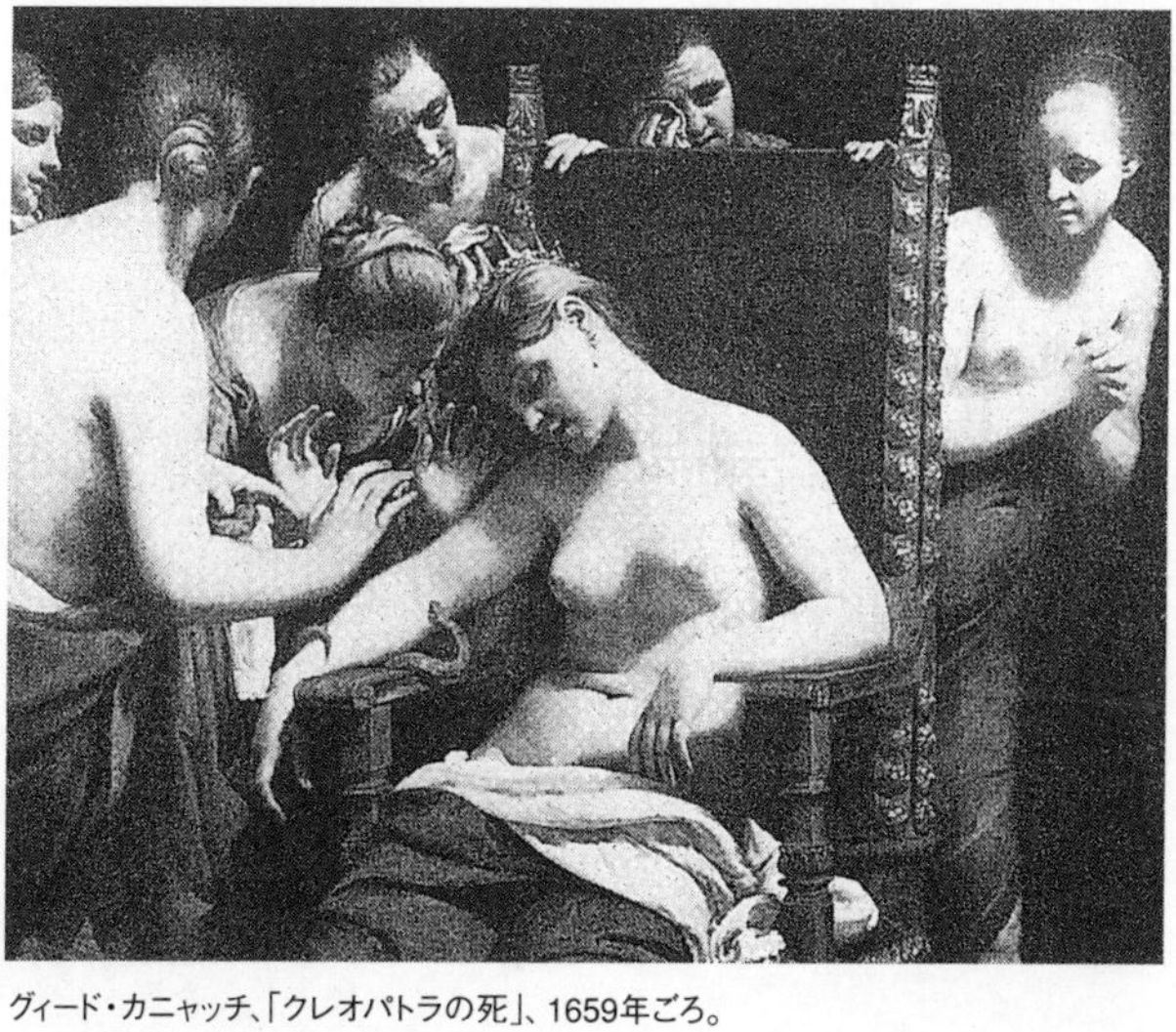

グィード・カニャッチ、「クレオパトラの死」、1659年ごろ。

あの楽しき水鳥　白鳥は
いつまでキスをしているの
もう胸の火を消す水はない

清貧を旨とするキリスト教のメノー派が、粉セッケンの無類の純度を誇示するシンボルとして宣伝に利用している白鳥も、神々の目にはゼウスそのもの、トリの群れに交じった雄ウシにしか映らない。実のところ、エウロペをはじめとした愛する女性を奪う際にゼウスが変身する動物は、哺乳類であれば決まって雄ウシだった。

「聖なるハト」がしたこと

これほど美しく官能的な神を持たない私たちは、レダと白鳥の絵にうらやましさを覚えてしまう。一九六〇年代に早くも、オランダの小説家ヘーラルト・レーヴはキリスト教の神を「一歳のネズミ色をしたロバ」と表現し、「三度も立て続けにその〝秘密の穴〟で関係を持つことができた」と主張して起訴された。現実には無罪となったが、聖書に登場する神はそんなに慈悲深くはない。出エジプト記で神は語る。「すべてけものと寝る者は必ず刑に処せられる」。

とはいえ、キリスト教の神もゼウスと同じく、トリに身をやつして降臨し、女を知った。この場合、トリは白鳥ではなくハトではあったが。神の霊が「鳩のように降《くだ》って来る」と記したマタイに対し、ルカはもっと明瞭に聖霊が「鳩のように目に見える姿でイエスの上に降《くだ》ってきた」と述べている。これはキリストの洗礼の場面だが、その後も聖霊はハトとなって聖書に登場した。次の『カトリック百科事典』に載ったローマ教皇の大グレゴリウス（五四〇年ごろ〜六〇四年）に関する記述でも分かるとおり、「聖なるハト」は聖人や殉教者の生涯に重要な役割を果たしている。

教皇が説教を口述されていたときのこと……あまりにも長い間教皇が黙ったままだったので、秘書は境のカーテンに穴を開け、なかをのぞき込んだ。すると、グレゴリウスの頭上にハトがとまり、そのくちばしを教皇の口元に押し当てているのが見えた。くちばしが離れるや、聖グレゴリウスが口を開き、秘書はそれを書き取った。やがて静けさが戻り、またもや穴をのぞくと、ハトのくちばしが再び教皇の口元に触れていた。

ハトはまた、聖母マリアが特別な男子を身ごもるとのお告げを聞く受胎告知の場面にも必ず登場する。教会では毎年、受胎という意味合いで、ちょうどキリスト降誕から九カ月さかのぼった日にその祝祭を行なっている。訳もなくハトはそこにいるわけではない。「母親のいない神なんて、なんの役に立つのか」と、ヘーラルト・レーヴはかつて自問自答したことがあった。「そんな神なら、いないほうがましだ」。かといって、母親がいてもひとりでは子どもをつくることはできない。典礼書によれば、イエスは聖母マリアに宿り、「聖霊の力」で受肉したという。新約聖書の福音書の冒頭に聖母マリアは聖霊によって身ごもったとあるが、旧約聖書の詩篇ではこれを「聖なるハト」によるとしている。つまり、イエスは処女とハトの間に生まれた子どもと考えられ、キリスト教も獣姦を発端に創設されたといえるのである。

ジャン＝オノレ・フラゴナール、「マリー・カトリーヌ・コロンブの肖像」、1775年ごろ。

キリスト教獣姦起源説

「イエスは人の子ではない。御霊の霊力によって神の言《ことば》（ロゴス）が肉体となり、胎の実が成長したのだ」。聖アンブロシウスは初期キリスト教徒にこう説いた。しかし、これをどう思い描けというのか。マリア論者であるフランシスコ・スアレスでさえ、想像もつかないに違いない。彼に確信できるのは次の点のみだ。「男子を産んでも、聖母マリアは処女のままで性的快感を知らなかった。……聖霊がわけもなくそんなことを、すなわち、下卑た情欲をかき立てたりするわけがない」。

実際にどうやって妊娠するかも皆目見当がつかなかった一六〇〇年ごろのスアレスには、それ以上は問題にするまでもなかった。学者のご多分にもれず、当時の教父たちは赤ん坊の素材を提供するだけが母親の役目で、父親はそれに形相と運動を与えるものとみなしていた。これは、形の定まらないミルクを母親から、それを凝固するレンネットを父親から授かるとした、アリストテレスの見解に由来している。

一方、古代ローマの大プリニウスは、人間には素材はさほど必要なく、一陣の風があれば事足りると考えた。彼の説では、ギリシア神話の北風ボレアスはきわめて繁殖力に富み、雄ウマの力を借りずに子どもを持ちたいと望む雌ウマは、風の吹きすさぶなかを北の方角にお尻を向けて立ったという。

一七世紀ごろの学者の大半は、卵子を活性化するのは精液自身ではなく、「精子のにおい」であると信じていた。血液循環を明らかにしたかのウィリアム・ハーヴェーですら、女性が妊娠するのに「これという物質的媒体は要らない」と思い込んでいたのである。まるで頭にぽっと考えが浮かぶように子どもは子宮に現われた。いや、むしろ磁石に近づけた鉄のつえが磁気を帯びるがごとく、というべきか。そんなにたやすいものなら、聖なるハトが聖母マリアの体内にイエスを宿らせることなどお茶の子さいさいだったに違いない。また、現代の生物学者たちはこうも主張している。もし本当に聖母マリアが処女のままだったとすると、それなりの結果がもたらされているはずだ。雌だけで増える実際の動物界の処女生殖と同じく、イエスは女だったのかもしれない、と。

王家も動物に始まる

以上の獣姦起源説を公に喧伝するキリスト教徒はいない。しかし、今ではとても誇りに感じるとはいえないこの説も、昔は事情ががらりと変わっていた。ありとあらゆるものの起源をたどれば、ほとんどが動物に行き着くのである。ローマを創建したロムルスとレムスは雌オオカミの乳で育ち、イヌイットは白人を女性とイヌの交配種とみなしていた。デンマークの王室にしろ、クマをその祖と唱えるアンブロワーズ・パレの次の説に対して、なんら悪びれる様子もない。

フォルトゥニウス・リケトゥスの伝えるところによると、ウプサラのふたりの司教は目の覚めるほど美しい若きスウェーデン娘の悲運を嘆き悲しんだ。故郷の街を遠く離れ、下女を伴い気分転換の旅に出た娘は、なんと驚いたことに巨大なクマに襲われ、森の奥の洞穴にさらわれてしまう。娘は生肉をもらってクマと暮らしていたが、好色なクマに手込めにされたあげく妊娠し、人の肢体をした毛深い怪物を産み落とす。狩りでクマがしとめられると、娘は亡き父親をしのんでウルススと名づけた息子を伴い、故郷の街に戻った。やがて結婚したウルススはたくさんの息子をもうける。そのうちのひとり、トルギルス・スプラーケレッグはウルソをめとり、夫婦から後にデンマーク王スヴェンが誕生した。

イギリスの旧家も、動物界にその起源があることを恥とは思っていない。エドワード懺悔王に仕えたノーサンバーランド伯スーアドであれ、祖母がクマに強姦されたと明言している。一八世紀デヴォンシャーのサクピッチ家も、プロイセンの森で祖先が「雌の子犬《サッキング・ビッチ》」と一緒にいるところを発見されたことについて誇らしげに語っていたらしい。

ましてや、聖母マリアを懐妊させたハトは同時に神でもあったのだから、神の子羊とうたわれるイエス・キリストが自らの起源を恥じる必要など毛頭なかった。レダと白鳥の子どもたちもそうだが、イエスは獣姦（人間×動物）の所産ながら、神の申し子（神×人間）でもある。こうした両義的な側面は他の宗教にも見受けられ、特定の動物を神と崇めるヒンズー教の場合、そのような動物との交接は神と交わることを意味している。いうなれば、人間は自分より身分の低い者とも高い者とも契りを結んだわけである。

天使と悪魔の獣性

キリスト教では、まさにその揺籃期から獣姦が認められる。獣性は幼児キリストにかぎらない。幼子が寝かされていた飼葉桶のまわりに集う天使も、動物と人、人と神との中間に位している。歴代の画家たちはこれまで、この空中の精霊をもっともらしく描こうと懸命に努力してきたが、出来はあまりいいとはいえない。生物学者でなくても、あんな格好では飛び立てるはずがないと分かるだろう。重い体に小さな翼、加えて胴体のどこにも飛ぶに耐えうるだけの筋肉が備わっていない。まずまずの天使を表現したのはレオナルド・ダ・ヴィンチぐらいなものだが、その彼も航空機の発明に夢中になっていた。しかし現実には、天使はそんな人間の想像力の欠如などものともせず、すこぶる理にかなった存在として世間にとらえられている。それをめぐるクリスマス産業は、混沌として不条理な世の中で秩序と論理を求める私たちの感情を巧みにくすぐる。

いまだに「存在の鎖」の陳腐なイメージに固執する私たちは、無秩序な世界を一定の順序で連なる系統的な階層につくり上げようと必死なのだ。この鎖上では、どんな人や物にも然るべき場所がある。底辺に岩石、その次が植物、そして蠕虫、ウシ、サルと続き、一番上に人間が位置している。だがここで、神の存在を忘れてはならない。最高点に鎮座する神は、私たちと大きな溝で隔てられている。そこにはうじゃうじゃと無数の天使が飛び交い、そのうちの「百万が神の世話をし、一万の一万倍の天使が御前に控える」。黒人がかつて動物から人間への懸け橋だったのとまさに同じく、下から天使、大天使、権天使、能天使、力天使、主天使、座天使、智天使、熾天使の順に連なる天使たちが人間と神の間を結んでいる。

鎖では上昇も下降も思いのままだ。人間は懸命に神へ近づこうとする一方で、悪魔にも触手を伸ばす、ふたつの相反する性向を持ち合わせている、とシャルル・ボードレールはいいはな

ミケランジェロ・メリジ・ダ・カラヴァッジョ、「勝ち誇るアモル」、1596年ごろ。

つ。「上昇を願って神や霊的存在を希求し、下降を願ってサタンや動物を追い求める。女を愛し、イヌやネコなどの動物と親密になるのは、後者の願望によるものだ」。上方に向かう道筋に天使が待ち受けているとすれば、地獄へ堕ちる途中には悪魔が立ちはだかっている。岩石の足下に広がる冥府に住むこの悪魔を人に描かせてみたらいい。ほぼ例外なく、しっぽ、角、やぎひげ、割れたひづめを持つ黒い小鬼の絵になるだろう。つまるところ、それはサテュロスであって悪魔ではない（悪魔が変幻自在であることは、どうやらあまり知られていないらしい）。私たちが思い描く邪悪なる者のイメージは、紀元前のはるか昔にギリシア陶器に示されたサテュロスの姿そのものなのだ。

　根絶できない悪霊、神話、シンボルを教会が取り入れるのは、別に不思議でもなんでもない。だがサテュロスの場合、神の言《ことば》（ロゴス）の勝手な解釈からこっそり忍び込んだものだった。旧約聖書に出てきた「毛深き生き物」がどんなものか見当のつかなかった最初の翻訳者が、それに「サテュロス」という言葉を当てた。後に「精霊」や「魔神」といいかえられたものの、時すでに遅く、キリスト教はギリシア神話のこの好色な半神半人を背負い込むことになる。酒、女、歌にうつつを抜かすサテュロスは、酒神ディオニュソスの熱烈な従者だった。その下半身は淫欲と精力の象徴とされたヤギの形をしていた。これはおそらく、ディオドロス・シクルスがいうとおり、「多淫なこの動物の性器のため」にヤギを神格化していたエジプト人の影響ではないかと思われる。ギリシア人のヘロドトスはエジプトに赴き、「マンデス近郊で大観衆の見守るなか、ヤギが人間の女性と交わる」という、まさに驚くべき出来事を目の当たりにした。

　下半身のみに目を向けなければ、半人半獣のサテュロスとの交接は半獣姦といってもいい。

「牡鹿と交わるサテュロス」、古代ギリシアの壺絵、前520世紀ごろ。

かといって、これでサテュロスのわいせつさが和らいだわけではない。ギリシアの壺、ランプ、皿、彫像などに、その証拠がごまんと残されている。サテュロスをテーマとした演劇では、ヤギ皮を着た役者による合唱隊《コロス》が巨大な男根像を持つこともあった。ローマ神話になると、その容貌が一変する。次第にサルに近づき、ついには後の類人猿らしき姿に表現されはじめた。しかし、淫欲の象徴であることには変わりなかった。それどころか、ますます好色でサルっぽくなり、キング・コングとして映画にも登場している。

古代ギリシア・ローマの獣姦文化

そんなサテュロスとは対照的に、古代の主な神々がキリスト教文化に影響をおよぼしたのは、ようやく中世をすぎてからのことだった。それまでは、古代の神々が足元にもおよばないくらい、中世の聖人や殉職者の異色の面々が信

「サテュロスと眠るニンフ」、ヘルクラネウムから出土したフレスコ画のエッチング、18世紀。

者の心をとらえて離さなかったのだ。では、どうして今そうしたギリシアの神々がもてはやされるのか。おそらく、だれもその存在を信じていないから、瀆神行為を犯すことなく、単なる娯楽読み物として神話を楽しめ、古書の表紙を飾る寓意的な描写の数々を見ても、鳥獣保護区のマヒワを目撃したときにも似たワクワクした気持ちになるのだろう。ユング派の学者たちの大半は「神話は無意識の元型である」と主張するが、神話に詳しいロバート・グレーヴズの言葉を借りれば、「ギリシア神話は選挙ポスターのようなもので、もはや神秘的ではなかった」。著作権がない現在、ゼウスの放つ雷電におびえることなくギリシアの神々を冒瀆できるばかりか、何よりもまず、その姿はすばらしく芸術的だといっていい。長きにわたって聖書の各場面の説明に利用されていた神話のテーマがいい具合に熟成し、聖書と同じ普遍的な表現力を持つに至ったのである。

獣姦を主題にした絵に、身もだえる幼児をワシがさらっていくシーンを描くレンブラント作「ガニュメデスの誘拐」がある。いうまでもなく、このワシもゼウスの化身ではあるものの、泣きわめく幼児はゼウスがのぼせ上がるほどの「途方もなく美しい少年」にはとても見えない。ゼウスがまたもやトリに変身して子どもをたらし込もうとするこの話は、男同士の同性愛を是認し、公の生活から女性を排除しておく神話として、古代ギリシアで大いに人気を集めた。しかし、レンブラントの時代を迎えるまでの長い間に、倫理上のメッセージが天国を慕う無垢な子どもの純真さをたたえる賛歌に変わっていった。子どもの墓に好んで取り上げられるこのシーンは、以下の現存する墓碑銘でも分かるように、まだすっかり忘れ去られたわけではないらしい。

かほども若くして
天国の門に導かれる
亡き幼子の運命は
なんと幸いなるかな

生物学的観点からいえば、レダの白鳥に比べ、ゼウスのワシへの変身はさしてうまくいったとはいいがたい。トリが少年を襲う場面をもっともらしく描こうとして、レンブラントが苦心惨憺したのは火を見るより明らかだ。子どもの背丈からいくと一・五メートルとおぼしきワシの翼幅は、レスリー・ブラウンが実験で証明したとおり、通常三・五キロもある赤ん坊を持ち

レンブラント、「ガニュメデスの誘拐」、1635年ごろ。

上げるには事足りない。確かにワシがキツネや子ジカを持ち上げたという報告はあるが、それはレンブラントの絵の二倍の翼を持つワシが山腹に起こる熱気泡の上昇気流を利用したためだった。レンブラントの絵に登場する赤ん坊の場合は墜落の危険度が高く、トロイの名の由来ともなった王トロスの息子ガニュメデスの実体験のように、ワシに暴行を受ける見込みはほとんどないだろう。

ギリシアの寓話や伝奇ではざらな獣姦の記述も、古典文学となるとめったにお目にかからない。そんな文学の貴重な例に数えられるロンドン所蔵の陶器の水差しは、大きなガンに小さなエロスが背乗りした形で、アムステルダムにも同種の破片が保管されている。古代ギリシア人によれば、エロスの官能的な母アフロディテのトリであるガンは生来熱情的で、その激情を少しでも抑えるために湿地に住み、多量の草を食べなければならないという。この説には生物学上の異論はあろうが、ガンも近縁の白鳥に引けを取らずりっぱなペニスの持ち主であることは紛れもない事実だ。しかも、背乗りするエロスと比べてはるかに大きい姿形が、五感を掌握するガンの力をなおさら印象づけている。

この水差しが実際に使われていた前二世紀半ごろ、当の陶器類の発祥地であるアレクサンドリアでは、ガンと人間の女性との恋物語が話題の的になっていた。プトレマイオス王さえも魅了した美しいハープ奏者グラウケの話を描く『動物の性質について』は、事実と虚構がない交ぜになった作品で、人間の男たちのみならず「ヒツジやガン」もグラウケのとりこになった、と著者のアエリアヌスは伝えている。その後、「彼女が姦通で夫から起訴された原因がイヌだった」と聞きつけたアエリアヌスは、イヌもグラウケに参っていたに違いないとした。「それから、これもうわさだが」とゴシップめいた調子で筆を進める。「少女にのぼせ上がったヒヒたちが強姦を働いているということだ。その交わりは、メナンドロスの夜を徹しての遊興の相手となった少年の場合にもまして官能的らしい」。

獣姦は神話にかぎったことではなかったという事実は、ジェラルド・カーソンの次の言葉からも裏づけられる。「[ゼウス]をはじめとして好色な雄ヤギの姿をした牧神パンなどの神々が登場するギリシアの舞台では、動物と人間との実際の交わりを題材にしたエピソードが演じられることもあった」。古代ローマの書物を読んでも、女性たちはクマ、ヘビ、ワニなどと交接していたと記されている。膣に突っ込まれたり、乳首に吸いついたりするヘビなどを見たければ、競技会が格好の場といえた。そこでは、イヌからヒョウ、サルやキリンに至るまでのありとあらゆる動物の雄が女性と交接するよう仕込まれていた。女性、しかも大半がうら若き少女たちは、おかげでその肉体を台無しにすることも珍しくなかった。神々の生涯はこうした舞台でもまた題材となったが、なかでもパシファエが雄ウシと交わる場面は人気を博した。

古代・中世では獣姦は日常的?!

おそらく、古代ギリシア・ローマほど獣姦を巧みに扱った文化はないだろう。かといって、獣姦は決してこの時代にはじまったことではない。最古の文化遺跡にその描写が残されている点からも、人類史と同じ古さを誇るのではないかと推測される。ヨーロッパでは、大型の四足獣の尾の下に紛れもなくペニスを挿入する人間の姿が、青銅器時代（前二〇〇〇年紀）のスウェーデンの岩絵に描かれている。一方、地方の風習だった獣姦など知識人にはなんの関心も呼ば

ボヒュスレン（スウェーデン）の岩絵、青銅器時代。

なかったのか、古代の中国にはそうした例が著しく少ない。

古代アメリカの性風俗については、チムー族やモチカ族のインディアンの土器のおかげでかなりの部分が判明している。大半が千年を越す土器には、さまざまな性描写が施されているのだ。ペニス二四％、陰門四％、正常位の性交一一％、男性のマスターベーション五％、男女間のアナル・セックス三一％、同性間のアナル・セックス三％、レズビアンの性交一％、クンニリングス一四％、獣姦六％などといった具合である。獣姦では、男女を問わずすべての動物が対象となっていた。美術収集家ラルコ・オイレは、禁止事項を示す訓戒の道具としてこうした土器の絵を利用したのではないかとした。とはいえ、大方の性交を異常とは考えずに半ば楽しんでいるふうのインディアンたちの絵を見ると、スペイン人やインカ人にとってチムー族やモチカ族を品行方正になるよう仕向けるのは、至難の業だったことは想像にかたくない。

ヨーロッパでは、獣姦は古来から判例集ではおなじみの事件だった。裁判所だけではない。この「忌まわしい犯罪」は教会でも厳しい問責を受け、往々にして異端や魔術と結びつけられた。異端審問制の設置者として悪名高い教皇グレゴリウス九世が、異端派に対して発行した次の回勅はその事情をよく物語っている。

異端派、つまり呪われた宗派に入信すると、まず「ヒキガエル」なるカエルの一種が姿を現わす。信者たちはそれぞれカエルの尻や口に接吻をし、その舌やつばを口中に受ける。……饗宴が終わったところで、通常のイヌほどもある黒ネコがしっぽをぴんと伸ばして後ろ向きに現われ、新信者を筆頭に、教祖、各補佐などのお歴々が一定の順にしたがい、その肛門に接吻していく。……全員が席につき、呪文が唱えられるや、教祖がネコに向かって請う。「慈悲をたれたまえ」。隣席の者が「そうせよと命じたのはだれか」と問えば、「主である」と第三の人物がいい、第四の人物が「命令は遵守されなければならぬ」と答える。

　そこで、ろうそくに火がともされ、参席者はその光のもとで恥知らずの堕落行為にふけるのである。

一角獣、ウマ、ヤギの重要な役割

　魔女狩りや異端者の火刑が横行していた折も折、一角獣をひざに抱く裸の乙女の絵やタペストリーが方々の教会の壁を飾っていたことは、なんとも不思議としかいいようがない。見るからに性器の象徴といった感じの角を持つ一角獣は、栄光と威厳に満ちたイエス・キリストで、裸の乙女は聖母マリアを表わしている。

　頭の中央に一本の角を持つこの動物、いったいどうやってつかまったのか。豪華な衣装を身にまとう清き乙女が庭の小道にただひとり。それを見かけた動物が乙女のひざに飛び込んだ。たちまち、その意のままに操られ、王の城へとしたがった、というわけである。

　この一角獣は救世主キリストを象徴し……主が永遠の処女マリアの体内に入り、言（ロゴス）が受肉してわれらのうちに宿ったことを暗示している。

「一角獣と貴婦人」、リヨンの枢機卿シャルル・ド・ブルボンのために制作されたタペストリーのデザイン、1500年ごろ。

以上の文ではいまだ服を着て慎み深い感じの乙女も、中世も終わりに近づくにつれ、徐々に官能的になり、一角獣もその雄々しさを増していった。神の愛で一角獣をしたがわせたと教会側は主張しているものの、中世の描写を見るかぎりではとてもそんなふうには思われない。

農民や市民はきっと、こうした絵に熱っぽい目を向けていたはずだ。一角獣は彼らにとって最高に理想的なウマだった。車や飛行機の時代に育った身には、昔の人たちがどれだけウマに頼っていたか想像もつかないが、おそらく現代の男性陣が理想のスポーツカーに熱を上げるがごとく、中世のポルシェともいうべき一角獣の絵を眺めてはため息をついていたに違いない。どうせ女性と性交するなら、抜群の美人とやりたいと思うのが人情。動物との場合でも同じこと、一番気高い生き物を人は好む。一角獣のいない現実では、ウマがそれに匹敵した。

ウマへの愛情がいかに強かったかは、そのへんの歴史都市を見まわしたら一目で分かる。夫婦像などめったにないのに、騎馬像がやたら多いのに気づくだろう。このウマと騎手とのきずなの深さを考えれば、ウマと交わりたいと思ったとしてもおかしくない。特にウマがうじゃうじゃいて女性のほとんどいない軍隊では、そうしたケースも多かったのではないだろうか。どちらにしろ、雌ウマを強姦した騎兵に対するフリードリヒ大王の次の処断はつとに有名である。

「あんな好色漢は歩兵隊がお似合いだ」。

むろん、歩兵隊にはウマはいなかった。だから、と年代記作者はいう。ヤギが狙われたんだ、と。その昔、軍隊は必要とあらばヤギを同行した。一五六五年、ヌヴェール公ルイ・ド・ゴンザガは、三〇〇〇人の兵と二〇〇〇匹のヤギ（うち数匹はビロードの服を着用）を引き連れて出陣している。これは決して過剰供給などではない。現にその三年前、リヨン包囲の際にイタリア軍が降伏したのは、給与が安かったわけではなく、手込めにできるヤギが足りなかったせいだった。ヴァリーヤスも著書『シャルル九世伝』のなかで、農民にとってイタリア軍が通りすぎたあとのヤギは、焼き殺すよりほかに手がなかったと書き残している。

兵隊の犠牲になったのはヤギだけではない。一八四九年、ロースト・ダックをくり返しメニューに出す補給係将校に、連合軍の下士官たちは何ごとかと思った。『ガゼット・メディカル』紙は、その模様をこう伝えている。「惜しみなく何度も同じ料理を並べる部下の様子に下士官らは疑念を抱いたが、まもなくその原因を突き止めた。補給係将校はなんとカモの肛門をぴたりとくるまで押し開き、ここぞというときを見計らって頭を切り落とすと、断末魔のあがきを利用して快楽をむさぼっていたのだ。こうして犠牲となったカモが、下士官たちのテーブルに上っていたというわけである。その後、将校は連合軍を罷免された」。

第2章 類は友を呼ぶ

生物が背負ったハンディ

神の創りたもうたものはまったくもってメチャクチャだ。二足歩行の生物もいれば、泳いだり、飛んだりする者もいて、その種類は千差万別。ランの横でタンポポが芽吹き、一億年の歴史を誇るゴキブリが哺乳類でも一番の新参者に踏みつけられる。一方、色とりどりの珊瑚礁で遊ぶ何千種もの魚たちが人の気配に驚き、その人間の体内にもサナダムシが寄生している。これはもう、何がどうなっているのやら。

こんなハチャメチャはまっぴらという向きは、動物園に行ったらいい。そこでは、天地創造後の混沌のままだった生き物が、ゾウはゾウ、トラはトラ、珍種のナナツオビアルマジロは一般的なココノオビアルマジロのそばにといった具合に、動物園の園長の手で整然と分類されている。ただし、近代的な動物園に迷い込めば話は別だ。そこでは、野生さながらとりとめもなくさまよい歩く、動物たちの姿を目にすることになるだろう。つまり、それほど旧式の動物園の整った生態は不自然なのである。「自然」は今やトレンド。新手の自然愛好家は無秩序こそが自然だとみなす。彼らの説では、こうした種はさまざまな階級の分類群にはっきり識別できるという。昔ながらのリンネの体系にのっとって優雅なラテン語の学名をつけられた種には、全世界の自然史博物館の地下で日ごとに新種が追加されている。アリストテレスの五〇〇種を手始めに、リンネが新たに五万種を名づけ、その後のチャールズ・ダーウィンの時代には数十万種に達した。そして現在、コンピュータのなかには何百万にもおよぶ種がぎっしり詰め込まれている。動物園はそんな動物たちにあふれ、テレビは連日その姿を追う。この結果、混沌とした森や野の自然を解きほぐすことは、日曜日の昼下がりに自宅で楽しむ国民的娯楽と化しつつある。「ほら、あそこ、ヒメアカゲラがいる!」。

とはいえ、少なくとも自然そのものは自らにそれなりの秩序があることを自覚している。しかも、その秩序にはいや応なしにしたがわざるを得ない。いかにその姿が美しかろうと、生物はほぼ例外なく大変なハンディを背負っている。まず、臓器が不十分なこと。大半の動物には左右に肺、前脚、腎臓があり、仮に一方がだめになってももう片方が残されるが、心臓はたったひとつしかない。心不全で死ぬケースが圧倒的に多いのもそのためだ。残念ながら肝臓も対ではない。しかし、人間にも動物にも半分のみという、その上手をいく臓器がある。人間の半数に二分の一、残りはその片割れについている。最初の半数を男、残りは女、そして当の臓器は生殖器と呼ぶ。要するに、自分の分身をつくりたければひとりでは無理、欠落した生殖器を持つ相手をスカウトすべし、というわけだ。これはちょっとおかしな話である。考えてもみてほしい。消化器系が半分だけだったら、ハムサンドを食べたいと思うたびに相手を探さなくちゃいけないんだから。

互いに交われば同種？

人間や高等動物のほとんどが種を保つ臓器を半分しか持たないというのは、あまり効率がいいとはいえないが、刺激的ではあるかもしれない。現に地上の大方の思考や行動は、臓器の相棒を探すことに向けられている。互いの性は異なっても、種は同じものを求めるに違いない。であれば、交わりもおのずと同じ種同士と決まってくる。ゾウの相手はゾウで、テントウムシはテントウムシを相手に選ぶ。ヒゲガラはヒゲガラに熱を上げ、ナメクジはナメクジを抱きしめ、シチメンチョウが好きになるのもシチメンチョウだ。また、雌のイトヨを見るとゾクゾクしてその気になる雄のイトヨには、気分を盛り上げるコツとして窓から雌をちらりとのぞくだけにしておくことを勧めたい。事実、アムステルダムの赤線で飾り窓がはじまるはるか以前、ライデンの大学で魚向けにこの手の仕組みが使われていた。そんなイトヨも、同科のトミヨの雄がトミヨの雌に抱く気持ちなどさっぱり理解できず、ゴリラにしろ、飾り窓の人間の女性に興奮する雄はいない。

恋愛に関していえば、どの動物もとことん相手を選んでいる。混沌とした自然であっても、ただ漫然とそうなっているわけではないのだ。秩序を保つルールもそれを維持していくメカニズムもなかったら、地球上の生物はおそらく死滅してしまうだろう。人間なら人間、ネズミならネズミと常に交われば、産まれてくる子も必ず人間とネズミであるはずだ。しかも、ありがたいことに、どちらがどっちかはっきり区別のつく子が誕生する。

一方、他種と交わるルール破りは、遺伝学上、自殺を余儀なくされる。生存はできても子孫をつくることができず、何十億年もかけて築き上げてきた進化の歴史もそこでストップしてしまう。ゾウがキリンと交尾するのは精液を地面にばらまくようなもの。そして、精液の無駄遣いは地獄行きの大罪にも等しい。だからこそ、これまでそんなはめに陥らないよう用心に用心を重ねた手段が取られてきた。雄の精液が誤って他種の雌に射出されたり、雌が強引に卵子に適合しない精液をつかまされることのないよう、互いに相手を見きわめたうえで事を行なう。さえずりの声、特有の尿のにおい、求愛行動でしか見せないかの感嘆すべき姿などから、自分たちの精子や卵子がやがて実を結び、跡継ぎとなっていくのかどうかを判断する。このように、パートナー選びはその時々の気分によって決まり、いわゆる外国人嫌い《ゼノフォビア》のような異種に対する恐怖や嫌悪で拒絶するのでは断じてない。

むしろ、種へのこだわりが強い交尾を逆手にとり、種の定義もそこに基準をおいている。互いに交われば同種であるというわけだ。ただし、その交尾は繁殖力のある子孫を生みださなければならない。さもないと、交わりはするものの繁殖力のない子しかできないウマとロバの場合も、同一種だとみなす必要が生じてしまう。逆に、同一種の動物同士が交尾するといいかえてもいい（もっとも互いに性別が違い、成熟した健康体で、しかも発情期でなければならないが）。つまり、博物館に展示してある二体の骨格標本の解説にどちらもティラノサウルス・レックスとあった場合、一億年前に生存していた当時、互いが出会っていたら恋に落ちていたに違いないということだ。交尾はもちろん、生きた恐竜など一度も見たことがないのに、古生物学者はそう断言

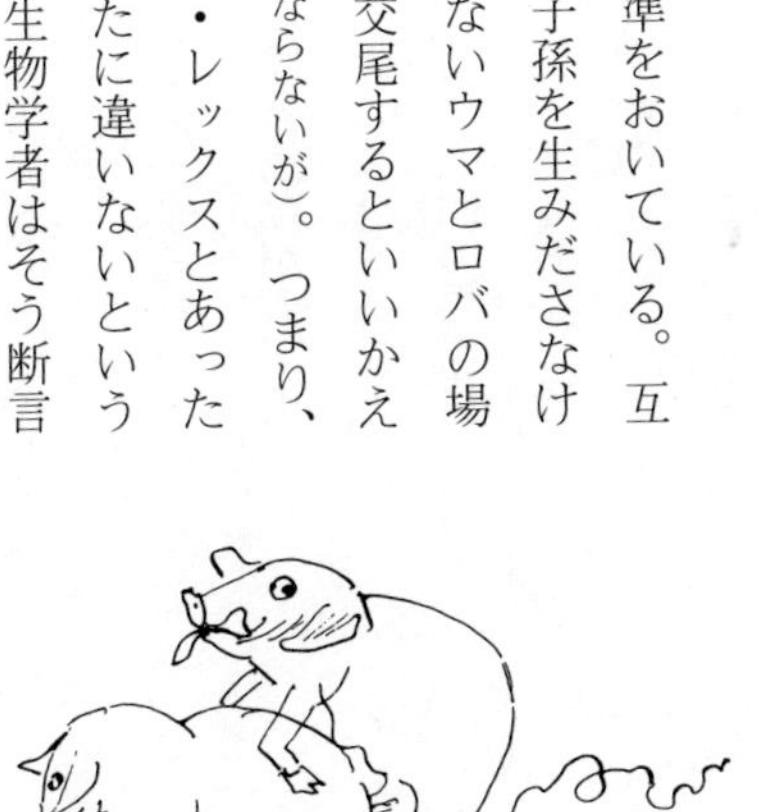

アンリ・ド・トゥルーズ・ロートレック、「2匹の豚」、19世紀末。

する。

種の分類を決めるもの

ちなみに、どの動物も自らの属する種を示す信号を持っている。発情期には当然ながら、相手にこれをひけらかす。トリが独自のさえずりを奏でるのも、インテリアごとに見合う魚を水槽で飼うことができるのも、ひとえにこの信号のおかげである。そんなわけで、人間の男性はピチピチした女性のお尻に魅力を感じ、雌のチンパンジーの赤くはれ上がった巨大な臀部には目もくれない。雄のチンパンジーの興味はそそっても、人間には全然効果がないのだ。

人間が種の分類に関心を抱くのは、この動物の信号を解き明かしたいと願ってのことである。こうした素質は先天的なもので、まだスプーンとフォーク、リンゴとナシ、三角と丸の区別もつかない赤ん坊であっても、ライオンとトラ、パンダとクマ、サイとカバの絵を見てぴたりといい当てることができる。工業国では、この分類能力が主として何台もの車種を一目で見分ける才に結びつく。それに対し、未開の如何によらず、原住民は得てして小さいころから何百種にもおよぶ植物を識別する能力を備えている。その甲斐あって、食べても大丈夫な食用植物か、もしくは危険で有毒な植物なのか、はたまたそれが在来種か外来種かについても即座に見分けがつく。しかし、ピクニックにテイクアウトのハンバーガーを持参し、身近にはせいぜいイヌぐらいしか危険な動物がいない社会では、そうした能力はあまり役に立たない。そのうえ、種自体も今や手に負えないほどの数に上っている。学生時代を振り返っても分かるとおり、専門家でさえ往生する一覧表をいちいち目で追いながら分類していく作業には、並々ならぬ労力を要するようになってきた。

バッタの異常発生に苦闘する農家や魚の養殖に挑む漁師のほかにも、世界中のチョウの収集家や自然史博物館の専門家たちは、この標本はどの種か、それともまったくの新種かとさんざん頭を悩ましている。もはや効果も薄れたホルマリンに漬けられ、古い博物館の壺のなかに収まっている動物たちが、かつて性的に適合していたかどうかなどそうたやすく分かるものではない。だから、数年にわたる入念な鑑別の末に二種のクラゲを分類する科学者には大いに頭が下がると同時に、的確な相手に集中攻勢をかけ、ついに交尾を成し遂げたクラゲ本人にもよくぞやったと褒めてやりたい。

そんな研究陣も、鑑別を調査対象の動物自身にやむなく頼らざるを得ない場合がある。たとえば、足長おじさんともイエス・キリストともつかぬ風情で水面を歩く多数のアメンボのうち、正しく分類されているのは雄のみで、雌を識別するには交尾の瞬間を待つ以外に手はない。ヒメアメンボならヒメアメンボにと交わった相手に合わせて変態するらしい雌は、人間よりよほどこうしたたぐいに鼻が利く。人間が書いた種の手引書には、さすがの雌も戸惑うばかりかもしれない。見解がころころ変わるのもさることながら、分類の等級にしろ、さまざまな研究者が好き勝手に特徴づけている。アメンボたちはゆめゆめこのような情報に踊らされず、性器を危険にさらすことのないよう気をつけなければならない。

生物のなかには、人間の目からするとほとんど見分けがつかないのに種が違うという者もいれば、別々の星からたどり着いたかのごとき姿形でも同種の者がいる。ウサギと子ウシの格好がまるで違うのと一緒で、ダックスフンドは雌のセント・バーナードとは似ても似つかない。

ゾウを官能的に描いた宗教画、インド、18世紀。

にもかかわらず、双方は愛し合う。パグであれ、どうしてマスティフなどに気を許し、交尾したりできるのか。他種のイヌに興味を抱く、その訳は？　イヌをどの程度交配したら、異種として互いを受けつけなくなるのだろう。世にも醜悪な異種交配という手段を使って、せっせと犬種間の差異を広げようとする人間をしり目に、イヌ同士はあたかも互いの違いをなくしたいと切に願って交わっているようだ。いやというほどたくさんの遺伝形質を受け継ぐ血統書つきのイヌの血筋を人間は懸命に絶やすまいとするが、イヌはそんなものくそ食らえと考えている。

大小の違いが分からず、バランス感覚の一切ないイヌにとって、純血の血筋を絶やすぐらいわけもない。イヌが相手を選ぶ基準とするのは体の大きさではなく、そのにおいなのである。残念なるかな、人間がいかに交配に励もうと、この習性を完全に消し去ることはできない。とはいえ、オオカミ狩りの実態を見ると、イヌの社会でも仲間を疎外する可能性があることがうかがい知れる。いくら交尾に何の支障もない間柄だとしても、毛皮猟師のイヌは自分の祖先に当たるオオカミを狩りの獲物としかとらえていない。それどころか、飼い主をスーパードッグとみなし、協力者として人間社会に密接にかかわっている。

種が発信する信号を読み取る

見分けがつくという点では、同類の人間の右に出る者はいない。携帯用の図鑑がなくても即座に分かる。だれにも会いたくないとつい思いがちな散歩中はさておき、森で出会う仲間はときとしてホッとするものだ。ところが、実に奇妙なことに、人間はもっとも近いはずの哺乳類の識別を大の苦手とする。哺乳類も生物の例にもれず、強烈に自らをアピールするものの、目

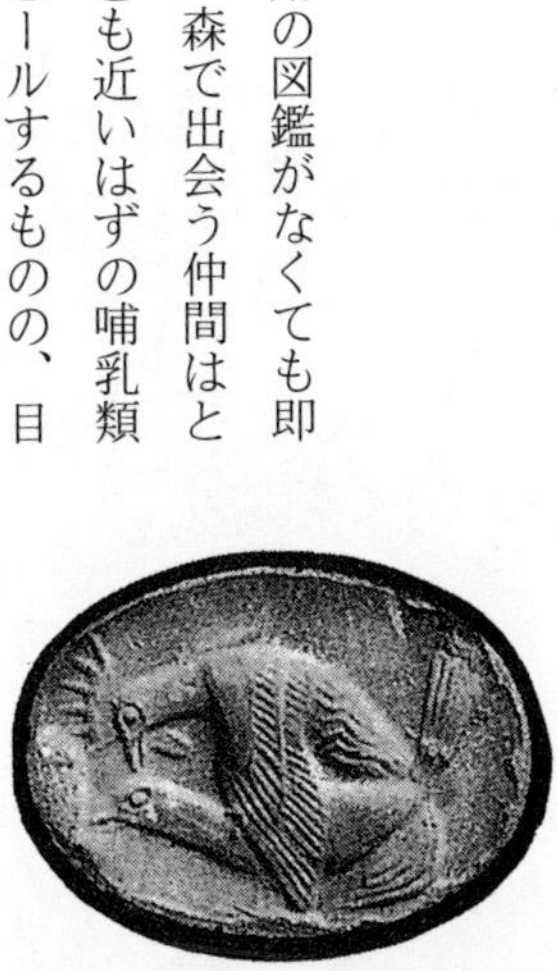

「鶏の交尾」、古代ギリシアの彫玉、前5—4世紀。

に見える色などではなく、イヌと同じにおいによってそれを行なう。しかし、人間はにおいにさほど敏感ではないのだ。一部を除いて嗅覚が退化している私たち霊長類は、樹上でうろちょろする場合、鼻よりも目や耳を頼みの綱にしたほうがいい。発情期の雄ネコは別にして、地上から忍び寄る哺乳類をかぎ分けるなど、人間にはとてもできない芸当だろう。嗅覚が弱い証拠に、目や耳を喜ばせるための美術館やコンサート・ホールはあっても、においに親しんで午後のひとときを過ごせる娯楽センターなど一軒もない。それに引き比べ、イヌはにおいを芸術の域にまで高めている。日ごと夜ごと、イヌは街頭につけたにおいのシンフォニーに酔いしれているに違いない。

哺乳類の識別も、相手が音を立てるといくらかましだ。コウモリであれ、その声帯から発する超音波を検波器にかけて可聴周波数に変換すれば、聞き分けることができる。だがこれでも、哺乳類保護の輪は広がらず、日曜日に哺乳類ウォッチングに出かけるなんて物好きはまずいない。一方、バード・ウォッチングはりっぱな大衆娯楽と化し、鳥類保護に多大な貢献をしている。鳥類ガイドは何千部も売れ、オランダでは一九三七年に保護条約も制定された。私たち哺乳類が法的に保護される数年も前の話である。トリたちがこんな好待遇に恵まれたのも、嗅覚の未発達のたまものだった。哺乳類にもまして嗅覚が劣っている鳥類は視覚や聴覚に訴えるため、同じく樹上生活者だったこともある人間には図解ですぐに目星がつく。犬猫のように絶えず興奮気味に互いを嗅ぎ合うこともなければ、見知らぬ相手のフンに鼻を突っ込むこともももちろんない。トリの信号は、嗅覚には向けられていないのだ。

コンゴクジャクの発見は、こうした信号を読み取る人間の能力が功を奏した結果だった。一九一三年、アメリカ人ジェームズ・チェーピンは、ベルギー領コンゴ（現・コンゴ民主共和国）のある部族長の色とりどりの頭飾に挿してあった、黒茶のしま模様の羽毛に強く引きつけられた。たばこと引き換えに羽毛を手に入れたチェーピンは、その足で真の持ち主を求め、世界中をたずね歩く。二一年後、とうとう二体の剥製を探し当て、このトリを以前よく口にしていたという男にも出会った。しかし、死んでいたとはいえ、実際のクジャクに出会ったのは一九三六年に入ってからのことである。この一本の羽根を手掛かりにようやく生きたクジャクにたどり着くと、そのはかない命を保護するため大急ぎで欧米の動物園に運び込んだ。

チェーピンが感動した茶色のしま模様の羽毛に、当のコンゴクジャクはそれほど強く心を動かされることはないかもしれない。だが、ヨーロッパコマドリの赤い羽毛に対する反応は紛れもなく激しいものである。テリトリー内に赤い胸とそうでない二体の剥製を置くと、その興奮ぶりが如実に見て取れる。赤い胸に猛然と襲いかかるヨーロッパコマドリは、もう片方には目もくれようとしない。しかも、ちゃんとした剥製を用意するまでもなく、ニワトリの赤い羽根の束だけで十分だ。

水中にも赤い胸を種の信号とする生物がいる。イトヨなどのトゲウオ類である。赤い腹のライバル（または赤色の木片）に攻撃を仕掛ける雄の勇猛果敢さは、ヨーロッパコマドリにも引けを取らない。かといって心配無用である。同一地域に生息している動物ならいざ知らず、ヨーロッパコマドリとトゲウオの場合、互いに顔を合わせることは皆無に等しいので、同じ信号を使っていても支障はない。そもそも生息地が同じであれば、信号は一様ではなく、それぞれ独自の味を出して混乱を避けている。

ジュール・パスキン、リトグラフ、20世紀初頭。

そんな極端な例がシオマネキで、雄は異様に大きな一方のはさみを振り、ディスプレーを行なう。ときに全体重の三分の一にも達するこのはさみは、形態も大きさもまちまちのカニが巣穴から飛びだしては泥のなかの多彩なえさをあさる、浜辺の日常には不向きとしかいいようがない。ギブスをはめた腕よろしく、片方のはさみを体の前に持ち上げたまま、残りのはさみ一本で食事をしなければならないのだ。えさを掘りだすときにも分厚いはさみはじゃまになるばかりか、そこに詰まったおいしい肉をねらうまさにグルメともいうべき天敵を追い払うこともできない。そのため、雄は攻撃の格好の的になっている。唯一求愛のときが、この目障りな代物の活躍の場といえた。雌に向かってはさみを振る求愛行動には六〇種ごとに独自の型があり、芝居がかったやり方をする者もいれば、ほかに知られてはまずいといったふうにせかせかと小刻みに動かす者もいる。なかでもハクセンシオマネキの手招きするしぐさはいかにもそれらしい。ほかにも、やたらにぶんぶんとはさみを振り回す種から、寛大な慈悲でも授けているような種、名状しがたいタップをわずかに踏むだけの種までいて、そのやり方は多岐にわたる。また、歩脚のほうも誇らしげに練り歩いたり、優雅なステップを踏んで、求愛中の相棒を助けている。熱狂的にその場で跳躍を繰り返す、小型の白いシオマネキもいる。

以上のリズミカルな動きは信号化にはもってこいだといっていい。モールス符号のわずかな短点と長点の組み合わせだけで世界の文学がすべて翻訳できるのと同じく、あまり複雑ではないものの、どの種も他と識別するに足る独自の信号を持っている。大きさの異なる変種で構成されたショウジョウバエやオドリバエはわけても単純で、羽音の各周波数をそれぞれの信号とする。雌が受け取るのは同種の雄の発する周波数のみというわけだ。一方、雄のコオロギの場

ポール・ゴーギャン、「抱擁」、19世紀末。

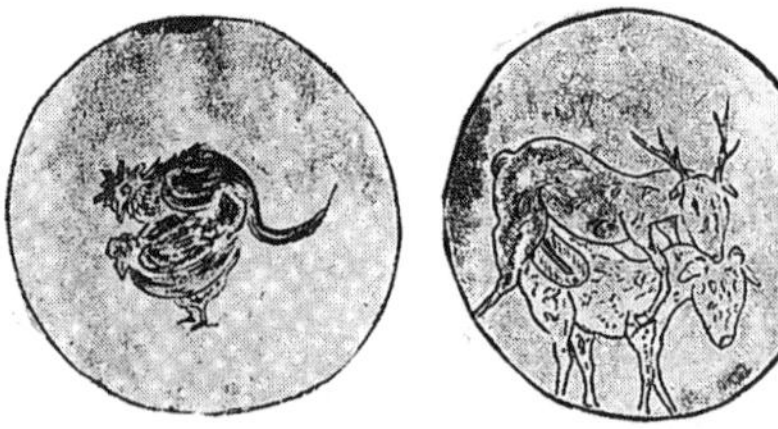

『動物の交尾』の図版、中国、1640年ごろ。

合はモールス符号にも似た羽の動きを示す。種特有のリズムで前翅の肥厚部をもう片方の前翅下面にこすって音を出し、雌を引きつけるのは当然ながら、昆虫学者をも呼び寄せてしまう。この宣伝行為は肝腎の対象とする商品の影を薄くし、雌はむっつりスケベの雄よりも、望みどおりの鳴き声を出すスピーカーの横にすわることを選んだ。

ホタルはこれを光で行なう。夕闇迫るころ、おもむろに雄が姿を現わし、生きたミニチュアの灯台さながら自らを誇示する。たいていは飛びながら行なうが、種によっては一本の木に集団で止まり、リズミカルに光を点滅させる者もいる。夕方遅くに地中からはいだした無垢な乙女は、種特有のパターンで光る雄を目ざとく見つけ、雄の放つとどめの光のあとに周到なタイミングで一瞬きらりと輝く。この仕組みのみごとさに、人はついいたずら心をくすぐられる。ペンライトで雌の信号のまねをしても、雄はきっと飛びついてくるに違いない。

自然そのものも負けず劣らずいたずら好きだ。信心深いキャスターが天地創造をたたえる無数の賛歌にホタルを誤用しないよう、神はフォトゥリス・ペンシルヴァニカを創造した。この種のホタルの雌は、小型のフォティヌス・シンティランスの発光信号をそっくりそのまま物まねする。短く二回発光してきっかり一秒後に寸分たがわぬ強度と間隔でぴかりと光る。すると、発情した雄がそこへ近づき、卑劣なローレライの手にかかってあえなく一巻の終わりとなるわけだ。

カエルにも光に関心を持つ種がいるが、満腹になるまで平らげ、しまいにおなかも輝きだす始末。物まねもここまでいけば、れっきとした「通信の秘密」の侵害である。

刷り込みが招く混乱

ところで、動物はいかにして自分自身の信号を知るのだろう。生まれつきの知識であることは、まずもって間違いない。でなければ、生まれ出た瞬間から里子に出され、親から鳴き方を教えてもらえないカッコウはどうするというのか。里親のヨシキリをまねして鳴いても、ヨシキリを引きつけるだけで、当のカッコウには見向きもされないだろう。その鳴き声が単調なのも、生まれつきと考えれば納得がいく。とはいえ、鳥類の大部分は両親から鳴き方を学ぶ。持って生まれた粗削りのさえずりを、親のまねをしながら磨きをかけ、種特有の出来栄えに仕上げるのが一般的だ。こうしたレッスンは卵の時代からはじまるらしい。ウズラであれ、なかなかどうして達者な耳の持ち主である。ふ化する数日前から母親の鳴き声を聞き分け、生来、どのトリにしたがえばいいか、同種のさえずりはどれかを知っている。

ガンの場合はそういうわけにはいかない。産まれてすぐ目にした動く物体を、母親とみなしてあとを追う。ガンのひなの群れをまるで小さな生物学者のようにしたがえて歩く、まさに生物学者のコンラート・ローレンツの名高い写真が、その可能性を証明している。最初に見たものが母ドリではなくローレンツだったガンは、人間を親として刷り込んでいた。この刷り込みは、成長のある一定の時期にしか起こらない。ふ化後一日経過したひなはすでに安定し、種のイメージが形成される臨界期を脱している。こうした臨界期に間違った相手を選んでしまうと、後に種の異なる相手と交わる確率が高い。キンカチョウにしても、成長すれば里親の種のジュウシマツと一緒に海に出ていく。兄弟や姉妹と一緒にジュウシマツに育てられたキンカチョウになると、事はそう簡単には運ばない。一部は同種に興味を抱くが、里親の種に魅力を感じる者も出現し、残り四分の一程度はそのどちらにも関心を持つことができなくなる。

求愛も楽じゃない

その点人間は、名刺(信号)を交わし合ったからといって、即ベッドインということにはならない。相手が同じ種であっても、依然として不安はつきまとう。それどころか、必死の形相で近づく相手は、どの動物にしろ危険に満ちているものだ。群れや集団で生活する生物同士ですら、相手との間に一定の距離を置いている。交接の場合はこの距離がぐっと縮まってゼロになるとはいえ、その前にさまざまな儀式的行為をやらなければならない。人間の場合はディスコへ出かけ、動物ではディスプレーを筆頭に、かぎ合い、産卵、合唱などを行なう。アメリカの探検家ウィリアム・ビービの次の文章には、シオマネキが徐々に相手のことを理解し、親密度を深めていった末にめでたく結ばれた顛末が情感豊かに描かれている。

あれからもう一時間がすぎた。壮麗な姿をした雄が懸命に求愛しているにもかかわらず、一〇センチほど先にいる灰色の小さな雌は一向にその気になってくれない。時折休んではえさを口に運びながら、これ以上出せないというくらいの美しい色を誇示し、まるで一生をかけたとでもいわんばかりに舞い踊る。しかし、ここまでしても雌の態度はつれないままだ。しばし巣穴のあたりで所在なげにぶらついたあと、雄には目もくれずにえさを淡々と食べ続けている。満腹になったところで、ようやく雄の存在に気づいたらしい。これにいささか気をよくした雄は、前にもましてダンスのテンポをあげていく。巨大な紫のはさみを物につかれたように激しく上下させ、八本の緑の脚を誇らしげに高く掲げたかと思えば、情熱的で引きずるようなステップを踏んだ。さすがの雌も横歩きをしてわずかに近づくものの、えさを取る手は休めない。徐々に激しさを増すダンス。とうとう雌はけなげな雄の手に落ちた。雌はあたかも催眠術にかかったかのように、少し離れた場所で身動きもせずに雄のほうをじっと見ている。そこでダンスの調子が一変する。モデルのような足取りでそろりそろりと近づき、雌の眼前にかすかに輝く緑の甲と紫のはさみを突きだした。とうとう体が触れるくらいのそばまで来た雌。その脚を雄がそっとなでると、雌はそれにこたえるしぐさをした。一瞬、体を離した雄はうきうきとスキップを踏んだあと、にわかに巣穴に駆け込み、なかに入っていった。悩ましく手招きする、はさみの鈍い輝き。それが、私たちの見た最後の彼の姿だった。雌は時を移さず雄のあとに続いた。

手の込んだ求愛ダンスは、カイツブリ、トゲウオ、そして各種の昆虫でも報告されている。通常、多彩な要素が一定の秩序にしたがって演じられる。ある動作に相手が反応し、今度はそれに本人が反応を返すといった具合だ。こうしたやり方は互いを興奮させ、両者の距離を縮めるだけでなく、異種を排除する助けにもなる。にせ者だったら、長いダンスの間に必ずやしっぽを出すことだろう。

といっても、それに一抹の不安を覚える自然は、自らの信号に少々無頓着で他種とねんごろになる動物には、間違った相手と交わって精液を無駄にしないよう、しばしば肉体的な歯止めをかけている。交わりたいと願っても所詮かなわぬ夢というわけだ。ハエの場合、このダブルチェックの手段として、複雑に入り組んだ錠前システムを使い、ペニスがそのカギの役目を果たしている。ほかの点では何から何までそっくりな異種同士が、ペニスだけはそれぞれ固有の型式で、それが錠前のカギのように正真正銘の同種の雌の穴でなければ、ぴたりと収まらない仕組みになっているのだ。どんなに「難解な種」であろうと、ペニスを見れば一目で分かるこの仕組みは、昆虫学者の受けもなかなかいい。自然史博物館の昆虫コーナーでよく、本人の亡骸の下にペニスが別に取りだしてピンで留めてあるのも、これで納得がいくだろう。

このような一連のチェックのおかげで、雌が異種の雄に対する最終防御手段に訴えなければならない事態はめったに起こらない。卵子が生化学的に拒絶するこの手段では、いくら目、耳、触角をごまかして入り込んだとしても、卵子が

「見物する娼妓」、浮世絵、1905年ごろ。

目ざとくその不義の精子の正体を暴いてしまう。かくして、異種の精子は卵子に拒絶されるか、よもや細胞分裂をはじめたにしろ、数回の分裂後に息の根が止まり、ただの細胞質の塊になり果てる。以上のメカニズムは心臓移植の際に見られる拒絶反応と類似し、古い歴史を誇るハエだからこそ、この最古の防御手段が今なお有効に働いている。

その昔、単細胞生物だった祖先は相手を化学的に知っておく必要があった。バクテリアは今もなお、標識となるある種のタンパク質に見合うタンパク質を持った相手と交わらなければならない。チョウも雄を誘うのに、卵子が種特有の化学物質を発して望みの精子を誘導する方法を取っている。これに対し、人間などはたかだか精子や卵子を保温して互いを結びつけるぐらいなものだが、その助けもたいして当てにならず、両者によるチェックは私たちにも欠かせない。

異種間の壁は乗り越えられる?!

種の間に立ちはだかる壁は他を圧するほど高い。人間と動物の間にも、それは歴然と存在している。人間にとって動物界は禁断の領域なのだ。双眼鏡、電極、生物学者、動物小説家、手話などで間接的に垣間見るしか手はない。ゾウがゾウを愛するごとく、人間はおのずと人間にのみ心引かれる。鼻に関心を抱くゾウに対し、キリンは長い首に興味を持つ。同様に、人間が心から親しみを感じるのは、直立歩行で話しかければ注目し、しかも温血である生物である。人間の男性が筆頭に挙げる女性の魅力を知りたいなら、売春宿をのぞいてみたらいい。そこには、人間を魅了する信号が包み隠さず誇示されている。

人の恋愛対象は人間だ。だから、仮に動物に夢中になった特別なケースでも、動物の人間的側面を魅力の対象としている。よだれを垂らし、ハアハアあえぎ、臭気を放って換毛するイヌ。愛犬家はそんなイヌっぽい部分に惚れ込んでいるわけではない。むしろ、忠実で義理堅く、飼い主を気長に待ち、必要ならちんちんまでする、人間的な特徴に参っている。イヌ、ネコ、ウサギをかわいがるのは、私たちが人間を愛していることの裏返しである。そうした動物たちが下手ながらも滑稽ではなく、いじらしい人まねをすれば、動物のほうに気持ちが傾くのもまんざらおかしくもない。動物次第では本物の人間よりずっと人間らしい場合だってあるのだ。人間はバセット・ハウンドの懇願するような表情には脱帽せざるを得ないし、ペットの忠実さにもとてもかなわない。

異種間の壁は確かに高いものの、必要以上ではない。そのうえ、習性上の識別信号を設けるまでもなく、近縁種同士が山脈、湖沼、気候で巧みに隔てられていることもままある。何種もが密接して生息するアメリカのシロアシネズミは他種のにおいをひどく嫌う習性があるが、五五種のシロアシネズミのうちでフロリダで発見された一種は、実験の結果、ケージに別の種のにおいをつけても別段気にする様子が見られなかった。といっても、その状況はあくまでも人工的なもので、普段の環境では絶対にあり得ないと思われる。

同様に、実験室でコオロギの一種を温めてやれば、いとも簡単にさまざまな種を一堂に集めることができる。温度が一度上がるごとに鳴き声もにぎやかさを増すコオロギは、温度計としても役立つかもしれない。たとえば、シラユキカンタンの飼い主が現在セ氏何度かを知りたい場合、毎秒何回鳴くかを数え、それから四〇を引き、次にその答えを七で割って一〇を足せばいい。また、温められて鳴き声が早くなった雄のコオロギは、寒いなかでのろのろと鳴く体の冷え切った雌を射止められるだろう。現に二一度のクロツノカンタンの雌は、かすかにあたたかいだけの同種の雄には見向きもせず、二七度のギンレイカンタンや三二度のヨツモンカンタンに反応した。まさに一目ぼれならぬ一耳ぼれである。しかし、実験室内でどんなに仲を裂いたにしても、すぐにもとに戻ってしまうのが落ちだ。自然界では、雌雄ともに同じ温度で暮らし、間違いが起こる見込みは一切ない。

一方、カエルのなかには生来この壁が低い者もいる。それぞれに特有の鳴き声があるものの、そんなものを気にかける種はほとんどいない。冬眠から覚めたヒキガエルの行動はそもそも単純このうえなく、動く物体を見た雄は自分より図体が大きければ逃げ、小さければえさにし、同サイズだったら交尾する、といった三パターンの行動しかしない。抵抗しない相手は、たぶん種が同じで雌だということになる。なぜこれで支障がないかというと、通常、種によって冬眠から覚める時期が違い、こうした事態は同種同士でしか起こりそうにないからである。とはいえ、ブロンズガエルの場合は今ひとつその確信が持てない。かつては一種のみとされていたブロンズガエルだが、現在では二種とその混血種、計三種がいることが判明している。エド・ヴァン・デル・エルスケンは驚異的にもこのカエルの生態を短編映画に収め、その無頓着ぶりをもののみごとに証明してみせた。若者が鳴き声を巧妙に物まねしながら指を動かしてカエルを興奮させると、なんとその手を相手に交尾しはじめたのである。

エドウィン・ランシーア、「ばたつく猫」、1824年ごろ。

新種はどんどん生まれている

上記のとおり、種の間に巨大な壁を設ける動物もあれば、そうした壁にあまりこだわらないようなケースもある。一見、両者は矛盾しているかに思えるが、それは単に見かけ上の問題にすぎない。まず事足りるぐらいの種が揃っているから高い壁をつくるのであって、もし不足していれば、新種を生みだすのに壁を気にしない種の力が必要となってくるだろう。世の中には切手収集よろしく種を揃える生物学者がいる。しかし、両者はまるで別物だ。どんなに五〇円切手を集めても八〇円切手にはならないのに対し、種はいくらでも変容することができる。これを俗に「進化」と呼ぶ。絶滅危惧種の記事が紙面を賑わす裏では、年々無数の新種が誕生している。新聞も死亡記事ばかりでなく、たまには誕生の告知だって載せてもよさそうなものだ。確かに近い将来、ゾウの新種が生まれるなんて望みはつめの垢ほどもない。だが、トコジラミやウミグモを筆頭にしたもぞもぞはい回る虫の新種は、途方もない数に上るのである。どうもこういう歴史の浅い種の場合、境界がまだはっきりせず、大昔からの種に比べれば他種と交尾する機会が多いようだ。

新興のニシセグロカモメであれ、セグロカモメとの間に繁殖力のある子ができるのだから、実際は同種といっても過言ではない。ところが鳥類学者は、双眼鏡に映るその姿はセグロカモメとは著しく異なり、背が黒く脚が黄色で目の縁が赤いとして、別個の種とみなしている。もともとシベリア出身のセグロカモメは、アメリカ経由で東方へ、ヨーロッパ経由で西方へ散らばり、今では北半球一帯に分布しているトリだ。微妙な差は、この移動の途中で生じた。とはいえ、西回りの群れと東回りの群れが合流したオランダでは、セグロカモメとニシセグロカモ

「傍観者の猿」、銅版画、18世紀。

メの差が際立ち、二種ははっきりと区別がつく。交配はできなくもないが、すでに歴然とした壁が両者の間に立ちはだかっている。合同で営巣するセグロカモメとニシセグロカモメでさえ、互いに交尾しようとはしない。地理的に隔たっていた結果、求愛の鳴き声もディスプレーもことごとく違ってしまった二種のカモメは、相手を恋の対象とはもはや考えもつかないのだ。異種交配の可能性が少ないせいで、各自の特徴はますます際立つ傾向にある。ニシセグロカモメはやがて異系の種に変容し、セグロカモメと交わりたいとも思わず、そうしたくともできないはめに陥るだろう。

野生が少しでも息づいているところであれば、世界中どこでも新種が脈々と誕生している。あらゆる生命は変異によって生みだされ、多種多様な生活状況を新たに実現させてきた。互いを阻む壁ができてしまった変種同士は、二個の別々の種に生まれ変わっていく。こうした壁は文字どおり山脈や内海で形づくられているが、同時に象徴的意味をも示している。気候上の違いで発生した交尾の時期が異なる変種のカエルたちは、そのきわどい時期に顔を合わせることはまずない。別個の種になったら最後、越えがたい障壁として交尾の時期の差が生じるのである。

あなたは「猿人」とできるか？

類は友を呼ぶ。発展途上にある若い種では、この原則が通用しない場合も多い。では、歴史の浅い人類にも近縁種との交接が許されるのか。なんといってもホモ・サピエンスの一種しかない人間のこと、これは見たところ架空の質問のように思える。だが、事実は必ずしもそうではない。ホモ・エレクトゥスやホモ・ハビリス、それに現代人の亜種に当たるホモ・サピエンス・サピエンスやホモ・サピエンス・ネアンデルターレンシスが存在していたのは、そんなに大昔の話ではないのだ。さまざまな場所や時代にはそれぞれ違った種の人間が生きていたと推測され、他種との交接の機会も少なからずあったはずである。それは人間同士ながら獣姦とも呼ぶべき代物だったかもしれない。猿人に関する本をどれでもいいから手に取って、そのなかの絵を眺めてみてほしい。はたして祖先と寝てみたいと思うだろうか。むろん、答えは眺めた本によりけりだ。つい最近まで、意識を持った存在である私たち現代人との差を際立たせるため、「猿人」は額がせまくうつろな表情をしたかぎりなくサルに近い姿で描かれていた。昨今では、その正反対の特徴がかえって人気を博し、「祖先」への関心が高まっている。いわんや黒人をはじめとした「異人種」の表現にも同じ傾向が見られ、白人と大差なく描かれるようになってきた。その昔、プランテーションの主人は女奴隷に暴行し、それによって獣姦まがいの快感を得ていた。今日、黒人と白人との結婚はそう珍しいものではなくなったが、まだすっかりとまではいかない。同じホモ・サピエンスで海や山に隔てられているわけでもないのに、多民族に分かれた私たちの間には依然として高い壁がそびえ立つ。しかし、それは単なる想像の産物にすぎない。実際には、そんな壁などどこにも存在していないのだ。

第3章 わが同胞

近親憎悪の秘密

動物を本当に理解するためには、その目を通して世の中を見なければならない。H・ケファー・ハートラインはこの解明に貢献したとして、一九六七年にノーベル賞を受賞した。視覚情報が視神経を介して脳に伝わる構造に迫ったハートラインは、その実験対象にカブトガニを選んだ。外殻のすぐ下に太いケーブルのような視神経が走っているカブトガニは、彼にとって格好の材料だったのである。

ハートラインはその目を丹念に調べていくうちに、眼球内の視細胞のひとつが強い光を受けると、隣接する視細胞の弱い刺激がさらに抑えられ、明暗のコントラストが際立つことに気づいた。ものをくっきり見せるこの仕組みは、人間でも寸分たがわない。浜辺で水平線を眺めた場合がまさしくそれだ。互いに接する空側の光帯から受ける刺激が海側の光帯を暗く見せるおかげで、さながら鉛筆で線引きしたかのごとく、実際はあいまいに混ざり合っている空と海の境界をはっきり識別することができる。

しかし、両者の対比が大きいほど見やすいかといったら、必ずしもそうではない。度がすぎると、ハートラインが発見した「側抑制」は致命的な結果を招くおそれがある。医者が患者のレントゲン写真に幻の筋を見たりする病院では、必要もないのにおなかにメス、なんてことにもなりかねない。

コントラストを好む傾向の強い私たち人間は、絶えず差異を探し求めている。両者のイメージが近ければ、それだけ違いが鮮明に浮き立つ。いくら似たような五〇億個もの鼻とその倍の耳を持つ五〇億人を目の前にしても、親類や友人の顔なら即座に見分けがつくものだ。差異が小さいと識別しやすいとは、なんともはや奇妙としかいいようがない。白人の場合、同じ白人同士であれば難なく区別がつくのに、一般的に顔立ちの異なる黄色人種では「どの中国人もまるで一緒」に見えてしまう。とはいえ、黄色人種の顔を見慣れ、彼らの共通点を見越すことができるようになれば話は別だ。動物行動学者は実地調査でこの現象をじかに体験している。他種とは違う共通の特徴を強調するあまり、同種間の差異がわざとぼかされている動物図鑑の影響か、当初はチンパンジーの顔がどれも同じに見え、ゾウは皆ジャンボと呼んだりするが、次第にクラスの子どもたちのように見分けがつき、やがては個々に名前を与える。

動物園で不自然なまでに著しい違いを感じるのは、とりわけサルの檻の前である。ビロードの質感を思わせるりっぱな睾丸を備えたトラや、気品に満ちた風貌のガゼルなどのかけ離れた種には憧れを抱いても、一番近縁の動物の前ではなぜかいたたまれない気持ちに陥る。いやに

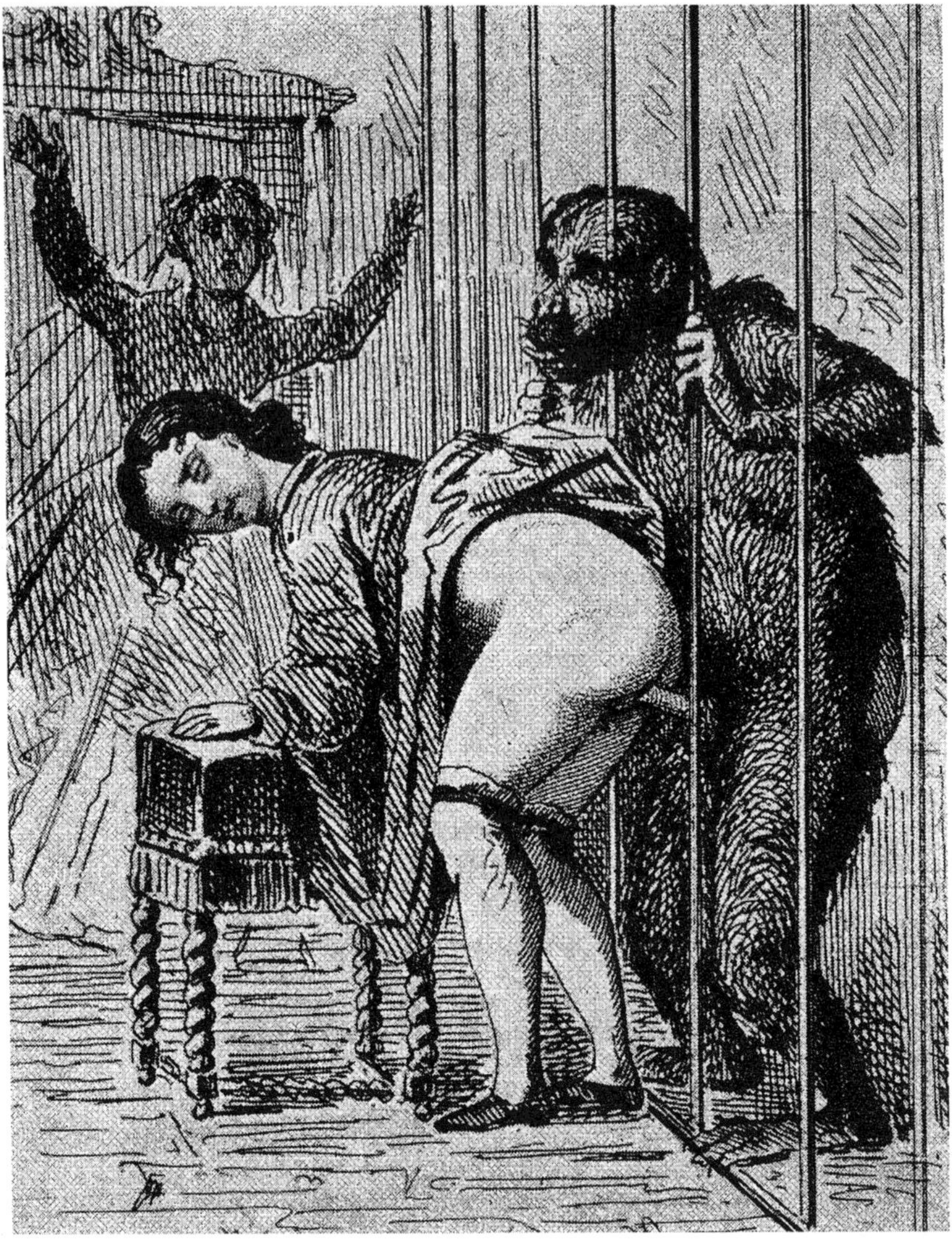

「猿と交わる女」、銅版画、19世紀。

似ていることが、かえって落ちつかなくさせるのだ。「とんだ狂態」をしでかした連中の姿をあざ笑いながらも、よりによってこんな子どもじみた鼻持ちならないやつらが自分に最も近い種かと思い知り、一族の集まりでだれもが味わう例のきまり悪さにとらわれる。似た者同士のゆがみはなかなか笑い飛ばせない、というわけだ。

有色人種は類人猿以下?!

白人とサルの場合に比べたら、白人と黒人の差など取るに足りない。だからこそ、その相違が他に類のないほど誇張され、肌が黒く唇が厚いというだけで黒人は愚鈍と思われている。白人の目には醜いと映った彼らはまた、みだらな好色漢ともみなされた。性欲とペニスの大きさでしか、黒人は白人をしのぐことができなかった。せめても一部の者は、である。

一九三〇年代、スターリング・ブラウンはアメリカに住む「ニグロ」を五つのタイプに分類した。忠実な召使の「トム」型に愚鈍な「クーン」型、そして「ムラート」型は哀れを誘い、「マミー」型は性的魅力のない台所女中を指していた。唯一、精力絶倫と判断されたのは「バック」型だった。

何世紀もの間、黒人は大方の白人に動物でもなく人間でもない、今でいう類人猿か、ともすればそれ以下の存在として扱われた。イギリス人船長ダニエル・ビークマンも、一七一二年の航海日誌でオランウータンに軍配を上げている。「顔つきは不快きわまりないという感じではない。むしろ、これまで会ったどのホッテントットよりも嫌悪感が少ないくらいだ。しかも、歯は大きくて尾がなく、人間と同じ個所にしか毛が生えていない。……もともと人間だったが、素行の悪さから動物に変えられた、と原住民は信じ切っている」。

ビークマンの生きた当時、プランテーションで働く黒人は、家畜さながら動産と考えられていた。そうした悲運に見舞われたのは、黒人ばかりではなかった。パラグアイの最高裁判所は一九五七年に入ってようやく、「共和国の他の住民同様、インディアンも人間である」と公式に判決を下した。

南アフリカでは同じころ、白人と異人種との性交を禁じている。一方、当時のアメリカの場合、そんな禁令を出すまでもなかった。一九五一年に国内二〇都市を対象に行なった調査によると、黒人が自分と一緒の美容院に通うのさえ「我慢できない」とする白人が七〇%にも達していたのである。

男性の過半数が獣姦経験者だったまさにその国では、黒人と性交するくらいなら、ウシやブタとしたほうがましだと思われていたらしい。かといって、各旧植民地の混血が莫大な数に上ることを考えれば、別段その欲情を抑えていたわけではないだろう。それどころか、異人種がある種独特の性的魅力を醸しだすのは、生きた資料として自然人類学者に多彩な人類の姿を提供する、現代のアムステルダムの赤線地帯で証明ずみだ。

外国人女性に会うには異国の地に出向くほかなかった昔、白人の船乗りと植民者はいつでも異人種との性交が可能な態勢にあった。以下の歌がそれを如実に物語っている。

バタヴィアのはるかかなた
ジャカルタのすぐ近く

現地の娘が私にささやく
あなたが《バナナ》……欲しい
乙女の魔力に惑わされ
気がつくとホテルにふたり

ただし、性病にかからないこと、さもなければ「モンキーランドでも本土でも、売春婦に近寄るな」が当時の合い言葉だった。逆に、「白人女性は黒人男性に用心せよ」とは、アメリカ合衆国第三代大統領トマス・ジェファソンの弁。ほかの点では実に開けた人物として名高いジェファソンだったが、一七八二年、白人の優位は火を見るより明らかだと記している。「白人に引かれる風潮からも分かるとおり、ニグロ自身もそれに異存はない。その風潮はオランウータンが一般的に仲間の雌よりも黒人女性を好むのと軌を一にしている」。彼によれば、いずれも向上心がそこに働いているという。

他人種との性交は不当である。一六世紀ヨーロッパで広く適用された法規範の教本の著者ヨースト・デ・ダムハウデレはそう述べ、これに関しては疑う余地がないとした。問題はただ一点、トルコ人やユダヤ人との姦淫が獣姦かソドミーかだけだった。一世紀後の一六九三年、フランソワ・ヴァン・ベルヘンは図らずも、その著書『パルナッソス雑報』のなかでこの説にみごとな痛撃を加えた。

欲情に駆られた淫乱なイエズス会士

そのはけ口に選ばれたユダヤ人女性
いかにもいやらしげに「さあ　肉の饗宴と参ろうか」
辞退していわく「ユダヤ教では豚肉は厳禁ですので」

西ヨーロッパの場合、数多くのユダヤ人住民への風当たりの強さは当地の黒人の比ではなかった。というのも、黒人の人口が皆無に等しかったからである。東方三博士を描いた無数の絵画を見ても、黒人に対する無知さ加減が分かる。絵のなかの黒人の王は、およそ顔を黒塗りした白人にしか見えない。作家エーワルト・ファンフーフトにいわせれば、一九五〇年代までは「死んだエビのような色をしていない人間は、オランダでは見世物だった」。

黒人の場合、キリスト教に改宗するのを待ってはるかかなたから連れてこられるのが普通だったが、ただひとりの例外がいた。オランダ随一のニグロ、ドナルド・ジョーンズである。彼はニグロらしいことなら何でもやってのけた。狂喜乱舞、変なつくり顔、大笑い、いたずら、要するにサルそっくりの行動をしたのだ。

そんな黒人やインディアンを見物したければ、かつては動物園へ出かけていった。アムステルダムのブラウ・ヤン動物園では、入園料さえ払えば、他の動物たちに交じってモホーク・インディアンのシクネクタを見物することができた。見慣れない珍奇な人々の見世物は、一九世紀末の社会でちょっとしたブームを巻き起こしていた。

オランダ人の大半がスリナムの原住民をはじめて目にしたのは、アムステルダムで一八八三年に開催された万国博覧会だったし、アムステルダム国立美術館の裏に設けられた小屋でも、ブッシュマンが「ヨーロッパでついぞ見ぬ珍奇な人種」と銘打たれ、見世物になっていた。また、さらし者にされたインドネシア人の写真を使った絵はがきには、そこに写る「黒人一座」の女性メンバーの「ファン」である送り主が、次のような言葉を添えている。「見物のときにはいつも彼女用にお菓子を準備しなくちゃいけなくてね」。当時のベルリンではまた、ロシアの遊牧民カルムイク族が市民の耳目を集め、パリでも二カ月半にわたるセネガル人の見世物興行が評判を呼んだ。

近年、珍しい外国人だったら、お金を払わずとも街頭、列車、地下鉄のあちこちで姿を見かける。だが、今なお「珍しい」ことに変わりない。ニューヨークのアメリカ自然史博物館などの著名な博物館には、植民地時代風の飾りに囲まれ、何千という動物の剥製と一緒に、褐色、黒色、黄色人種の人形が陳列されている。さらに一九九二年にも、オリンピックの開催地バルセロナの近郊にある小さな博物館で、黒人の剥製が展示されているのが発覚し、スキャンダルを招いた。

現在では他人種と実際に接することも可能で、情報源として動物園もテレビも本もあるが、一七世紀までは本を読むしかなく、それも確かな情報とはいいがたかった。ほとんどの旅行記では、珍奇な人種と類人猿の区別すらはっきりせず、人間にしては毛深すぎたり、類人猿にしては口数が多かったりと両者が混同されていた。そのうえ、どの生物にも、サテュロスやピュグマイオイを筆頭にした半人半猿の古代ギリシアの神の影響が強く感じられた。

インディアン、サル、サテュロス、ピュグマイオイ、黒人。どこまでが人間でどこからが動物なのか、まったくもって見分けがつかなかった。そんな状況では、野心的な性交もみだらな獣姦とみなされたに違いない。

むかつくほど好色なオランウータン

人間と動物をはじめて区別しようとしたのは、レンブラントの「トゥルプ博士の解剖図」の解剖医で名高い、「アムステルダムでも屈指の医学博士」ニコラス・トゥルプだった。一六四一年に他に先駆けて類人猿を正確に解説してみせた博士も、ネーデルラントの州総督フレデリック・ヘンドリックにアンゴラから献上されたチンパンジーを、残念ながら「インド諸国出身のオランウータンかサテュロス」であると間違って説明している。以下の記述から察するに、博士はどうも本気でそう信じていた節があった。「サテュロスの存在はまだ現実には確認されていないが、仮に存在するとしたらこの生物に断じて間違いない」。

外見についていえば、そのオランウータンは大プリニウスをはじめとした古代の学者たちの記述ばかりか、エドワード・トプセルの本に登場するエフェムス・カーが難破したときに目撃したというサテュロスにもそっくりだった。

船員たちに見とがめられるや、やつらは船のほうに逃げ込み、なかにいた女たちを軟禁した。恐怖に駆られた男たちは野蛮人の女をひとり、陸上のやつらの群れのなかに放った。すると、むかつくような不快きわまりないやり方で自然の摂理にもとづくあそこだけでなく、体中至るところに暴行を加えた。そのなんともいやらしげな様態に、船員たちはやつらを理性のかけらもない野獣だと思った。

これは、トゥルプがインド諸国を旅した人々から聞いたという話と符合している。

サンバチェスの王がわが同胞サムエル・ブロンメルトに語ったところによれば、ボルネオ島にいるこうしたサテュロスの雄はとりわけ勇猛果敢で並外れた腕力を持ち、男たちがどんなに武装していようがものともせず襲いかかる。女たちにしろ、誘拐してはその欲情のなすがままにもてあそんだ。女に対する肉欲の激しさは、古代の好色な神サテュロスにも引けを取らない。このため、インドの女たちはそんな恥知らずのけだものがすむ森には絶対に近寄らないようにしている。

一方、バタヴィア（現・ジャカルタ）のトゥルプの同僚ボンティウス（本名はいわずとしれたヤコ

エドワード・トプセルの「スフィンクス」、17世紀。

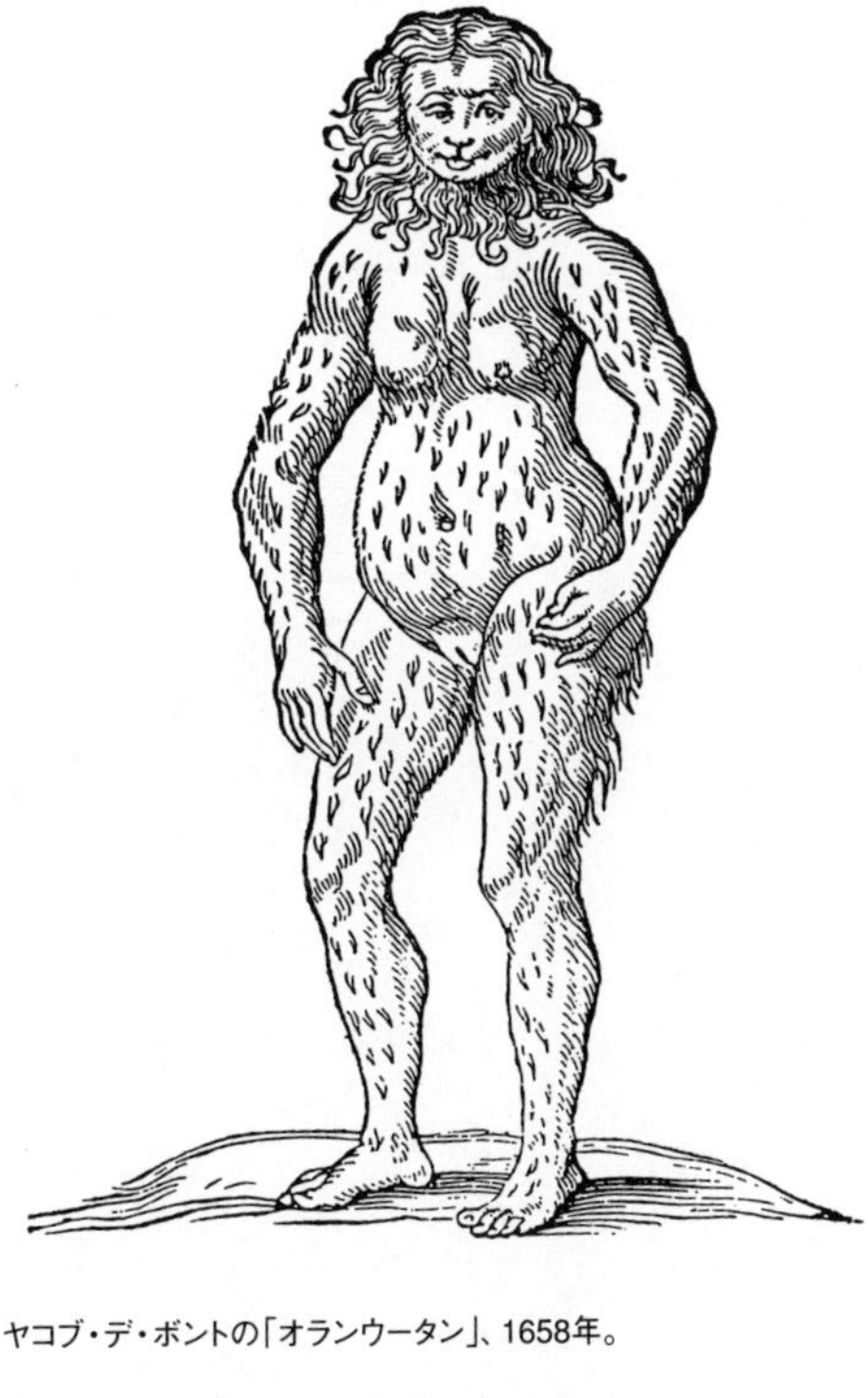

ヤコブ・デ・ボントの「オランウータン」、1658年。

ブ・デ・ボント）の解説はこれほど手厳しくはない。インド諸国で見たかぎりでは、雌の「オランウータン」は「つつましく」、見知らぬ男の前には姿を現わさなかったと記している。顔を両手で覆って嘆き悲しむなどそのしぐさは人間そっくりで、言葉を別にすれば人間の資格十分といってもいいくらいだったという。それに対し、ジャワ人は「オランウータン」について、「むかつくほどの好色ぶりでサルと交わる、みだらなインドネシア人女性から産まれた生物」とみなしていた。リンネの体系では、これをヒトの亜種とし、ホモ・トログロディテスと呼んだ。

おそらくデ・ボントが目撃したのは、少々毛深すぎるとはいえ、ただのホモ・サピエンスだったに違いない。だが本国の人間には、これでオランウータンの「オラン」がいかに当を得ているかがはっきり分かった。「オラン」はマレー語で「人」を意味し、どの遊牧民の名前にも使われている。スマトラ東海岸のオラン・アキット（アキット族）や東南ボルネオのオラン・ブキット（ブキット族）が、その例である。白人を指す「オラン・ブランダ」には、醜悪このうえないサルという意味もあった。インド諸国に住む白人自身も、ののしるときに「げすなオラン野郎」という言葉を口にした。

一六六九年、類人猿研究の父とうたわれたイギリス人医師エドワード・タイソンですら、身長七五センチのチンパンジーの子をピグミーと混同している。

古代のピュグマイオイは、人類ではなくサルの仲間だったのか。本論文では、この説の真偽を証明していきたい。ピュグマイオイがサルと決まってしまえば、現代のピグミーもサルとほぼ断定できるだろう。動物のなかにはあまりにも人間に似ている種があり、それを古代人も現代人も「劣った人種」、今でいうホモ・シルヴェストリス(野生人)とみなした。これは「森の人」、すなわちオランウータンを指している。

また、女性を誘拐するサルの話は根強く語りつがれた。三世紀前、旅行家フランソワ・ルガは、「お供を引き連れて」ジャワを旅した折に、そうした誘拐の産物「珍奇なサル」を目にしたと伝えている。

まゆ以外は顔に毛が一本も生えていないその生物は、以前ケープで会ったホッテントットの女たちにうりふたつで、粗野で無骨な顔つきをしていた。

……大方の意見では、この生物は人間とサルの子孫ではないかという。重罪を

ホッピウスの「サテュロス」

ホッピウスの「ルシフェル」

犯した女奴隷らがいつもの厳しい処罰におそれをなし、森に逃げ込んで野獣として暮らす例がままあるからだ。ウマとロバの交尾が許されている現実を考えれば、女奴隷が雌ザルと同じ目に遭う可能性は非常に高い。雄ザルにとってはどちらも似たようなものなのだ。むしろ同じく神を少しも知らずに育った両者は、ロバとウマの場合よりも類似点が多く、どんな道義にも縛られることはない。

今やルガの名前を知る者はほとんどなく、その旅行記も大部分が虚構だったことが判明している。なのに、当時の人々はサルと人間の描写もさることながら、それが架空の話かどうかについても一切の疑念を抱かなかった。古代から中世にかけて、サルは淫欲の象徴だったのである。旧約聖書によれば、ノアがはじめてぶどう酒を飲んだとき、ヒツジ、ラム、サル、ブタが立て続けに悪魔のえじきになったとされている。これら動物はそれぞれ人間の酔いの段階を示していた。はじめはおとなしいが、徐々に荒々しくなり、放縦に振る舞ったかと思ったら、ついには嫌気が差すほど酔いつぶれる、というわけだ。ちなみに、アルドロヴァンディの動物学書（一六四〇）などでは、一般的にサルのペニスは異様に大きく描かれている。おかげで人間の女性に対する色情がいっそう浮き彫りにされ、かえってサルを人間らしく見せる結果となった。

ジャン＝ジャック・ルソーをはじめとした大物著述家も、類人猿を人間界に引き込むのに拍車をかけた。私たちヨーロッパ人に「野蛮人」を「高貴」な理想的人間像として紹介した彼らは、「ブッシュマン」の調査を進めれば、必ずやその正体が人間である事実に行き着くはずだと考えていた。もっともスコットランドの裁判官ジェームズ・バーネットはかなりの頁を割き、「野

「フランソワ・ルガの珍猿」、1708年。

蛮人の大半はオランウータンよりも数段劣る」とする主張の正当性を解き明かしている。

ゴリラ、チンパンジーの役回り

このように、動物が人間界に上りつめていくのとは逆に、人間は動物界におとしめられていった。一七三五年、リンネはその著書『自然の体系』のなかで、ヒトをサルとナマケモノの間に入れている。にもかかわらず、ヒトは体系の中心的役割を担い、同じくオランダ人医師ペトルス・カンペルに至っては、それを疑いようもない事実としてとらえた。チンパンジーとオランウータンの違いをはじめて明らかにしたカンペルは、一七八二年、ヒトの位置づけをも試み、「他の動物と比較した人類の優越性」を唱えている。人間だけが直立歩行して「天を拝むことができる。こんな利点に恵まれた人間に勝る者が、動物界にはたしているだろうか」。それが彼の言い分だった。

一八世紀後半に広く読まれた動物百科、フランスのジョルジュ・ド・ビュフォン伯著『博物誌』は、当時の状況を的確に示している。彼はヒトとサルを識別する前に考慮しなければならない要素として、「雄ザルが雌（女）に抱く激しい性欲、双方の雌雄の性器構造の一致、雌（女）の月経、黒人女性とサルとの強制的／自発的交接、両種に属するその子孫」を挙げ、ヒトとサルの差を示すのは不可能に近く、同種と考えざるを得ないと結論づけた。

一九世紀に入ると、女の尻を追いかけ回す毛むくじゃらの生物は文学のお決まりのテーマにまで発展する。後に「キング・コング」シリーズを生むきっかけともなった作品といえば、エドガー・アラン・ポーの『モルグ街の殺人』（一八四一）だが、そこではまだ暴力シーンが目立

アーサー・ラッカム、エドガー・アラン・ポー著『モルグ街の殺人』の挿絵、19世紀。

オーブリー・ビアズリー、同挿絵、19世紀。

ち、性描写は影が薄かった。

物語はこうだ。ご主人さまをまねてひげを剃ろうとしたオランウータンが、ある日、パリのホテルを抜けだす。かみそりを振り回す姿に仰天する、ふたりのか弱きご婦人。毛をそられそうになったそのうちのひとりの悲鳴が、オランウータンを逆上させ、ついに惨劇を招く。

ポーのゴシック小説は、オランウータンをゴリラに代えて映画化された。オランウータンにもましてすごみのある、その風貌が買われてのことだった。ポーにかぎってこの点を見過ごすはずもないが、さすがの彼も初版後六年目にして発見されたゴリラの正体を知る由もなかったのだ。名前だけは前五世紀からカルタゴの探検家ハンノなどが著わした文献に登場していた。しかし、大きくて魅力あふれる動物と想像はしても、本物の姿を目にするようになったのはこ

こ一五〇年ほど前からにすぎない。

ダイアン・フォッシーのおかげで名の売れた

亜種のマウンテンゴリラの発見などは、まだ一世紀にも満たない一九〇一年のことである。そんな短い期間ながら、ゴリラはこれまでオランウータンが担っていた女さらいの役をほぼ完全にわがものにしてしまった。チンパンジーともなると、現在、そうした役どころが回ってくることはめったにない。それどころか、ピエール・ボワタールの『植物園』（一八四二）では、きわめて品のいい生物として描かれている。

雄のチンパンジーは元来雌一筋だが……たまにははめを外して、ジャングルに住む黒人女性をさらい、自分のねぐらに連れてくることがある。『アンゴラの海岸への旅』を書いたM・ド・ブロスによれば、チンパンジーは女性を危険から守り、ごちそうを与えることで、彼女たちを圧倒しようとするという。……ときとして野卑な欲望の充足よりも、気の合う友だちをつくりたいという願いのほうが強いような印象を受ける。……さらってきた赤ん坊をただ身近に置いて見守る様子からも、そういう気がしてならない。現に、誘拐後一年あまりチンパンジーの社会で暮らした従者の黒人少年は、満足げにまるまると健康そうになって戻ってきた、とバテルは伝えている。

大島渚監督の映画「マックス・モン・アムール」（一九八七）が示すとおり、現代でもチンパンジーのこうした友好的雰囲気は変わらない。映画では、自身は人間の愛人を持つイギリス大使館員が、ホテルの一室に隠したチンパンジーと逢瀬を重ねる妻を発見し、好奇心からそのチンパンジーと同居することにする（妻との間にはたして肉体関係は？　サルに嫉妬するなんて、そんなバカな!」)。そして、ショックが彼を襲う。妻はなんとチンパンジーを真剣に愛していたのだ。

しかも、文学上のチンパンジーは、ゴリラにはあまり回ってきそうにない恋人の女性役という性的役割を担う。ジョン・コリアの『モンキーワイフ――或いはチンパンジーとの結婚』(一九三一)に登場するチンパンジーは、アフリカに住むイギリス人教師アルフレッド・ファティゲイに家政婦として飼われている。ロンドンに帰ったアルフレッドは長年の恋人と結婚しようとするが、結婚式の最中に停電に見舞われてしまう。どさくさに紛れて、気を失った花嫁に取って代わったチンパンジーは、アルフレッドの知らぬ間に彼の正式な妻に収まる。口は利けないものの、種に興味を持ってダーウィンの『種の起源』を読む毛むくじゃらの花嫁を連れ、アフリカに戻ってきたアルフレッド。次の最後のくだりを読むかぎり、まんざらでもない新婚生活を迎えたらしい。

ベッドの横で今にも消えそうになりながら燃え続ける、ろうそくの火。器用にもそれをつかんで明かりを奪った脚の先から漆黒の闇が広がり、ビロードの波打つひだのように柔らかで満ち足りた息づかいがもれた。

以上のようなチンパンジーのシーンはさておき、人間との性的関係での類人猿は決まって野蛮なけだものという役回りだった。ゴリラやオランウータンのなかに父親のむごたらしい側面を認める、フロイトのような人物を引き合いに出すまでもない。欲情を制御できない肉体に閉じこめられた、愛を求めてやまない心という「美女と野獣」のテーマは、時代を超えた永遠のものなのだ。

ゴリラのこれでもかというほどの威嚇的な描写は、今にはじまったことではない。一八五五年に史上はじめてアメリカからゴリラの生息地に分け入り、生死にかかわらずゴリラを連れ帰ったポール・デュ・シャイユの時代から、そのスタイルは綿々と続いている。一八六一年に出版された報告書『赤道アフリカ探検記』はこう描く。

悪夢のようなその姿は、古代人が地獄絵に好んで描いた半人半獣の気味の悪い怪物に驚くほどよく似ている。わずかに踏みだしては止まって、不気味なうなり声を上げつつ近づいてきた生物は、六メートルくらい手前でようやく動かなくなった。再びうなり、いきりたって胸をたたきはじめたところに、銃弾を放って射殺した。

かの尊敬すべきフランス国立自然史博物館の文書さえも、科学的な客観性が抜け落ちている。一八五八年、ゴーティエ＝ラブレイ医師はゴリラについて次のように書いた。

ゴリラの強さは並々ではなく、危険を顧みずテリトリーに侵入してくるゾウを素手や棒きれで追い払う。ときには、不幸にもテリトリーにうっかり迷い込んでしまった黒人女性を誘拐することもあるらしい。

人間の動物化／動物の人間化

こうして動物界にまたもや追いやられたサルだったが、あろうことかダーウィンは進化論のなかでそのサルを私たち人間の祖先であるとした。大半の者は動物界に片足でも突っ込むことに我慢ならず、ただの妄想だとしてその考えを念頭から消し去った。もはや聞く耳を持たない相手には、従来の方法にしたがって事実を認めさせるしかない。まず、人間を動物に近づけること。これで少しは転げ落ちる痛手が小さくてすむだろう。今度は逆に動物を人間らしくすること。そうすれば、その一員という考えもそれほど捨てたものではなくなるはずだ。

最初の方法をだれよりも徹底したのは、ほかならぬデズモンド・モリスである。一九六〇年代、『裸のサル』を通じて、外見のみならず行動の点においても、ヒトは祖先のサルの血を受け継いでいると伝えた。そう考えると、人間がサルのように振る舞っても別段おかしくないということになる。わけても性行動は動物的本能によるとモリスはいう。彼によれば、人間の女性が類人猿のなかでも最大級の乳房を持つのは、向かい合わせでお尻を見ずに性交する男性へのせめてもの償いであるらしい。『裸のサル』以降、その主な主張はモリス自身だけでなく彼の批評家陣によっても手直しされてきたが、今なおお次のメッセージはくり返し唱えられている。「いかにも、人間はサルである」。

デズモンド・モリスが人間を動物化していたまさにそのとき、ジェーン・グドールは動物を人間化していた。お節介なジャーナリズムが台頭してきていた割には、ほぼ邪魔者に惑わされることなく、野生のチンパンジー社会にすっかり溶け込み、その行動の研究に没頭することができた人間、そして女性は彼女が最初だった。研究成果は世間にセンセーションを巻き起こす。

チャールズ・ダーウィン、風刺画、1871年ごろ。

しかし、かすかに野生の片鱗をうかがわせるだけで支離滅裂な状態の動物園の生物に慣れきっていた生物学者たちは、その成果をすぐには信じようとしなかった。

チンパンジーは道具を使い、仲間を殺し、嬉々として悪巧みとしかいいようのない繊細な心の動きを見せる、とグドールは主張していた。愛、嫉妬、チンパンジーそれぞれに識別コード以上の名前を与えた彼女のおかげで、標本としてのサルが次第に個性を持つ存在となっていった。教師がクラスの生徒ひとりひとりの名前を覚えてはじめて、今まで生徒とひとくくりにしていた子どもたちが生身の人間になっていくのと、それはどこか似通っていた。

ジェーン・グドール以来、もはや彼らはジャングルを駆け回るチンパンジーではない。オランダのチンパンジー研究者フランス・ド・ヴァールは、彼らのことを夢にまで思い描く。

チンパンジーがまずもって個性ある存在とみなされていることは、世話をする者の夢からも明らかだ。私たちの夢に登場するのは、一般的にだれそれと判別できる個人である。だから、類人猿を夢に見るとすれば、それは彼らを独立した個体とみなしている証拠にほかならない。万が一学生が「サルという動物」の夢を見たといったら、「人間というもの」の夢を見ると主張したくらい仰天するだろう。

サル学者に女性が多いのはなぜか?

「これが動物というなら、私たちはいったい何なのか」。ド・ヴァールはチンパンジーについてそう書いた。とはいえ、彼がいくつかの点で一匹狼であることは疑う余地がない。その筆頭は男性であることだ。サルを専門とする動物行動学者には圧倒的に女性が多い。チンパンジーといえばジェーン・グドールだし、マウンテンゴリラにはダイアン・フォッシーの名が一番に浮かぶ。オランウータンはビルーテ・ガルディカスだが、オランダ人のリーズベト・ステルクも西スマトラにあるオランウータン・センターでりっぱな業績を上げている。

とりわけ注目すべきは、研究対象のサルに対する女性たちの傾倒ぶりである。ジェーン・グドールはどうみても夫のヒューゴ・ヴァン・ラービックよりチンパンジーを大事にしているし、ダイアン・フォッシーにしろ、保護区内に侵入して彼女の生命を奪った密猟者のアフリカ人に比べたら、ゴリラのほうがましだと思っていたに違いない。ダイアンはゴリラの腕に抱かれて寝ていたという、悪意に満ちたうわさもある。当時の研究仲間だったデーヴィッド・アッテンボローはこの真相については分からないとしながらも、ゴリラへのダイアンの愛情は異常ではなかったかという私の質問に、深いため息をもらして次のように答えた。

そうかもしれない。アフリカ人への嫌悪感もまた想像を絶するほどだったね。自然保護区内でルアンダの農民たちが牛を放牧するのさえも絶対に許さなかったんだ。でも、どこからどこまでが保護区なんだか分かりゃしない。かわいそうに農民たちは食べ物ものどを通らない始末さ。この警告を無視したらただじゃおかないって、ダイアンがいってね。そしたらひとり、それを無視したやつがいた。とたんに、そいつのウシの脊椎を残らず狙い撃ち、殺しはしなかったけど傷物にしたあげく、そのまま放置して飼い主に全財産を失ったってことを思い知らせたんだ。

昔、ゴリラの赤ちゃんがいなくなったときも、ウソかホントか、犯人は分かってるわって断言し、その相手の息子をさらってきた。それに、アフリカ人たちを有刺鉄線で木に縛りつけ、こっぴどく打ちすえたこともあった。こんな調子だから原住民の協力が得られるわけがない。いずれにせよ、ダイアン・フォッシーが亡くなって以来、いなくなったゴリラなんて一匹もいないよ。

サルたちへの言語実験

野外だけではない。研究室に場を移しても事情は同じだった。驚くほどたくさんの女性が類人猿を研究し、今度はサルと人間を隔てる最後の障壁、言葉の壁を取り除こうとしていた。

一七世紀、デ・ボントは原住民からこんな話を聞いた。「オランウータン」は実際口が利けるのに、何かに利用されるのではないかとおそれてめったに話そうとしないのだ、と。彼自身は懐疑的だったものの、フランス人医師ラ・メトリーは一七四八年に『人間機械論』を著わし、「オランウータン」に言葉を教えるにはろうあ者として育てればよい、としている。

二〇世紀の変わり目前後には、アメリカにリチャード・ガーナーという教授が現われ、新開発のグラモフォンを使って問題を解決しようとした。彼は檻に入ったサルの声を録音したばかりか、アフリカへ調査旅行にも出かけている。

ジェーン・グドールとは対照的に、ガーナーは野生に生きる研究対象をなかなか信用せず、檻のなかに入って観察を続けた。最初の一週間はサルもそんな彼を遠巻きに眺め、檻が何度となくライオンに襲われたりもしたが、しまいには二四語ものサルの言葉を聞き取ることができたという。毎朝顔を見せていた若い雌のチンパンジーなどは、「グウーフ、チュッタク、トゥールー」と話した、と教授は報告している。どうやら「愛してる」という意味らしい。

一八九二年に『ド・ナチュール』誌上でガーナーの「モンキー・マン」の研究を批評したH・J・カルクーンは、サルと黒人をまだいくらか混同しているようだ。サルは語彙が少ないとはいえ口が利けるとする一方で、「野蛮人たちも同様にあまり言葉を知らない」と主張し、現代人にはとてもまねのできない論議を展開している。

短音からなる言葉を立て続けに話すブッシュマンの言語体系は、十分に組織化されているとはいいがたい。こうした未開地の住民の言語は発達が遅れているため、身ぶり手ぶりを加えて相互理解を助ける必要がある。したがって、暗闇での会話はさだめし困難をきわめるに違いない。

後に、ガーナーがグラモフォンで証明しようとしたことは、録音された音声の解析によってことごとく否定された。サルには話し言葉などなく、口から発する音声はただの鳴き声にすぎない、というわけだ。かといって、人間が動物の声を出せないということにはならない。特に性交にはおあつらえむきだろう。

それも、サルとの場合がなおいっそう刺激に満ちている。作家ブロッツが未発表の作品に描いたそんな想像の世界の断片が、一九五九年発刊の『バルバルベル』誌に載った。いざ人間とゴリラの愛の世界へ……。「彼女の大きな黒い手が僕をやさしく愛撫する。そののど元からもれる低いうなり声」。やがて、人間とゴリラがひとつに溶け合うクライマックスが訪れる。

彼女の……腕と脚がボッボクの上にのっあっそこ、い。そこで尾をふぅぅぅ！　それから、ぐれりっと！　すっすぐに……ああ、もういい、う、きみといしょ、ンドヴァス、気分はさいこ、ゴーズゴスムレリヤータスヴァーフグレグレグレルゥゥトフ、フレ、ニ、イグト、アスヴグト。

これほどはっきり真意が伝わる表現はほかにない。人間が動物らしく振る舞う場合、動物の言葉は強力な助っ人となるのだ。しかも、この言葉を使うことによって人間がさらに動物化すれば、おのずと動物も人間の言葉を操りはじめ、人間と動物の間のギャップは言葉を通して埋まる可能性もあるだろう。そして一九六〇年代にはすでに、その進展の兆しが見られたようだ。そのころにはもう、人々はパルス状のクリック音でイルカと交信し、思いがけず海中にすむ生物のなかに知能の高い者がいた、と当時の大衆新聞も書き立てている。そして次に控えしが、わが近縁種サルだった。

とはいえ、最初の実験は予期せぬ結果に終わっている。レノルズ夫妻は同じ年ごろのチンパンジーと息子を一緒に育て、一語でもいいからチンパンジーに言葉を教え込もうした。ところが逆に、息子の言語習得のほうが目に見えて遅れ、空腹をほえて知らせるようになったのである。

その行き詰まりも、ベアトリス・ガードナーらがサルは咽喉部の構造のせいで音声言語が使えないと発見してからは、飛躍的な進展を遂げる。人間は六五の咽喉部の筋肉を使って毎分二五〇音節（フランス人の場合三五〇音節）を発することができるが、サルにはそのほとんどの筋肉がない。ガードナーはそこで、教え子であるチンパンジーのウォッショーに、アメリカの聴覚障害者が使う手話を覚えさせた。彼女の人間の教え子、ペニー・パターソンはゴリラのココにもそれを試みている。ココが人間的になりすぎて飼育に支障を来すおそれがあるとして実験の継続を断念したサンフランシスコ動物園の態度からも、そのひたむきさぶりがうかがわれる。この決断に対してペニーは猛然と抗議した。「ココが檻に閉じこめられるんだったら、私も一緒に入ります」。

だが結局、希望に満ちてはじまった言語レッスンも期待はずれに終わってしまう。手話、コンピュータ、プラスチック製のシンボルのおかげで声帯のハンディキャップを乗り越え、何百もの単語をつなぎ合わせて意味のある言葉をつくりだしたサルも、ちゃんとした会話ができるまでには至らなかった。おそらく脳のつくりがそうなっていないのだろう。かといって、ヒトの脳よりも劣っているというわけではない。サルはただ言葉を必要としないだけなのだ。

類人猿たちは絶えず互いにコミュニケーションを取り合っているが、身ぶりなどの身体言語や行動で意を伝え、そのやり方は人間とは違う。のみ取りがその最たるもので、社会生活を円滑に運ぶためにたわいないおしゃべりに興じる人間と同じく、サルたちも毛づくろいを潤滑油として暮らしている。人は確かに言葉を駆使して、シェイクスピアのソネット集やノートルダム大聖堂などに謝意を表わす。しかし、たわいないおしゃべりでの役目も忘れてはならない。九九％の人間は九九％の時間を費やし、世界で一番精巧な声帯を震わせ、冗談、世間話、お世辞を連発している。サルの場合、毛づくろいがこの役目を果たす。

求愛行動では騒ぎ立てるオランウータンも、交尾のときはいたって静かなものだ。それらしきしるしといえば、ペニス挿入時に雄がたまに脚の親指を使うことぐらいしかない。サルが一言も発しないのは、何もしゃべる必要がないからである。人間は事実をごまかすために能弁になる。このことはたぶん、一度じっくり話し合ってみたほうがいいかもしれない。

人をとりこにするサルの魅力とは？

言語実験に対する信望が徐々に薄らぐにつれ、研究者たちがサルについて実際どう思っているかが明らかになってきた。前回の結果が分かりもしないうちから、学者たちは早々に鞍替えし、次の仕事に取りかかった。ウォッショーにわずかに興味を示すのが関の山で、他の「話すサル」たちの大半はお払い箱にされた。無慈悲にも、制御された実験室から生体解剖室へと厄介払いになったサルも数多い。有数の言語能力を誇るチンパンジーだったニムは難を逃れ、ユージン・リンデン著『悲劇のチンパンジー――手話を覚え、脚光を浴び、忘れ去られた彼らの運命』によると、現在ブラック・ビューティ・ファームという引退したウマ専用の厩舎で暮らしているという。

ルーシーはといえば、それまで頭に詰め込まれた単語をすっかり抜き取られ、ジャングルに解き放たれた。チンパンジーの住むべき場所はそこだと、飼い主のジャニス・カーターは考えたのである。しかし、ルーシーの意見は違っていた。一一年間も人間社会で生活してきた彼女にとって、眠るならいつものマットレスの上がいいし、飲み水はボトル入りのミネラルウォーターと決まっていた。寝る前にマガジンラックの雑誌をぱらぱらめくるのも、ルーシーの楽しみのひとつだった。そんな彼女が唯一嫌いなものといったら、キャンプしかない。このため、ジャングルに連れてこられても、えさを一切調達しようとせず、「エサ。ハヤク。ルーシーニチョウダイ。モット、エサ。ハヤク、ハヤク」とせがんだ。ジャニスは甘やかされたやんちゃ娘をほとんどどけるようにして森に追いやったうえに、生きたアリの食べ方まで実演して見せた。この話でとりわけ痛ましいのは、言葉を奪われてしまったことである。ルーシーがいくら質問してもだれも返事をせず、話をしても知らんぷりだった。二年後、昔なじみがアフリカのルーシーのもとを訪れると、彼女は囲いの端に駆け寄り、手話で「オネガイ、タスケテ、ココカラダシテ」と救いを求めた。もちろん、それはむなしい願いでしかなかった。人間側の要請で短い面接を受け、比較検討されたあげくに力量不足となった動物は、人間界からまたもや大昔のサルの世界へと引き戻された。

この結果、しっぺ返しを受け、今度は逆にサルが人間を動物界に寄せつけないはめになるのではという気がしてならない。むろん、そんな気配はつゆ見せず、彼らを人間扱いしはじめたとたん、共食いしたり、病弱な仲間を攻撃したりして急に獣性をあらわにし、人間を拒絶するのである。研究者のフランス・ド・ヴァールも、同じことを夢想している。

夢のなかで、サルのすみかの入り口が開くと、物見だかく周りに群がってきたサルたちの間から、年長の雄のイエルーンが一歩前に進み出て握手を交わした。仲間に入れてほしいという私の願いをもどかしそうに聞いていた彼は、きっぱりとそれをはねつけていった。「どうみても無理な相談だ。われわれの社会は人間には耐えられる代物ではない」。

前述のジャニスとルーシーの例で分かるとおり、類人猿を野生に復帰させる分野でも女性の活躍が目立つ。バーバラ・ハリソンは、人間界に育ってジャングルを知らない数十頭ものボルネオのオランウータンに、その生活がどんなものか教え込んだ。アセリック山のサルの順化にもステラ・ブルーワーが一役買い、ジョー・フリッツはアリゾナ砂漠の飼育センターを毛むくじゃらの生物の緊急避難所として提供している。

こうした女性たちの先駆けとなったのは、二〇世紀初頭にキューバでオランウータン三頭とチンパンジー一四頭を誇る私的コレクションを所有していた、裕福なマダム・ロザリア・アブレウである。マダムの説では、サルは非常に嫉妬深く、男性が檻に近づくたびに雌を隠すヒヒの雄もいたほどだという。女性にはそんな態度を微塵も見せないヒヒに、マダムはある日実験を試みた。スモック風の白い法衣《サープラス》を着た牧師であれば、檻に近づいてもヒヒの目をごまかせるのではないかと思ったのである。しかし、その甲斐もなく、雄は雌を隠すことをやめなかった。

妻エーダと協同でチムとパンジーという二頭のチンパンジーを育てた、かの有名な霊長類学者ロバート・ヤーキーズも、マダム・アブレウのもとを何度も訪れている。ある日、自分ではとても金銭的に無理な数のサルを研究しているマダムに、サルは異種同士では「結婚しない」(彼女いわく)と思うかとヤーキーズがたずねた。「原則的にはね。でも、例外があるってことは規則がある証拠よ」。それに対し、ヤーキーズは人間も白人や黒人の異種同士が交わる場合もあると述べた。そこでマダムがいった。「今はそうでもないわ。キューバではね」。

コルネリス・コルネリス・ファン・ハールレム、「原罪」、部分図、1592年。

風邪を引かせては大変と、マダム・アブレウは夜になるとサルたちを家のなかに引き入れた。人間の手で育てられたサルにしては珍しく、彼らがマダムのベッドにもぐり込むということはなかったが、子ザルだけは気が向けばいつでも自分たちの育ての親と一緒に寝ることができた。なにしろ、野生のサルでも母親と眠るのが普通なのだ。

ラング博士もこう書いている。「くっついて離れそうにないときは、私のあたたかいベッドで寝てもいいことになっていた。飛び上がらんばかりの喜びようで私に鼻をすり寄せ、パジャマのボタンをいじくったかと思えば、次には指にじゃれついたりとはしゃぎ回る。そうこうするうちにだんだん動きが鈍くなり、私の腕と〝巣〟のぬくもりに抱かれてスヤスヤと眠りについた」。

キャシー・ヘーズとヴィキの場合もこれと同じで、リロ・ヘスであれ、次のように伝えている。「シーツを引きずりながら階段をとことこ上ってくると、私のベッドにもぐり込み、布団を深くかぶってしばしまどろんだ」。

成長しきったサルのベッドでの振る舞いは、以上とはだいぶ趣が異なる。ゴリラのバディを自宅で飼っていた、貴重なガートルード・リンツの証言をここに紹介しておこう。いつもは地下室の檻のなかで寝ていたバディだったが、一九三〇年代末のある嵐の晩、体重一八〇キロもの彼が雷鳴と稲妻に震え上がり、ガートルードの寝室に助けを求めて逃げ込んだという。

いうまでもなく、これらのケースでは交接はほとんど介在しない。女性とサルの間柄は何はさておき母親と子どもの関係なのだ。とはいえ、色っぽい要素がまったくないとはいえない。

ダイアン・フォッシーも『霧のなかのゴリラ――マウンテンゴリラとの一三年』のなかで、ブラックバックの青年ゴリラのサムを「たまらなく魅力的」と述べている。さらには、『イヴとサル』の著者エミリー・ハーンは、サルの行く末もさることながら、女性研究者のほうにも気をもみ、こうした研究者は往々にして人間のパートナーとの性生活がうまくいかないと書いた。

人をとりこにしてしまうサル。では、どこがそんなに女性を魅了するのか。エミリー・ハーン自身も、これについては思い悩んでいるようだ。

母性愛、それとも未知のものへの好奇心? そうかもしれない、たぶん。愛するウマの小型版というだけで、一〇代の少女たちがポニーの薄汚れた厩舎の掃除や毛並みの手入れにせっせと励むのと同じ熱情で、サルを愛しいと思っているのだろうか。……いや、母性愛とはどこか違う［女性研究者の大半は子持ちだ］。人間のほぼ全般にいえることだが、こうした女性たちはきっと、人間同士よりもそうでない動物とのほうがうまくやっていけるからなのだろう。

ちゃんとした会話をするには至らなかったとはいえ、サルたちは本を読むとはいわないまでも、絵を見る能力は少なくともあった。「教えたわけでもないのに、子ザルたちは絵本を楽しみ、なじみの人間、物、動物の見分けがついた」。レーノルズは人間に育てられた類人猿に関する調査書にそう記す。ルーシーが寝る前に必ず雑誌を読んでいたことは、先に述べたとおりだ。

しかし、なんといっても驚いたのは、ロジャー・フーツがヴィッキー・ハーン（『人が動物たちと話すには？』の作者）に語ったという次の話である。チンパンジーのウォッショーの楽しみが、毎朝木の上で『プレイボーイ』誌を読むことだったというのだ。しかも『プレイガール』誌は、モーリス・テマリンいわくルーシーのマスターベーションの友だったらしい。ユージン・リンデンはこれを「チンパンジーの知性の多様性を示すきわめて賞賛すべき証拠」とみなす。いやはや、ごもっとも。

第4章　愛くるしさの因子

意外な性的パートナーたち

「以前に珍しいトリを目撃した場所にちょうど着いたときだったわ」とサラワク出身の娘がいった。「不意に後ろから近づいてきたオランウータンに抱きつかれて、地面に倒れちゃったの」。

退屈になりそうな話だが、結末は意外や意外である。「かごごとひっくり返ったもんだから、なかのキュウリをすっかり地面にぶちまけちゃって。そしたら急に、オランウータンが私から手をはなしてキュウリを拾い上げ、それを持って木に登ってったのよ」。

かつての旅行家がつづった物語と比べれば、ガウン・アナク・スレンのこの最近の話は今ひとつ物足りないかもしれない。しかし、これは紛れもない事実で、実際のデータとも一致している。アフリカでも、チンパンジーはジェーン・グドールの胸よりもバナナを選んでいるし、人間と野生のサルとの交接について説得力のある証拠を示す文献はどこにもない。いくら近縁種といえども、交接はどうやら一筋縄ではいかないようだ。

一方、サル同士の場合はそれほどでもないらしい。ズッカーマンも、オランウータンの雄がくり返し年端もいかないチンパンジーの雌と交わろうとした現場に居合わせている。ハミルトンにしろ、マカックと交尾した雌のヒヒを知っていた。以上の交尾はどれも檻のなかで起こったものだが、七歳の雄のチンパンジーのフリントとまだ幼いヒヒのアップルの例を見るかぎり、野生でも異種間の境界が交差していることは疑う余地がない。ジェーン・グドールは次のように記している。

アップルの赤くはれ上がった小さなお尻を見て明らかに欲情をそそられたフリントは、彼女の気を引こうと、チンパンジーの雄の典型的求愛行動を示した。股を開いてしゃがみ込み、ペニスを勃起させてアップルのほうをじっと見つめながら、片手で小枝をすばやく揺らしている。ペニスの勃起は別にして、どれもヒヒの雄には見られない行動だ。とはいえ、アップルはフリントの真意を十分理解したらしく……交尾を受け入れる態勢に入った。ヒヒ特有のやり方で、フリントの真正面に後ろ向きに立ち、肩越しに振り返ってしっぽを横に向けた。しかし、チンパンジーの雌の場合、こんな姿勢はとらない。地べたに這いつくばるのが一般的である。フリントは戸惑った様子でアップルを眺めていたが、再び小枝を揺らしはじめた。まもなく、こうしても効果がないと知った彼は、すっくと立ち上がって、彼女のしっぽの付け根のあたりに右手のこぶしをあてがい、ぐいと押さえ込んだ。すると、ほんの少しとはいえ、なんとアップルがかがみ込んだのである。……フリントはそこでアップルの右の脚首を右脚で握り（雄のヒヒのやり方と同じ）、左脚で若木をつかむと、ペニスをまさに挿入した。

チンパンジーとヒヒがそれぞれ相手のやり方を少しずつ取り入れたおかげで、この異種同士の交尾は成功している。かといって、疑いなく近縁よりも仲間に魅力を感じているサルに、人間がこうした折り合いを求めるのはどうみても無理だろう。それどころか、獣姦の主な相手は私たちの遠縁ですらない。

その大部分は、イヌをはじめとした捕食者や、ヤギ、ウシ、ロバなどの有蹄類である。哺乳類に関してはジュゴンとの例まで報告されているが、サルとはそれらしきじゃれ合いはあっても、決してそこから先に発展することはない。反面、人は鳥類や爬虫類でさえその対象とみなし、場合によってはサカナとの交接も行なう。また、女性のなかにはウナギを膣内に詰め込む者もいる。ヘビのようにのたくり、つるつるとした感触が心地よく、それほど危険でもないからだ。フリードリヒ・クラウスの『日本人の性生活』では、その男性版が紹介されている。

日本海沿岸の漁師たちは性的快楽を得るためにサカタザメまでも使う。ただし、捕りたてを殺したものでなければならない。生きたまま用いると非常に危険で、重傷を負い、死をも招きかねないのだ。外性器のないサカタザメの場合、当然ながら肛門にペニスを挿入するのだが、これがまたすばらしく、女性とでは到底かなわぬ快感も味わうことが

「ロバと交わるペルシア兵」、19世紀。

できるらしい。

といっても、とっぴさにかけてはまだ上手のパートナーがいる。股の間に蜂蜜を塗りつけ、ハエなどの昆虫をおびき寄せる女性たちは、その脚や口がもぞもぞとくすぐる感触に快い刺激を覚える。男たちも負けてはいない。公式用語で「フォーミコフィリア」と呼ぶ行為がある。これは文字どおりには「蟻性愛」、つまりアリとの交接を意味するが、カタツムリ、カエルなどの小動物の場合にも当てはめられる。むろん、性器が小さすぎて実際の交わりは望むべくもないものの、オーガスムにはなんの支障もない。

好きな動物トップテン

しかし、動物界のあちこちからパートナーを選ぶからといって、どの種との関係も性行為を伴うわけではない。ましてやそれぞれと均一に機会を持つなどあり得ず、彼らにも彼らなりの好みがある。ある程度身近なものに目がいくのはしかたのないことだろう。ペットや家畜はその最たる存在だが、ただ漫然と筆頭候補になったわけではない。ペットのみならず家畜の場合も、おとなしく従順なところが買われてのことなのである。当の動物からどんなに肉やミルクが取れようと、交接の機会が減ることはまずない。受け入れ態勢が整っていたオーロックスは家畜化されたのに、それと対をなすヨーロッパバイソンは人間から辱めを受けることを拒んだため、役立たずとして絶滅寸前にまでなった。結局、何百万もの種や動物がいても、人間に協力する覚悟ができているのはそのほんの一握りにすぎなかったのだ。とはいえ、そんな関係を望まない動物でも、人間界の一員に組み込むことは可能だ。

子どものころ、私たちの周りにはクマ、ウサギ、アヒル、オオカミの子どもがあふれていた。おとぎ話、パジャマ、動物園、そしてたとえ話など、その居場所は千差万別。個性豊かなドナルド・ダックやイースター・バニーなどの架空の動物たちは、現実の動物たちと並んで人間界の一員となっている。こうした現実と架空の世界に生きる動物たちと接しながら、人は好き嫌いを徐々に絞り込んでいく。

そんな環境に育った私たちだから、好きな動物のトップテンなんて考えつくのかもしれない。デズモンド・モリスはイギリスに住む何千という子どもたちに好みの動物を挙げさせ、スティーブン・ケラートも全アメリカ国民から抽出した三千人を対象にアンケート調査を行なっている。これらにシュリノヴァーとグレスネルが出したチェコスロヴァキアのトップテンを総合して出来上がったのが、次のリストである。

1 サル
2 ウマ
3 イヌ
4 クマ
5 チンパンジー
6 オウム
7 ライオン
8 ネコ
9 パンダ
10 ゾウ

これは、いかに愛くるしいかを基準に動物界を分類するオランダ人著述家、ルディ・カウスブルックによる階級と驚くほどよく似たリストである。カウスブルックの階級リストの下位の部分にはこう書かれている。

「愛くるしさの因子が足りない生物：交接不能な動物で、その理由が身体構造である場合（カキ、クラゲ）や本質的属性である場合（ピラニア、電気ウナギ）に分かれる。このすぐ背後（「背」があればの話だが）に来るのが愛くるしさの因子ゼロの生物：理論的には抱きしめるのも可能だが、実際は抱くにしても抱かれるにしてもそうしたいという感情がわかない動物」。

この最下位の分類群の例として、「子どもたちがときどきやるようにカメの甲羅をいくらなでても、なんの感慨ももたらさない」点を挙げている。彼は鳥類の上に毛むくじゃらの生物を位置づけ、なかでもイエネコは愛くるしさの権化であるとみなした。

愛猫家としてはカウスブルックのこの見識に拍手を送りたいところだが、トップテンの説明としてはちと苦しいといわなければならない。もし愛くるしさだけが重要ならば、抱きしめたくなるようなネコがどんどん繁殖されそうなものなのに、愛くるしさの点では血統書つきのネコも普通のペットも大差ないのだ。しかも、オオツチグモのごときみごとな毛並みの生物に、だれもがゾクゾクするほど感動している。ここで問題になっているのは、まさしくそのすばらしい毛並みにほかならない。では、「絶対」に「愛くるしさの点で羽毛に覆われた生物が毛むくじゃらの生物にかなわない」としたら、オウムのトップテンの順位をどう説明するというのか。

発想を転換し、動物の立場から問題を考えてみるとはっきりするかもしれない。理由はともあれ、人間をメロメロにしたいなら、どうしたらいいか。まず、できるだけ人間に近い姿形のほうが望ましい。そうすれば、好感度アップ間違いなしだ。人間が何よりも愛するのは人間。

オギャーと生まれたときからそう決められている。だから、サルが一位なのもまんざら理由がないわけではない。近縁種だから一番私たちに似ているし、おまけに抱きしめたくなるほどかわいらしい。ただし、これは理論上であって、サル、いやクマでもいい、どんなにあのあたたかい毛皮にほおずりしたいと願ってもやめたほうがいいだろう。

それに、親密になるためだったら、そんなことをするまでもない。なにしろ、私たちと同じく正面を向いた目を持つサルとは、他の動物と違い、目と目を合わせることができるのだ。彼らのように樹上生活者だったころの私たちも、的確に距離を見積もり、ジャングルの枝から枝、木から木に飛び移っていく目が必要だった。よって、互いに見つめ合えることこそ、一族のあかしなのである。危険が迫っていないか常に四方に気を配っている他の動物の場合、目が横向きについて見つめ合うこともままならず、人間の気持ちを引きつけることなど到底できない。

とはいえ、捕食者は例外である。彼らの場合は木ではなく獲物に向かって、サルにも引けを取らぬ正確さで飛びかからなければならない。このため、目も人間と同じく一直線上に並んでいる。かといって、両者にはなんのつながりもなく、まったくの偶然にすぎない。しかし、異種間の差を越えて互いの目を直視できるとは、なんとすばらしい偶然だろう。自活のためには手段を選ばない残酷な捕食者にもかかわらず、五種もトップテンに名を連ねているのは、そういう理由もあってのことである。

だが、人気があるのは格好のよさからばかりではない。人間に負けず劣らず頭がいいからでもある。少なくとも獲物の動物よりは利口で、ものを仕込めば仕込むほどのみ込みも早い。こうした学習能力が養われた背景には、長い幼年期とじゃれ合いを好む性格がある。ペットのイヌやネコに至っては、子どものようにじゃれ合いながらほぼ一生を暮らす。

そんな愛くるしい毛皮にはほど遠い羽毛に覆われたオウムも、人間との接点を探る重要なカギを与えている。ペンギンやフクロウなどの人気の高い鳥類のご多分にもれず、オウムも直立姿勢で止まるが、これこそが人間の人間たる証拠だといっていい。そうでなければ、ウシの放牧場でかがみ込んでいた農夫が雌ウシと間違えられ、突然雄にのしかかられたりもしないだろう。人間を飛躍的に進歩させたのも、ずばりこの直立歩行だった。それによって両手が自由になり、物を巧みに扱えるようになったのである。オウムが「手」を使ってくちばしにエサを運ぶさまは、そんな私たちにまさに感動を呼び起こす。器用に物を操る動物のそぶりは妙に人間っぽさを感じさせ、人の心を引きつけてやまない。それが鼻であろうと同じこと。ゾウが鼻でものを食べるしぐさは実に魅力的である。

直立歩行は脚の数とも大いに関係している。トップテンにはヤスデが入っていないし、世界中で圧倒的多数を誇る六本脚の昆虫もノミネートされていない。四足獣は人気者と思われがちだがそれは単に錯覚にすぎず、リストに上っている四足獣は二足歩行もこなせる者だけである。サル、チンパンジー、パンダは無理なく二本足で歩き、クマ、イヌ、ネコも後ろ足で立つ。確かに、後者の三種はしょっちゅうそんな格好をするわけではない。しかし、イヌがお行儀よくちんちんをし、ネコが冷蔵庫の前で伸び上がり、クマがパンツを履いている姿を見ると、人間はだれだってメロメロになり、つい褒美をやりたくなるものだ。ウマとゾウは後ろ足で立つことを芸とし、サーカスで働いてさえいる。

愛くるしさと性的魅力の関係

というわけで、人間の気を引きたければその姿をまねたらいい。それも上位を目指そうと思うなら、小さな子どもに似せるのが一番だ。一九四二年に早くも、コンラート・ローレンツはその特徴を分析している。丸い頭に大きな目と小さな鼻、体は全体的に丸みを帯び、短い足にすべすべした肌を持つ。社会全体で守ってやらなければならない子どもに、以上のような心を動かす特徴があるというのは生物学的にも意義深い。

これと同じメカニズムを利用しているのがヒヒである。若いヒヒは幼年期の特徴（この場合濃い色の毛）を備えている間は、年かさのヒヒにどんないたずらを仕掛けても許される。しかし、こうした浮かれ騒ぎも、いったん毛が明るい色になってしまえばそれまでである。

かのテディベアも、おもちゃメーカーがあどけない子どもの特徴を結集させたものにほかならない。また、客への受けのよさで動物の値段をきっちり見積もったアムステルダム動物園では、ペンギンのスポンサーはエミューの一〇倍もの金額を出資しなければならなかったし、ウォルト・ディズニーにせよ、年を重ねるごとにミッキーマウスに丸みを帯びさせ、その持ち味を高めた。一方、獣姦愛好者にとって、好感度で順位づけたトップテンはちょっとしたメニューといった趣がある。愛くるしさが、ひいては性的魅力につながるのだ。かといって、意味合いは同じではない。詩人ウィレム・エルスコットはこういう。「夢の手綱を緩めれば、実際にも法的にも思わぬ障害を引き起こす」。

とりわけ男性の目から見ると、愛くるしさも性的魅力も大差はない。男性は外見上幼さを残す恋人のあどけない雰囲気に主に性的魅力を感じている。骨張ってたくましくなるばかりか、はげる確率も高い男性とは逆に、女性は大人でもなお柔らかく丸みを帯びた体つきで、鼻もあごも小さく髪も長い。男性はそんな相手を愛情たっぷりに「かわいこちゃん（Dearest Pet）」と呼ぶ。

しかし、トップテンで実際に性欲の対象となるのはネコだけで、一般的に男性が交接の相手に選ぶウシ、ヤギ、ロバなどの動物はリストにすらのぼっていない。長い間、低い地位に甘んじてきた家畜は、目の位置が悪いというだけでなく、たやすく殺されて解体され、奴隷にもましておとしめられている。一方、貴族の伴侶だったウマはどことなく気品が身についているためか、そういう目では見られない。雌ウシにしても、後ろ姿には妻の魅力とする特徴を備えている。男性はずばり女性特有の、しかも「典型的」と称せられる特徴に心引かれる。たっぷりした腰、お尻、もも、こうした特徴があれば、たそがれ時にはるか彼方からでも女性とすぐに見分けがつく。この点では、雌のウシ、ロバ、ウマは申し分ない。それどころか、食肉用のウシはこの形質を高めるために品種改良されている。

魅惑的な高さで大きな陰門をちらつかせながらかすかに揺れるお尻に、男性はいとも簡単に欲情をそそられるものらしい。精神科医マグヌス・ヒルシュフェルトは、ベルリン出身の患者について次のように書き残している。「醸造所のウマの巨大なお尻に欲情を感じるという重症患者は、それを目にするたびに勃起し、ときには射精さえするという。本症例で興味深いのは、その結果、肉づきのいい女性が好みとなり、年を取るとともに太りだした妻を見て大喜びした点である」。

アンゼルム・フォイアバッハ、「騎乗の射手」(アマゾン習作)、1871年ごろ。

動物はどんな気持ちなのか？

トップテンの動物に対する女性の反応はこれとは違い、母性愛は抱いても性欲をそそられることはまずない。ふくよかな点よりも筋骨たくましいところに、女性は性的魅力を感じている。

ウマが高得票を獲得し、第二位につけているのもこれで納得がいくだろう。あどけなさの観点からでは、この事実は説明のしようがない。デズモンド・モリスが行なった調査によれば、ウマは少年の三倍も少女に人気があるという。しかも、子どもは成長するにつれ、好きな動物が次第に小型化するという通則にもそむき、ウマへの関心が最も高いのは思春期に入る直前の少女たちである。

「リズミカルに動くウマにまたがる行為には官能性がありありと感じられる」というモリスの慎重な語り口に対し、胸のふくらみかけた少女の初心者を対象に馬術書を書く、イヴォンヌ・クローネンベルクはこう話す。「たくましい馬の背にまたがるときには、わき腹とももを心地よく引き締め、いても立ってもいられないほどの刺激を与えることが大切である」。ウマはそういう意味で、不当な扱いを受けがちな性に目覚めるころの少女にはうってつけの慰み物だといっていい。依然として電車のおもちゃに夢中なクラスの少年たちをしり目に、少女は「タクヤ」とか「ダイスケ」の代わりに「オグリ」とため息交じりに愛馬の名を呼ぶ。おもしろいことに、ウマの性別はこの際問題ではない。去勢されたウマに乗る少女たちの多くは、狩りとも知らずにじゃれ合うライオンの子どもさながら、愛馬への熱情が官能性を秘めているなど思いもよらないのだ。ネコは雌であれ雄であれ女性を表わすのと寸分たがわず、ウマは雌雄に関係なく男性を象徴している。

性的要素の点でいえば、女性が抱きしめたくなる動物は人間の男に次いでイヌが断然トップをいく。事実、どんな要求にも応じられるよう品種改良されたイヌの場合、叔母がかっていった「母性本能をくすぐる」愛玩犬から、マッチョな男性も形無しの大型犬に至るまで、その種類は数かぎりない。といっても、これが性的パートナーとして人気が高い最大の理由ではない。愛に報いてくれるから、男性の例の方面でのよき相棒でもあるのだ。性愛に見返りなど必要ないとはいえ、あればすばらしいに違いない。

「動物はどんな気持ちなのか」。獣姦の分野で絶えずささやかれてきた問題である。身勝手な人間の単なる性欲のえじきなのか、それともイヌ自身楽しんでやっているのか。残念ながら、現実は前者のケースが大半を占める。ニワトリやウサギでは生命を落とす危険が伴い、ヒツジやロバのようにうまくいったとしても、屈従的な行為といわねばならない。何が起こってもポーカーフェースのウシの場合はどう思っているのか判断しかねるが、イヌはたいていあからさまにその行為を楽しみ、主導権を握りたがるケースもままある。

家族全員を仲間だとみなすイヌにとって、ときにそのメンバーに奉仕できるのはこのうえない喜びだと感じている。発情期の雌イヌが近くにいない雄イヌではなおさらだろう。こんなとき、ピンクっぽい物質を腹部からピュッと出し、それを飼い主である家族の足や、まれにイヌ元来のずうずうしい性格が頭をもたげ、客の足を前足で押さえつけてこすりつけるといった失態が見られるが、それに対してお上品な忍び笑いや知らんぷりで応じてもなんの効果もない。罰を与えるのはイヌの欲求不満を助長させるだけなので、愛犬家によれば、ここではむしろイヌがそれ以上やりすぎないようにやんわりと抑えるのが穏当であるらしい。少なくとも、本人

「女と交わる犬」、インド版画、19世紀中葉。

があまり快く思っていなかったらの話である。まかり間違えば、足よりももっとその行為に見合う体の部分にこすりつけ、事に至ることだってあり得なくもない。しかし、そこまで行くことはまれで、たいがいはクンニリングスどまりである。このことにかけては、イヌは申し分のない舌の持ち主で、ほかの芸と同じく仕込むこともできる。うまくいったところで褒美にエサでもやるか、お返しにマスターベーションをしてやればいい。なにしろ、愛玩犬の素質のないイヌなんてどこにもいないのだ。

動物をその気にさせる

イヌはまた、雌ゴリラとの交尾の記録も報告されている。ヤーキーズが伝えたそのケースでは、コンゴというゴリラはイヌの性別に関係なく性的興奮を示したが、特に雄のほうにその徴候が著しかったという。一方、人間に対しては主導権を握り、相手の手を自分の性器に持っていって、マスターベーションらしき動作を行なっている。ヤーキーズはその著書『ゴリラの心』のなかで、彼を誘惑するコンゴの様子をこう記す。

コンゴが近づき……、仰向けに身を投げだして私の足に性器を押しあてると、前年の冬、雄イヌに示した行動そのままに、決然とくり返し自分の体の上に私を持ち上げようとした。このときのコンゴの迫り方は目を見張るほど激しく、力を振り絞って払いのけないと負けてしまいそうな勢いだった。やがて、いくらやっても無駄だと知ったコンゴは、身を起こして四つん這いの姿勢に戻るや、通常の雌ゴリラの求愛とおぼしき行動を取りはじめた。またもや前年と同じく、性器を私のほうに向け、しきりにくっつけようとしたのだ。……このようにコンゴの迫り方にはかなり閉口させられたが……それは同時にそのとてつもない力のせいで多少危険ですらあった。

交尾の場で攻撃的な振る舞いをするサルのケースは、ほかにもいくつか記録されている。ヤーキーズも人間の手でマスターベーションをしようとしたチンパンジーを目撃し、ハミルトンの記述には、そばを通る男性に向かって投げキスをし、求愛行動をしたマカックの雌が登場する。

ただし、以上のケースはどれも檻のなかで起こった現象である。こういう環境におかれた動物は人間に熱を上げる傾向が強い。飼育係であれば、だれでも似たような経験を持っているはずだ。その昔、アムステルダム動物園では、発情期のペンギンが客の前で求愛行動をしたこと

カール・アウグスト・エーレンスヴェルト、「雄牛 I」、18世紀。

があったし、一九二三年にもすでに、恋煩いのツルの群れに追いかけられた動物行動学者オスカル・ハインロートのような例が見られた。

錯乱してそうなるケースもたまにあるものの、大方は間違った刷り込みのせいである。客に背乗りしようとする雄イヌの場合、生後一、二カ月の微妙な時期に他の兄弟たちと引き離され、周りにイヌが極端に少なく、代わりに人間が多すぎるという環境に育ったことが災いしている。逆に、その時期に人間をひとりも知らずに成長すると、人に対してひどく臆病になってしまう。であれば、人間への刷り込みは先になってからのほうがうまくいくようだが、生育環境を徹底して研究したコンラート・ローレンツは、発情期のカモに刷り込みをやりすぎてとんだ目に遭った経験を持つ。一匹の雄ガモが欲情丸出しでローレンツの白髪の頭によじ登ってきたのだ。

一方、間違った刷り込みが危険を招く例もあ

カール・アウグスト・エーレンスヴェルト、「雄牛II」、18世紀。

る。セイウチの赤ん坊をほ乳瓶で育てていた、ハーゲンベック動物園の飼育係ウィルヘルム・シュミットは、後に五〇〇キロにまで成長した最愛のセイウチから身を守るのに一苦労している。他方、獣医のフランケンホイスは、中国の子どもに育てられたツルをロッテルダム動物園で診察したのが運のつきで、人間に完全に刷り込まれていたそのツルに危うく交尾されるという苦境に立たされた。ところが、獣医はこの珍しい機会を無駄にせず、ツルから精液を採取したくさんの子孫を動物園に提供している。

人工授精は動物園でも次第に幅を利かせつつあるが、精液の注入は問題がないわけではない。全身麻酔をかけたあとに、イジャキュレータを使って性器を刺激するのが定番の人工授精は、今日、ハチにまでおよんできている。有利な遺伝子だけで入念に形づくられてきた女王バチが、どこの馬の骨とも分からない雄バチと空中で交尾し、有害な形質を受け継いだりしないよう、全身麻酔で雄バチの精液を採取し、それを立体顕微鏡を見ながら女王バチの産卵管に注入する。

しかし、一般的な家畜の大多数はもはや、こうした高価な処置を施すまでもない。実際の性行動を伴わない受精があまりにも進展した家畜の雄は、人工のパートナーに難なく背乗りし、これまた人工の膣のなかに射精して精子を提供するのである。雄ウシにしろ、丸っこい形のものならおかまいなしにのしかかり(かがみ込んだ農夫が危ないのもこのためだ)、精子提供者の雄ブタ用につくられた雌ブタであれ、どうみてもつぶれたアイロン台にしか見えない。なのに毎年、品評会で入賞した雄ウシの精子が搾り取られ、一六万頭以上もの国内外の雌ウシに受精されている。

私がスレイペル教授の講義を受けた一九六〇年代初頭には、まだここまで進んではいなかった。せいぜいつくり物の雌ウシを改良し、採取する精液の質を高める努力をしていたぐらいである。当時、本物の雌ウシは背乗りされる直前にわずかに前方に動くことを教授の助手が発見していた。それが秘訣だったのか、キャスターつきの模造の雌ウシがにわかにつくられ、精子採取係として助手のひとりがなかにもぐり込んだ。ところが、雄ウシの飛び乗り方が予想外に激しく、その珍妙な装置は牧草地をばく進し、たしか溝に落ちたのだった。

ここでおもむろに講義は改良版の説明に移り、災難再発防止のブレーキを備えた装置が図解された。そして最後に、教授は悠然たる態度でこう締めくくった。「さあ、紳士淑女のみなさま、世界初のブレーキつき人造ウシの完成です」。とはいえ、科学者たちが期待するほど、その装置はワクワクするものではなかった。雄ウシを興奮させる鈍重な雰囲気が、一目瞭然だったからである。

何に欲望をかき立てられるのか？

こうしたパートナーのイメージを動物自身もまねる事実が、アメリカのイルカの水族館で明らかにされた。雄同士のイルカとアシカを一緒に飼育していたタンクで、あるとき、イルカがふざけてアシカのまねをはじめ、それに戸惑ったアシカがイルカと交尾しようとしたのである。それ以上の行為を望まなかったイルカに数回かまれたあと、アシカはようやく正気に戻った。

このような経験を教訓に、動物園の飼育係はコンドルの頭の形をした手袋を使って、絶滅寸前の希少動物であるカリフォルニアコンドルを繁殖させている。そうでもしなければ、コンドルを人間と交接させるのは難しく、やがては絶滅してしまう結果を招くだろう。

希少な種であればあるほど人間の羞恥心は消え、動物を平気でだますようになっていく。猟師がカモをおびき寄せるのに使う木製のデコイ（「カモのおとり」という意味のオランダ語 eendenkooi から派生した語）は、荒っぽいつくりながら、カモの紛れもないイメージをつかむのに成功している。

とはいえ、たいていは動物の特徴的な体の一部を用いる。勇猛果敢にもアカシカに似たワピチのテリトリーへの侵入を試みた研究者の場合、居間の飾りだったその危険きわまりない巨大な枝角をかぶった。自分たちより大きい角の持ち主の姿を見て、仲間と勘違いしたワピチはすっかり戦意を喪失した。

反面、思わず知らずのうちに動物をその気にさせてしまうことがたまにある。映画『砂丘に隠れた海』を撮影していたウィリアム・サージェントは、カブトガニが古長靴にれんが、それに錨やボートまで水中のものなら片っ端に、発情期の雌と勘違いすることに気づいた。絶え間なく自分の足やカメラの三脚が交尾の対象となる環境では、撮影もままならなかったとお察しする。

ドイツ兵のヘルメットに恋に落ちたカメにまつわる昔のジョークも、あながちウソとはいいきれない。同じ目に遭って靴を洗ったカメの飼育係は山ほどいるのだ。マイアミ動物園のトラにしても、ごろごろとのどを鳴らし、軽くかんで愛撫しながら、車のタイヤとの交尾をくり返す。また、イギリスの沿岸部では、行楽客のゴムボートにいたずらして楽しむイルカの姿が見られたが、よくよく目を凝らせば、それはただのいたずらではなく、勃起した巨大なペニスをボートに押しあてマスターベーションをしていることが分かっただろう。イルカは社会性動物として知られるものの、なんらかの理由で群れからのけ者にされ、かまってくれる相手がたまらなく欲しかったからに違いない。しかし、たばこも酒もたしなまず、パーティーにだって行かない知的な動物のイルカが、孤独に耐えかねてすることがこれとは……。

イルカとゴムボート、トラとタイヤ、ヨーロッパコマドリとニワトリの赤い羽毛、トゲウオと赤い木材など、どれもこれも妙に哀れを誘う。私たちの社会はそうしたフェティシズムにあふれ、男性は『プレイボーイ』誌の写真、女性はピンクのゴム製の性具で興奮し、広告主は挑発的な厚い唇の効果で売り上げを伸ばしている。生物学者によれば、口紅、マスカラ、アフターシェーブローションは人に異常なほどの刺激を与え、質より量で勝負したほうが成功の見込みが高いという幻想を抱かせるという。

「法悦にひたる尼僧とロバ」、銅版画、18世紀。

ガンの人造卵がその好例だ。巣から転げ落ちた卵をくちばしで戻すガンの習性を利用して、ひなのかえる望みのない人造卵を落ちた卵の代わりに入れてやると、ガンは自分の血肉を分けた本物の卵よりも偽物の大きなほうを選ぶ。こうしたガンの映画を私は終生忘れない。巨大な卵の上でふらつきながら、誇らしく満足げな表情をあらわに、落ちてはよじ登るをくり返すガン。無駄な作業とも知らず、期待に胸をふくらませている。

人間の母親の場合もそれとたいして変わらない。数ある肖像画のなかから選ぶのは決まって、大きい頭に無垢なひとみをした赤ん坊である。だが現実では、こういう赤ん坊にはめったにお目にかかれない。一方、男性は途方もない刺激をもたらす超有名な二個の物体、マリリン・モンローの乳房にむらむらと欲情をかき立てられる。分厚い唇、豊満な胸、長いまつげを絶えず探し求める男性に対し、女性は人工的な小細工を弄して彼らにアピールしている。

しかし、動物のなかには、生まれたままのすがたそのもので、私たちに異常な興奮を覚えさせる者がいる。長いまつげをしたロバ、みごとなお尻を持つウマ、筋骨隆々のウシ、そしてフワフワの毛並みのネコだ。通常は人間との場合にしか感じない、体中の五感がざわついて強烈な刺激が身内を走るあの感覚を、ときには動物が与えてくれることもある。

性器のサイズの違いを克服する

宿命や幸福の希求はもちろん、抱きしめたい衝動、刷り込み、異常なほどの刺激も、人間や動物を交接へと駆り立てる。といっても、いつも満足できるわけではなく、期待はずれの場合もあるだろう。なにせ、ぴったり合うようには互いの体がつくられていないのだ。

このため、イヌと交わる女性には、体が引き離せないという予期せぬ事態が起こるかもしれない。イヌのペニスはやや並外れ、骨があるばかりか、膣のなかに入ったとたん、付け根の部分が一気に膨張する構造になっている。雌イヌの膣も収縮するため、二匹は短いときは五分、長いときは五〇分もつながった状態で過ごす。おかげで、水をかけられて仲を裂かれるというような悲喜劇も展開される。なぜこんなに時間がかかるのかといえば、雄が精液だけでなく、前立腺からも受精を促す分泌物を放出しているからである。

オオカミ狩りでも長年この方法を生かし、おとりに発情期の雌イヌを使ってきた。外見がまるで違うにもかかわらず、オオカミは雌イヌに種のかすかな名残を認めると、古代から今なお続く作法にのっとり交尾を行なう。両者がくっついて離れない射精後一五分間を利用して、猟師がこん棒でオオカミを殴り殺すというわけだ。

かたや、雄イヌの膨張した一物をがっちりつかめるような膣を持たない人間は、それほど強くイヌと結ばれることはない。とはいえ、体を離すときにパニックでも起こそうものなら、こうした事態を想定していないもろい膣内組織が傷つきかねず、大変な危険に身をさらすことになるだろう。

ウマとの交接も一筋縄では行かない。六〇センチものペニスは人間の膣にはまずもって長すぎる。といっても、伸縮自在な膣にどれだけの長さまで入るか正確に計ることは難しい。『イラストで読む性の記録』では、膣の最大容量を英貨五ポンドの小銭が入るぐらいと推定していた。「一シリングずつ彼女の伸縮性のある割れ目に埋めていき、ついに四〇枚に達した」。枚数はその後も増え続け、七〇シリングを数えるまでになる。「部屋を行ったり来たりしても、みごとに

「馬と交わる女」、吉田半兵衛の枕絵本の図版、1705年ごろ。

一シリングも膣から落ちなかった」。とうとう八四シリングをのみ込んだ膣は、デーヴィッド・ルーベン博士の著書『だれもが知りたかったセックスのすべて』に記録された三五センチの人間のペニスには十分だろうが、ウマの一物にはとても間に合うものではない。以下の珍妙な民話を読めば分かるとおり、日本人はこの件に関して早くから気づいていた。

昔あるところに、馬との交接にこのうえない快楽を覚えるひとりの非常に好色な女がいた。しかし、馬の一物は太くて長い。そこでやむなく、次のような予防策を講じることにした。三味線の弦の一端を馬の陰茎の付け根に、もう片方の端を天井にくくりつけると、おもむろに長椅子を取りだし、それに這いのぼって馬と交接したのである。馬は見るからに満足げな様子だったが、三味線の弦に阻まれ、女のなかに性器を丸ごと挿入したいという願いはかなわなかった。さてさて、このことを夫がかぎつけたからたまらない。ある晩、天井裏に忍び込み、一部始終をこっそりのぞき見した夫は、うわさどおりの妻の放蕩ぶりを目撃する。夫はここぞというときをひそかに待ち受け、両者が恍惚の極致に達した瞬間、弦を刀でばっさり切り落とした。とたんに、馬の一物に胸まで突かれ、妻はあっけなく事切れてしまった。

ゼウスが本来の姿に戻らず、雄ウシに変身したままでエウロペを犯していたとしたら、同じような痛ましい結果になっていただろう。ましてや、ゾウ（一・五メートル）やクジラ（二・五メートル）との交接は想像するだに恐ろしい。

一方、小さすぎるケースもある。特に類人猿のペニスは目標に満たず、あのこわもてのゴリラでさえその性器は途方もなく小さい。とすれば、ポール・デュ・シャイユが捕獲したゴリラから性器を切り取り、ヨーロッパへ送ったのも、ただ訳もなくそうしたのではないのかもしれない。毛むくじゃらの怪物のペニスが勃起してもほんの五センチ程度だと知ったら、だれがその物語を身の毛もよだつなどと感じるだろうか。チンパンジーやオランウータンもこの点ではつつましいかぎりである。よしんば女性を誘拐したとしても、ひどくがっかりさせるのが落ちだといわねばならない。ことサイズに関しては、人間の男性が近縁種のなかでもとりわけりっぱである。

そんなご自慢の持ち物も、どの異種とも交接できるというわけではない。地球上でも屈指の大型種でおまけにペニスも大きいとくれば、それに対応できる膣を持った動物はそういないの

「シレノスと牡鹿」、
エリトリアの壺絵。

だ。とはいえ、膣にこだわる必要はない。膣のないニワトリと交接したかったら、体内の排出をつかさどる管が集結する穴、総排出腔を利用したらいい。卵が通るくらいの大きさだから、ペニスだって大丈夫なはずである。しかし、それでもニワトリの命が奪われることには変わりない。最高のエクスタシーを求めて括約筋のけいれんを増倍させるために、ニワトリの首を射精の直前に切り落とすからだ。極東では日常茶飯にカモやガンをこうした目的に利用しているし、サド侯爵によればパリの売春宿の名物もシチメンチョウだったという。伝説上では、イギリス保護下のインドで反英運動を進めた「マイソールのトラ」と呼ばれるティプー・サーヒブがアヴィフィリア（鳥性愛）として名高い。

哺乳動物の場合は、これが肛門になる。この結果、雄でもその対象とされ、なかでもヤギがお勧めだとサド侯爵は『ジュリエット物語あるいは悪徳の栄え』に書いている。雄ヤギの「肛門は雌に比べ大きくて生暖かく、しかも生まれつき好色なので、相手がクライマックスに近づいたと知るや、自然と腰を振りはじめる」。

R・E・L・マスターズ著『欲情する人々』では、あけすけに獣姦を描いた貴重な実例として、友人とともに二匹の雌ブタと交わったある人物を紹介している。

俺たちが豚小屋に入ったとたん、「求愛の鳴き声」らしきしわがれ声を上げながら、囲いのなかの二匹の雌ブタが駆け寄ってきた。このごろはブタとやりたくなったら、できるだけ鳴き声をまねするようにしてるんだ。そうすると、相手もそれに「応じてくれる」からね。そのときもそうさ。雌ブタが興奮してきてるのが一目で分かった。ふたりで順繰りにやってお互いのセックスしてるところを見物するって段取りになってたんで、邪魔されないように二番目のブタは囲いのなかに入れておいた。すると、しばらくして俺が一方のブタをかまってるところに、そいつが後ろからちょっかいを出してきやがったんだ。おそらく嫉妬したんだろうな。かぐわしいとはとてもいえない俺の性器をくんくん嗅ごうとしてた。別に恐かないが、こんな場合、たまにかむってこともあるからね！　で、そいつのほうに行って体や性器をやさしくなではじめたのさ。そしたら、急にその気になって事に至るまでは動かないぞって調子なんだよ。だから、俺はいつものやり方で、ブタの背中に覆いかぶさり、そいつの肩をつかんで体勢を整えると、つま先を立てて内股気味にひざをついた。これで準備万端さ。

たいていはペニスに手を添えて挿入するまでもない。既肥やら愛液やらで性器が十分濡れているんでね。実をいえば、すぐに気づきはするけど、たまに的を外して肛門に入れちまう場合がある。しかし、後背位にはブタの性器は抜群の位置だし、サイズもぴったりで文句のつけようがない。子ブタ、それもかなり幼いやつだと、これとはちょっと事情が違う。ペニスを入れるには今ひとつ膣が小さいんだ。発情期を迎えでもしたら（五カ月目か六カ月目）、苦もなくできるようになるんだけど。といっても、若いブタとやるときには手を添えたほうがいいかもしれないな。

いかにまじめな筆致で書かれていようと、人間と動物の交接を不自然だと考える人間は後を絶たない。にもかかわらず、刷り込み、異常な刺激、品種改良、好奇心、変種への欲望など異種間の境界を取り払うメカニズムは、それを生みだすメカニズムにも引けを取らぬほど自然である。それどころか、檻のなかであれ野生であれ、種の境界を気にしない動物には事欠かない。しかも、交接は動物同士や人間と動物の間だけではない。動物と植物の場合だってあるのだ。ハチと花。世界中で一番清らかなセックスであるこのケースは、異種間の交接でも極端な例といっていい。ほらここに、動物のおかげで欲望を満たされた植物たちがいる。そして、きっとあなたの庭にもバルコニーにも動物……。

第5章　世にも奇妙な子孫

おれは憂鬱なホルヘル
とうちゃんはポルヘル
かあちゃんはポリュラン
おれたちゃ　世にも奇妙な家族
ラバン！　ラバン！　ラバン！

セース・ブディング

半人半獣の神話

ノウサギの上唇は口を閉じたままでも歯がのぞけるくらい深く裂け、草木の茎でも芽でも最後の最後までポリポリとかじり尽くすことができる。おかげで、裂け目が薄膜でつながっているアナウサギとは容易に見分けがつく。アナウサギのような唇だったら、ノウサギは相当不便を感じていたに違いない。

人間にも兎唇の者がいるが、これはその左右対称の構造が原因で起こる奇形だ。頭部の左半分と右半分の癒合が不完全なため、昔懐かしい香港製のブリキのミニカーのように真ん中の継ぎ目がずれ、いわば半開き状態なのである。この兎唇を治すには手術を受けなければならない。だれだって半人半兎なんて御免だろう。ニワトリの胸、ネズミの頭、イヌのペニス、ロバの耳を持ちたい者などいるはずがない。

ところが今や、兎唇を人間の唇に、ロバの耳を人間の耳に変えるだけでなく、動物の臓器を人間に移植する医者まで現われている。一九八四年、レナード・ベーリー医師の手でヒヒの心臓を移植されたアメリカの二歳の女児、ベビー・フェイが新聞の紙面を賑わせていた。彼女の欠損した左の心臓部分に適合する人間の心臓が見つからず、それまで主にヤギとヒツジで実験していたベーリー医師は、若いヒヒの心臓を代わりに移植することにした。結局、フェイは術後五週間で死亡。このニュースで、前言に対する倫理上の批判が世間にわき起こった。

「扇情的な忌まわしい手術」と考える者もいれば、「倫理にもとる」という意味でこれを「非人間的」な行為と呼ぶ者もいた。ベビー・フェイの死亡記事によって妙な満足感を得た人々は、「ほら、いわんこっちゃない。本来の臓器を使わないからこうなったのさ。フランケンシュタインの怪物でもお手本にしたらどうだい」とでもいいたげだった。

しかし、平静を取り戻したのもつかの間、一九九二年にまたもや三五歳の男性へのヒヒの肝臓移植が実施される。病院の外ではやがて、移植目的だけで殺された一五歳のヒヒをめぐり、横断幕を掲げたデモ隊による抗議行動がはじまった。「動物はスペアではない」。「動物の倫理的処遇を求める会」はそう世界に訴えた。ちなみに、動物が不当にもスペアの貯蔵庫のように扱われるのではないかという彼らのおそれは、まんざら根も葉もないものではない。当時、アメリカだけでも、移植希望者が肝臓で二〇〇〇人、腎臓では二万五〇〇〇人にもおよんでいたのだ。

チンパンジーの腎臓で九カ月間生存した男性はいるものの、今なお移植には問題のあるサルの臓器はさておき、他の動物の臓器は目覚ましい成功を収めている。ブタの心臓弁は人工弁と互角の機能を示し、外から見たかぎりでは奇怪な点も別にない。この調子では、外性器の移植となっても、たいして意外とは感じないだろう。

思い起こせば、動物の頭をした神々にあふれるエジプトの神殿の象形文字をはじめとして、インド神話に登場する半人の動物、セイレンやケンタウロスが住む動物園さながらのギリシア神話の世界、そしてハープや聖人で満たされたかの整然たる天国でさえ、天使の背中にはトリの羽根が生えている。太古の昔から人々は動物と合体することを夢見て、神々の姿を描いてきた。ブタの弁やヒヒの心臓など思いもつかなかった古代人たちは、ケンタウロスに馬のペニス、グリフィンにタカの頭、人魚には頭ではなく魚の尾を与えている。

いうまでもなく、こうした半人半獣は異種間の交接によって誕生していた。少なくとも、牛頭人身の怪物ミノタウロスの場合はそうだった。ミノタウロスはクレタ王ミノスの息子だったが、王自身もエウロペと聖牛の間に生まれている。王の座を確かなものにするため、神々が自分の願いをすべてかなえてくれるだろうと豪語したミノスは、いけにえの儀式の準備を整え、海神ポセイドンに向かって雄ウシを海中から出現させてくれるよう頼んだ。たちまちのうちに、まばゆいほどの白い雄ウシが海辺に姿を現わす。それを見たミノスはいけにえを惜しみ、別のウシを海神に捧げてしまった。裏切られたポセイドンは、腹いせにミノスの妻パシファエがその白ウシに恋するよう仕向けた。こうして激しい欲情に駆られることになったパシファエのために、名工ダイダロスは本物の牛皮を張って内部を空洞にした等身大の木製のウシをつくった。そして、ひづめの下に車輪を隠すと、牧草地のオークの木陰で草を食《は》んでいた白ウシのもとへと運んだ。後方に設けられたはね上げ戸から木製のウシのなかにもぐり込んだ王妃は、背中と背中、腹と腹、陰部と陰部を合わせ、来るべき時を待った。ダイダロスがそっと立ち去るが早いか、雄ウシはその木製のウシめがけて襲いかかり、なかにいた王妃にかぎりない恍惚の境地をもたらした。その後まもなく、パシファエはミノタウロスを生む。

スキャンダルをおそれたミノスは神託にしたがい、出口のない迷宮ラビュリントスをクノッソスに建て、ミノタウロスを幽閉した。迷宮のミノタウロスは、ミノスの征服地アテナイから毎年送り込まれる各七人の少年少女を八つ裂きにし、えさとしていた。しかし、そんなある日、自ら進んでその数に入った英雄テセウスがミノタウロスをしとめ、アリアドネの糸を手掛かりに無事迷宮を抜けだしたのだった。

このミノタウロスの物語は、古代ギリシア以前からクレタ島周辺で広く見られた牡牛崇拝の名残と考えられる。かつて雄ウシは豊饒のシンボルとされ、陰部が男性を、月神の三日月を表わす角が女性を具現していた。古代の動物神から人間の姿をした近代の神への移行として、半人半獣の神はまさにおあつらえ向きだった。頭は動物で体は人間ばかりか、人間の頭をした動物もいた。

ミノタウロスが迷宮に足を踏み入れる数世紀も前、エジプトの町や神殿の入り口の前には、人間の頭とライオンの胴体を持ったスフィンクスが置かれていた。動物の王者であるライオンにはそもそもファラオの頭部がつけられていたが、後に胸はもちろん頭も女性のスフィンクスが登場する。しかし、この性転換はスフィンクスの威信を失墜させた。

王墓の誇り高き守護者だったスフィンクスは、古代ギリシア時代を迎えると、テーバイの人々を震え上がらせた不実なハルピュイアに格下げされる。町の入り口の岩の上に陣取った彼女は、幼稚ななぞを投げかけては旅人を苦しめ、そのなぞに答えられない者を残酷にもふたつに引き裂いた。しかも、ギリシア人たちが描いたスフィンクスの両親は、いくら神話の世界といえども、社交的とはとてもいいがたい夫婦だった。下半身がヘビの母親エキドナは、キマイラ、ヒュドラ、ケルベロスなどの怪獣を生んだ。冥府の番犬ケルベロスは三個の頭とヘビの尾を持ち、ヒュドラは頭を一個切り落とすごとに二個の頭が生じた。諸説紛々のキマイラの場合、共通点といえば火を吐くぐらいなもので、頭部がライオン、ヤギ、ヘビのこともあれば、ライオンの頭、ヤギの胴体、ヘビの尾で描かれたりもした。一方、スフィンクスの父親である二個の頭を持つ番犬オルトロスは、同時に兄（エキドナの息子）でもあった。つまり、近親相姦と獣姦の結果、スフィンクスは誕生したのである。古代ギリシア人の飽くなき想像力は、実にとどまるところを知らなかった。

アリジゴクと人魚の取り合わせの妙

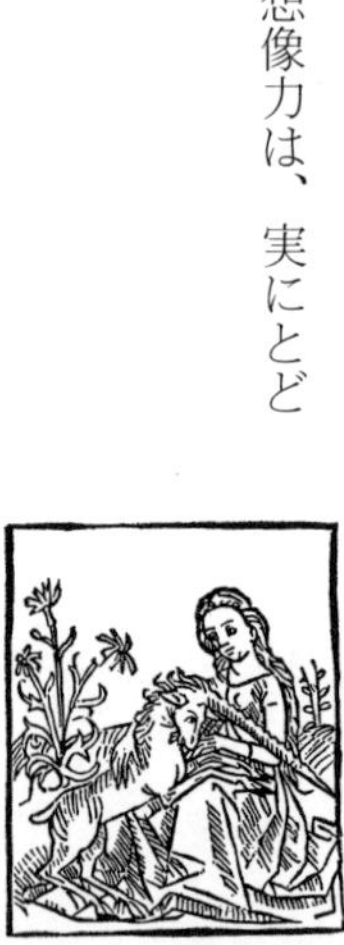

「乙女と一角獣」、フランシスクス・ド・レサ著『貞節』の挿絵、1490年ごろ。

それに対し、キリスト教文化ではスフィンクスはさほど目立った役割を演じていない。おそらく、二世紀に書かれた『フィジオロゴス』に登場していないせいだろう。一角獣やフェニックスなどの記述があるこの本は、一三世紀のヤコブ・ヴァン・マールラントの『自然の精華』に至るまでの中世動物寓意譚の主要な源泉となっていた。これが各動物の記述に絡め、キリスト教の教訓を説こうとしたことは疑う余地がなく、場合によっては効果的な解説を目指すあまり、事実をゆがめることすらあった。

現代人の私たちから見れば許しがたいことだが、今と比べたら品行方正だった中世の読者は、地球上のどんな事実よりも宗教的教訓を優先することが当たり前と考えていた。周囲の自然は罪深い偶像崇拝の元凶で、人間を神から遠ざける以外の何ものでもなかった。だが、『フィジオロゴス』では逆に、同書でも屈指の奇怪な雑種アリジゴクを描きながら、人間を上方へと導こうとしている。

アリジゴク（ant-lion）

テマンの王エリファズは語る。「アリジゴクが何も食べられずに死んでしまった」。

自然学者によれば、アリジゴクとは顔がライオンで下半身がアリの生物だという。肉食獣の父親と穀物のもみがらを常食とする母親から生まれたアリジゴクは、両方の性質を受け継ぎ、母の血を引いて肉を口にせず、父の血を引いてもみがらを食べない。この結果、食べられるものがなく死んでしまうのである。

同様に、二心ある者もどちらに進んでよいか途方に暮れる。ふたつの道を選び、あいまいな祈りを捧げては断じてならない。「然り、否」や「否、然り」ではなく、「然り、然り」や「否、否」であるべきだ。

砂地にアリ捕獲用の落とし穴をつくる昆虫の幼虫であるとする、現代生物学のアリジゴクの説明などに比べたら、上記の聖書の言葉のほうが数段分かりやすいだろう。とはいえ、ヨブ記（四：一一）の聖句「［獅子の］雄が獲物がなくて滅びれば……」を解釈する際に、『フィジオロゴス』の筆者は、ある特定のライオンをミュルメックス（ギリシア語で「アリ」の意）と呼んだ自然学者のアエリアヌスにどうやら惑わされてしまったらしい。しかも、「あなたがたは、〝然り、然り〟、〝否、否〟と言いなさい。それ以上のことは、悪い者から出るのである」というマタイの言葉を肝に銘じ、そのことを疑ってかかろうともしなかった。

　一三世紀のヤコブ・ヴァン・マールラントはこれに反し、半身ライオンで半身アリなんて動物が本当にいるのだろうかと疑問を抱いた。『フィジオロゴス』で前部と後部としているところを、マールラントは第一段階と第二段階に分類している。彼の説では、アリジゴクは最初、アリを仲間とみなして好意的な態度を示すが、成長するにつれて敵対心を燃やし、アリを捕獲するばかりか殺しもするようになる。

成長したるアリジゴク
アリを襲いて　蓄えし
日々の糧をわがものに

ときにアリもかみ殺す

こうした修正は至るところにあった。『フィジオロゴス』ではまだ「上半身は女、下半身はトリ」となっていたセイレンも、中世に入ると羽根が鱗に変えられた。人魚の姿となったセイレンは今なおオランダの町や村、さらには南北に広がる清く正しいキリスト教社会の紋章をも飾っている。

ギリシアの英雄オデュッセウスを歌で誘惑する女面鳥身の怪物が、それより前のシュメールの鳥身の女怪に起因しているとしたら、魚身の女怪はメソポタミアの男面魚身の神や、西欧の民話中の人魚、水の精、海の女神などの取り合わせの妙から生まれたものだろう。かといって、魚の尾のある女性をただむやみに信じていたわけではない。当時、何度も目撃されたらしく、コロンブスは自ら三回遭遇し、オランダ人自然探検家ヴァレンタインの報告では二頭の人魚が五五人に目撃されたが、うち一頭は男の人魚と思われ、インド諸国の海を泳いでいたという。一九世紀、漁師が捕獲した人魚がロンドンやアムステルダム、果てはパリやニューヨークで展示された。一八三〇年には四万ドルで売り買いされた人魚も出たほどである。ライデンの国立民族学博物館の屋根裏部屋に依然として所蔵されている二頭は、サルの胴体と、いうまでもなく魚の尾を巧みに縫い合わせたみごとな偽造品で、そのころ架空の生物の剥製を盛んに輸出していた日本製ではないかと推測される。

どうやって人魚は生まれるのだろう。あの尾の出どころははたしてどこに。セイレンの誕生には人間と魚の交接が不可欠なのか。以上の問いはどれも、いまだなぞに包まれている。いかに獣性の起源を探るのに熱心な文献であろうと、人魚に関しては一言も触れていないのが現状だ。ひとつにはきっと、人魚やセイレンにかぎらず半人半獣の生物はほぼ例外なく、うさんくさい代物だと思われているからに違いない。漁師を振り向かせ、淫婦の役目を果たし、悪魔ともつき合う人魚たち。旧約聖書のなかでイザヤはこう予言する。「バビロンでセイレンとサテュロスが踊り戯れ、家々にはオノケンタウロスが住まうであろう」。

ケンタウロスとは何者か？

ケンタウロスはウマの体を併せ持つ人間である。では、ロバの意の「オノ」がつくオノケンタウロスとはいったい何者なのか。バルトロマエウス・アングリクスがまとめた中世の百科全集の解説も、あまり明確とはいいがたい。

ギリシア語の「オノ」はドイツ語の「ロバ」に相当する。したがって、オノケンタウロスはウシを父親にロバを母親に持つ奇怪な動物である。しかも、ロバの好色で身持ちの悪い点を受け継いでいる。自然学者の説では、オノケンタウロスは上半身が人間、下半身が雄ウシだという。

そもそもケンタウロス、つまりヒッポケンタウロス（「ヒッポ」はギリシア語で「ウマ」の意）は、アポロンの息子ケンタウロスとマグネシア（現・マニサ）の雌ウマの間にできた息子たちだ。頭と腕は父親、胴体と足は母親、そして世界で最大とおぼしきペニスは両方の血を引いていた。

「ケンタウロス族の女」、古代モザイク。

ルクレティウスはこれについて早くも懐疑的だった。半人半馬の生物なんているはずがない。人間の部位が成熟しないうちにウマの部位は盛りを迎え、ある時期を境に今度は前部がまだ若いのに後部はもはや老衰しきっているということになるだろう。彼はそう考えた。「ふたつの体が合体して、二重の性質と異なった部位を持つ生物が生まれたとしても、互いの特性が相対立し、生存することは到底無理である。両立してやっていくには、どちらも鈍感な精神を持たなければならない」。

なるほど、もっともな意見だ。少なくとも、騎士をはじめて見てケンタウロスだと思ったという話よりは信憑性が高い。ウマがもの珍しかった古代ギリシア人にとって、乗馬は長い間なじみの薄いものだった。七世紀のセビリャの司教はケンタウロスを次のように語っている。「戦場でのテッサロニケ軍の騎士たちはウマと一心同体になって戦い、あたかも実際に合体しているかのようだった」。

ヨーロッパの騎兵隊に鎮圧された当時のアステカ族とインカ族の見方は、こんな生やさしいものではない。ウマと騎士を一匹の生物と考えた彼らは極度の恐怖におびえた。「わが戦士と戦っているケンタウロスのなんとおぞましきことか」と、メキシコ人尼僧ファナ・イネス・デ・ラ・クルスの聖史劇『神々しきナルキッソス』(一六八八)に登場するニンフ、アメリカはスペイン人の襲来に接して驚いている。一六九八年、スタニスワフ・アルレット神父も、ペルーのカニシア族のイエズス会総長にこう書き送った。

騎乗のわれわれをはじめて目にした彼らはその外見や身なりにひどく驚き、それがわれわれに思わぬ幸運をもたらした。恐怖に襲われた彼らが弓矢を手から落としてしまったのだ。後に本人たちに尋ねたところ、帽子や服に身を包んで馬に乗った騎士をどうも一匹の生物と勘違いしていたらしい。

ケンタウロスもこのときばかりは功を奏したものの、サテュロスやセイレンと同じく淫欲の象徴であるその存在を教会は快く思っていなかった。後脚の間の一物に目を背ける者にとっては、ケンタウロスが手に持つ弓矢がいまだに射精を表わし、その淫欲からニンフや女性は逃れられないと考えていた。しかし、ケンタウロスの影を根絶できないと悟った教会側は、多少ともその存在をキリスト教化し、英知や愛に対する本能や淫欲という永久に続く二元的対立の象徴に変容させた。キリスト教徒対異教徒、および教会対居酒屋などの二元的対立の行き着く先は、いわずとしれた体たらくである。

婦人科医のシャッツ教授は「古代ギリシアの神々と人間の奇形」と題する一九〇一年の講演で、ケンタウロスに対してこれとは別の解説を試みている。ケンタウロスの話の発端は正常数以上の手足を持つ子どもの誕生である、と教授は結論づけた。ほどなく、ギリシア神話に関する自重的な本がこぞって、神々と奇形を関連づけるようになった。

もちろん、この予想は間違っている。だが、ある種の先天性異常と特定の神々、架空の生物と悪夢の間には、驚くほど似通った点があるのもまた事実だ。それはきっと、神話上の生物を必要なだけ生みだすことのできる人間の想像力も、役に立ちそうな事象が現実にあれば、積極的にどんどん取り入れていったせいだろう。

奇形児が生まれる理由

奇形の部位にしても、ガンの首、イヌの頭、ウサギの唇、キュクロプスのひとつ目など、そのたとえにはなんの臆するところもない。おかげで、奇形児の哀れな母親たちはただちに獣姦の嫌疑を受けるはめになった。とはいえ、動物を親とした奇形児が生まれるのではないかという恐怖心はバカにできないほど大きく、防御策として避妊も行なわれていた。一六九五年、獣姦の罪でスウェーデンの裁判所の法廷に立った男は、「そのときになるといつも、何か変な生物でも生まれやしないかとペニスを抜いて床に射精していた」と告白している。リリエクヴィストが暴露した文書にも、父親の飼うヤギの子どもが人間の赤ん坊のような鳴き声を上げるのを聞いたことがあるという、農夫の息子の言葉が記録されていた。後日、雌ウシや子ウシと交接

オノレ・ドーミエ、「女を誘拐するケンタウロス」、1860年ごろ。

するようになったその息子は、ウシの子をつくらないよう細心の注意を払ったという。半人半牛の奇形とはいったいどんな姿をしているのか。一七八二年にスウェーデンのスキルエーで、その一例が目撃されている。母ウシの飼い主は希望者に見物させせた末に、野良イヌや野ブタを山ほど集め、当の奇形の子ウシをむさぼり食わせた。

つい最近まで、動物人間や人間動物を見物したければ、何もわざわざ遠く離れた欧米の農家まで出向かずともよかった。『フリークス』の著者レスリー・フィードラーは、市《いち》の進行係の口上が今でも耳について離れない。「犬面少年ジョジョ、人類学でも聞きしにまさる奇怪ぶり。大枚はたいてジャングルから運びしその怪物、歩く姿は少年なれど、イヌのように吠え、ヘビのように這い回る。さあ、見てらっしゃい、寄ってらっしゃい」。

奇形の人間の見世物はほかにもあった。「鳥少女クークー」、「ヤマアラシ男」、「アリゲーター少年」、「芋虫男」などなど。「世界一醜悪な女」と称したグレース・マクダニエルズは、「ラバ女」として名高かった。「血の滴り落ちる肉のごとく赤みを帯びたその体。ねじ曲がった巨大なあごは動かすのもままならない。ギザギザで鋭く尖った歯に大きく曲がった鼻……深くくぼんだ目は異様な目つきをしている」。当代きっての奇形写真の収集家だったエドワード・マローンはいう。「グレースはもちろん、実際にラバみたいだったわけじゃない。むしろ、顔を見るかぎりじゃ、カバってところかな」。

獅子面男のライオネルはその名の由来ともなったうなり声で観客の背筋をぞっとさせたが、「犬人間」の息子である犬面少年ジョジョの場合、つややかな毛が顔面を覆うその姿はスカイ・テリアにそっくりで、人間とイヌの雑種の子として人目にさらしても十分通用する見世物だった。しかし、市《いち》ではあえてそこまでせず、あくまでも「視覚的暗示」のケースとして動物人間を売り込んだ。ライオネルであれ、父親がライオンに食いちぎられる場面を無理矢理見せられた母親が妊娠し、この世に生を受けたという触れ込みだった。その昔、変なものを見て人がつい理性を失ったり、食べ物をのどにつまらせたりするのとまるで同じく、妊娠中に邪悪なものを目にすると、妊婦によからぬことが起こるというとんでもない流言がまかり通っていた。それがひいては子どもに害を及ぼすというのである。

一四九四年にクマに脅かされた女性がクマの体をした赤ん坊を生んだとか、兎唇の子の母親は出産前にウサギに驚いた経験があるに違いないなどのうわさが飛び交った。さめ肌になる遺伝性疾患の魚鱗癬では、口さがない人々によって、有名な一七世紀の「魚児」は母親が妊娠中に海へしょっちゅう出かけていたせいだといい触らされた。こうした奇形児を生まないために、妊婦は十分気を配り、絶対にホルマリン漬けの怪物の見世物市などに行ってはならない。それが当時の通説だった。いうまでもなく、一八世紀にハーグで催されたジュディスとヘレナというシャム双生児を呼び物とした市《いち》もご法度とされた。ふたりがくっついて生まれたのは、愚かな母親が妊娠初期にイヌの交尾を何度も見たことが災いしたからだという。

エレファントマンの出生の秘密

奇形でも群を抜いていた「古今の最醜悪男、エレファント・マン」の出生も、その暗示が起因しているとされていた。自伝のなかで、彼はこう書いている。

私のこの奇形は母親がゾウに脅かされたことが原因である。母はあるとき市街を練り歩く動物の行列にぱったり出くわした。押し合いへし合いして前に出ようとする人の群れにもまれ、不運にもゾウの足元に投げだされた母は恐怖で身の毛がよだった。このとき母のおなかのなかにいた私は、それがもとでこんな醜い姿になってしまったのだ。

実際には、母親のことをほとんど知らずにエレファント・マンのジョン・メリックは育っている。ゾウなどより自分の息子にぎょっとした母親は、その醜さを逆手に取り、幼いころから市《いち》やサーカスでジョンを働かせて生計を立てていた。どんなに不細工な人間だろうと、奇形を見た者はしばしば現実を忘れることができた。

とはいえ、インドの偶像の例でも分かるとおり、人間とゾウの雑種であれば、いくらでも美

ジョヴァンニ・バッティスタ・デラ・ポルタ、「人間＝豚、人間＝羊、人間＝ロバ」、『人相学』の挿絵、1600年ごろ。

しい姿が想像できたはずである。しかし、ジョンが備えていたゾウの特徴はかのすばらしい鼻や堂々たる身のこなしではない。よりにもよってゾウの肌という世界最悪のものだった。人間には世界を変える力はない。だが、彼の満たされぬ思いをどうにかすることはできた。奇形芸人の身分からついにジョンを救ったフレデリック・トレヴェス医師は、最初の診察での驚きようを次のように記す。

> 何が驚いたかといえば、その醜くゆがんだ巨大な頭だった。長方形のパンさながらの骨っぽい大きな塊が額から突きだし、後頭部にはスポンジ状の一見カビとも思える皮膚がだらりと垂れ下がっている。その表面はカリフラワーを褐色にした感じだった。髪は頭のてっぺんから数本の長い毛が伸びているだけである。……骨の塊が上あごからも突きだし、……絵が誇張して描いてあるせいか、未発達の鼻か牙のように見える。肝腎の鼻はといえば、その位置からかろうじてそれと分かる肉の塊で、顔全体は節だらけの木としか表現しようがなかった。

その救いの神の努力の甲斐あって、不平不満だらけの愚鈍な男と思われていた彼が、嫌悪を催すゆがんだ体のなかに、実は知性あふれる繊細な精神を宿していることが判明した。以降、上流階級の人々もエレファント・マンのもとを訪れるようになり、ヴィクトリア女王までが手書きのカードを毎年書き送った。とはいえ、野獣の無垢な性器に息吹を与える美女はとうとう現われなかったようだ。一八九〇年、エレファント・マンは童貞のままこの世を去った。

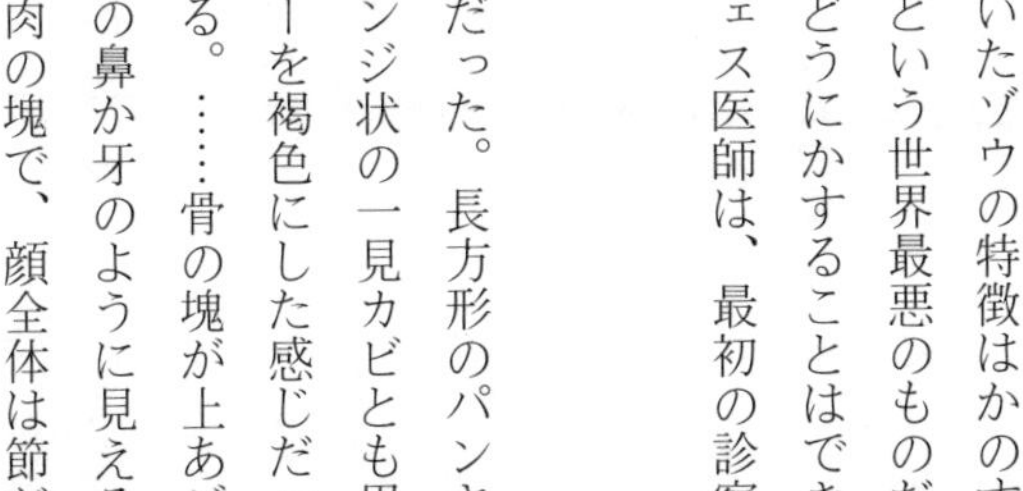

「象頭人間」、フォルトゥニウス・リケトゥス著『怪物』の銅版画、1616年ごろ。

「熊少年」、1494年の図版。

暗示はまた、受精の段階でも一役買っていると思われていた。一五一七年のカエルの頭をした少年の症例について、アンブロワーズ・パレは父親の証言をもとに解説している。「かみさんの熱を下げるには、生きたカエルを手に握らせたらいいって近所の人から聞いたんで、そうしたんです。きつくつかんだらしくて、カエルは死んじまいましたがね」。その晩、男が妻と床をともにしたときにも、カエルはまだ手に握られていた。どうもそれが災いしたらしいと彼はいった。奇形ならほかにも一二の症例を手掛けたことのあるパレは、「獣姦者や無神論者が不自然にも理に合わない動物と交接」して「種の混合」を引き起こした場合も、半人半獣の怪物が生まれる見込みがあると結論づけている。

雑種づくりの楽しみ

人間と動物の異種交配がこんなに楽々とできるのだから、動物同士はなおさらだろう。そう考えた当時の人々は、新大陸で数多く発見された見知らぬ生物を既存の種同士から生まれた雑種とみなした。即座に新種とするよりは、そのほうが現在の分類を乱さずにすんだのである。「さまざまな生物の性質を受け継いだ雑種の動物」は山ほどいたが、なかでもアフリカで見つかった「ラクダとヒョウの特性が混ざり合っている」動物を、古代ギリシア人やローマ人は「キリン」と呼んだ。

かといって、動物や魚に雑種が実在しないわけではない。オランダでは、コイ科であればほぼ全種にわたって異種交配が可能である。おかげで、たくさんの訳の分からない雑種を生みだし、悩み多き魚の専門家を輩出している。地方の場合、ウマ科の雑種がつとに有名だ。雄ウマと雌ロバの掛け合わせがケッテイ、雌ウマと雄ロバではラバとなる。雑種を見分けるには、鳴き声を聞くのが一番手っ取り早い。もっぱら父親の特性を受け継ぎ、ケッテイはヒヒーンと鳴き、ラバはしわがれ声でいななく。しかし、ウマとロバの長所を併せ持ったラバは、一時盛んにもてはやされたものの、自ら繁殖しないためなかなかその数を増やすことができなかった。ラバも雑種の例にもれず一般的に繁殖力がなく、発情はしても雄の精子に子孫をつくる力はない。細胞中の染色体数が六四のウマと六二のロバの雑種であるラバでは、奇数の六三本となるせいで一本だけ対が組めない染色体が生じ、当然ながら不安定な発育を遂げるのである。この結果、ラバの繁殖は常にあまり気乗りのしないウマとロバをなだめすかして行なわなければならない。そりの合わない二種を交尾させるのに、ブリーダーはあの手この手を使う。フランスのランド地方の飼育場でのケースは、その数少ない成功例だ。そこでは、昔から聞き慣れていた「ラランダージュ」という艶っぽい歌をスタッフがうたい、ウマをその気にさせた。

動物園でも、ウマとロバは他科に属するシマウマを相手に交尾する。とはいえ、ゼブルラ（ウマ×シマウマ）やゼドンク（シマウマ×ロバ）が見られるのは、私設の動物園と相場が決まっている。大きな動物園では、近年ますます亜種間の交配を避ける傾向が強い。一方、一九世紀の「動物園の時代」、種の境界を突き破る画期的ともいえる異種交配が数々あった。ヴィクトリア時代のイギリスでは、ヤクとコブウシ、クアッガとウマ、シカの国産種と外来種などの掛け合わせが盛んに行なわれていた。なかでもシカのケースはさほど難しくなく、アイルランドのウィックロー山地でも、野生のアカシカとニホンシカを軽々と交配させている。しかし、傑作はなんといっても、トーマス・アトキンズがライオンとトラを掛け合わせてつくったライガーとタイゴンだった。「ジャングルの冷酷無情なライバル同士の交配は前代未聞の快挙である」とリヴァプール動物園は気炎を吐いた。このときばかりは「世界一の猛者も人間の手に落ちた」といってもいいだろう。

誇張に満ちた一九二〇年代や一九三〇年代とまではいかないが、現代でも生みの親をしのぐような品種をつくりだそうと、思い切った改良が次から次に行なわれている。ライガーとタイゴンが動物園にもたらした栄光は、今やギープやショートを生みだした家畜ブリーダーの頭上に輝く。ここ何十年も、新聞各紙はヤギとヒツジの交配を科学の勝利として素直に認めてきた。現在、実用向きとはいいがたいこの混合種を旗印に、地方の家畜はことごとく雑種化されつつある。ニワトリとブタは混合種でないほうが珍しいし、オランダの誉れであるホルスタイン種「乳牛の女王」も、アメリカ型と交配される機会が年々増えてきている。

家畜ブリーダーが口にする雑種は、ただの種ではなく品種の掛け合わせを指す。そこにはな

フェルナン・クノップフ、「愛撫」、1896年ごろ。

んの悪びれる響きもない。それどころか、雑種は近代農業が沈没しないようにと必死でつかむ浮きなのだ。異種同士の交配がうまく行けば、双方の優秀な特性を受け継いだ混合種が誕生する。ニワトリでは、産卵数は多いが虚弱な種と産卵数の少ない頑丈な種を掛け合わせた場合、産卵数の多い丈夫な種を得ることはできるものの、同時に産卵数が少ないうえに体も弱い種も生まれるおそれがある。こうした交配は農夫が単独でやるには危険が多く、そのまま続ければ良悪ごた混ぜの特性を持つ雑種をつくりかねない。ブリーダーにはそこが狙い目で、遺伝的に優秀で均一なひなを繁殖させ、安定した商売を維持することができる。農夫でも自分で優秀性を保つ種をつくりたいと願うなら、たまに外部から若い雄を持ち込み、近親交配を避けるよう努めなければならない。

異種交配のよしあし

外部との壁の高さもさることながら、固定種は内部にも高い障壁を抱えている。一般的に異種との交接は心配ないとはいえ、遺伝的に近すぎるのは考えものだ。近親相姦は人間ばかりか、ほとんどの動物で禁止されている。人間はいうまでもなく、タブーにつきものの違反者はどの動物にもいるが、これがもとでわき起こる嫌悪感がタブーの全真相だといっていい。

以前、テレビ番組の司会者ウィレム・ダウスが番組を通じて児童虐待者は去勢したほうがいいと発言し、スタジオ中の観客からやんやの喝采を浴びた。このあまりの反響に全人口から抽出した国民を対象に世論調査が実施され、この結果、大半の人が娘への性的虐待に対して事故や病気による死亡と同じくいたたまれないと感じていることが分かった。

いろいろな感情が渦巻くこの事象では、近親相姦は親子だけでなく、親類全般に関係しているのだという事実をつい見落としてしまいがちだ。大人同士でもまた、このタブーは守らなければならない。そうはいっても、金持ちは金持ち、ブスはブス、色黒は色黒など共通点のある相手をどうしても選ぶ風潮があるが、近親結婚はおおむね王室だけに限られている。これは生物学上の確かな根拠があってのことだ。

近親相姦で誕生した子どもは、しばしば他の例では見られない遺伝的特性を示す。それらは主として先天的に両親から受け継いだと推定される特性である。父親と母親の関係が近いほど、遺伝的特性を多く共有し、こうした事態が起こる確率が高い。不利なものだけではなく有利に働く特性もあるが、ひとつでも好ましくない因子があると、良質のものをすべて駆逐してしまう。この結果、近親相姦の子どもは療養所や王宮で一生を過ごすはめになる。しかも、集団内で何世代にもわたって近親相姦が続けば、ほどなく異常な特性が慢性化していく。

犬種改良も同種内で交配をくり返すため、手当たり次第に相手を選ぶ雑種に比べると、純血種のイヌは健康に支障を来していることが少なくない。かむのが不得意なボクサー、繁殖の難しいプードル、腰痛に悩むダックスフンドといった具合に、望みの特性には必ずといっていいほど有害な特性がつきまとう。ブリーダーの知恵を人間に当てはめるのはもちろん危険だが、ウィックロー山地で雑種のシカを調査したロリー・ハリントンは、彼自身もアイルランド人特有の赤毛で、「雑種のほうがうまくいく!」というモットーにしたがい、亜麻色の髪のフィンランド女性と結婚した。

ブタにしろブドウにしろ、純血種を長々と繁殖し続けると、やがて遺伝的な劣化を招く。優良な特性は姿を消し、新たに再生することもない。そこで必要となってくるのが「新鮮な血」だ。動物園で飼育されているプシバルスキーウマなどの希少動物に関しては、各国のスタッドブックが雌ウマの繁殖成績を記し、遺伝的な劣化を防いでいる。農耕馬の場合も、雑種の旺盛な活力に期待を寄せ、ふたつの種を出会わせる。ロマンティックなことを想像する向きもあろうが、実際の作業はいたって事務的。優秀な種馬の精液を何千本以上もの「ストロー」に採取したあと、それを液体窒素で凍結してお呼びのかかるのを待つ。獣姦が子孫をつくらずに交わるとすれば、人工授精は交わらずに子孫をつくるというわけだ。

人工授精はまた、品種ならぬ種を交配させるのにも重要な役目を果たす。もはや「ラランダージュ」をうたわずとも、ウマの精液を雌ロバに注入させることができるのである。だが、このようにしてラバの繁殖に伴う困難を克服したとしても、ヒツジとヤギを掛け合わせようと思えば新たな問題がわき起こってくる。人工授精で受精卵が形成され、異質のタンパク質が半分を占める胎児が成長しはじめると、母親の体内に次々と抗体がつくりだされていく。ブリーダーがなんらかの手を打たなければ、胎児は数週間ほどで成長が止まり、自然流産を余儀なくされる。母親がヒツジの場合、防御策として事前にヤギのタンパク質を注射して慣れさせておくという手もあるが、出産までの間、胎児が正常に母親の体内で育つような巧みな業がまねできればそれに越したことはない。むろん、これもまた二分の一が母親には異物である父親のタンパク質からなっている胎児である。たとえ異種のものほどには同種の父親のタンパク質が異質でないとしても、手段を講じなければ、母親がまたもや自らの子どもに拒絶反応を起こす結果になるだろう。臓器移植のケースでも見られた物質が、ここでも重要なカギを握っているのだ。

このため、今までのところ一番効果を上げているのは、受精卵移植による交雑である。四角いトマトで名高いカリフォルニア大学では、一九八五年以来、七日目のヤギの卵細胞を同年齢のヒツジの受精卵に融合させたあと、それを仮親のヒツジの子宮に移植して育てるというやり方でギープを繁殖している。こうして生まれたギープは頭がヤギ、胴体がヒツジで、おまけにウールの毛並みを持つ。

近年、交配実験は遺伝子操作の様相を帯びるようになってきた。遺伝子を人為的に変化させるこの操作では、DNAの断片を切り取って他の場所に組み換えるのだが、異種間の交配は狭義にはこういった遺伝子操作と考えていい。ある種から取りだした遺伝子は、細菌などを介して他種に組み込まれていく。遺伝子操作のおかげで、タンパク質を異種に移植する際の拒絶反応が抑制され、従来の異種交配に多大な貢献をしている。

交尾好きのボノボとならぴったり？

では、はたして人間と動物の交雑は可能なのだろうか。近縁種であれば、理論的にはできなくはない。種が近いと、それだけタンパク質の組成も似てくるからである。どれほど互いが近縁かは、血液の副作用の出方を調べれば分かる。一〇〇％適合するのは一卵性双生児で、逆に〇％なのが人間とノミだ。かつて交配には八〇％以上の適合性が必要だとされていたが、七五％のヒツジとヤギの例からすると、この値はもっと低いに違いない。そして、人間とチンパンジーの場合はそれが七二％を示す。進化論の隆盛とともに、この理論を実践したいという欲求も高まっていった。一八六六年、ドイツのチャールズ・ダーウィンともいえるエルンスト・ヘ

「女面ライオン」、銅版画、16世紀。

ッケルは、サルと人間の中間形態とはどんな姿をしているのだろうとつらつら考えた。人間とサルの差は小さいから、両者をつなぐ進化の鎖の環はひとつしかない。そう思ったヘッケルは、この「失われた環《ミッシング・リンク》」をピテカントロプス（猿人。現・原人）と名づけた。その後一八九一年、オランダ人のウジェーヌ・デュボワが実際にジャワ島でこうした中間型の化石人類を発見。世間を興奮の渦に巻き込んだ。学生たちがピーチェと呼ぶ、復元したピテカントロプス・エレクトゥス（ジャワ原人）は今もライデンに展示されている。

以降、いまだ完全に収まったとはいえない文字どおりのゴールドラッシュがわき起こり、「失われた環《ミッシング・リンク》」を探すべく世界のあちこちで発掘がはじまった。しかし、そんな騒ぎを見てある突拍子もない考えを思いついたオランダ人がいた。実験してみたらおもしろいかもしれない、とヘルマン・ムンスは考えたのである。アフリカへ行き、黒人男性から採取した精液を雌の類人猿に注入しようという自分の計画について、一九〇五年、生物学教師になり立ての彼はエルンスト・ヘッケルに助言を仰いだ。以下はそれに対するヘッケルの返事である。

貴君が人工授精で行ないたいとしている、下等人種（ニグロ）と類人猿との生理学的な交配実験は、「成功」するとしたら、必ずや「興味深く有意義」なものとなるに違いありません。今回の試みはおそらくうまくいくのではないでしょうか。数々の実験（フリーデンタール、ウーレンフートなど）で人間と類人猿の近縁関係が証明されていますから、「性的」にも酷似し、交雑が失敗するとはとても思えません。まったくかけ離れた「異種同士」でさえも雑種ができるという最新の実験データも山ほどあります。いわんや、ゴリラやチンパンジーを相手にニグロを掛け合わせるのであれば心配ないでしょう。とはいえ、特殊なケースです。「実験」しかそれを確認する手だてはありません！

一九〇八年、この手紙に気をよくしたムンスは実験費用を稼ぐため、『真相はいかに――人類の起源を探る実験研究』と題するパンフレットをつくった。彼はこのなかで人間と類人猿との数々の類似点を列挙し、両者は紛れもない血族であると書いている。

「ヒトの血清はほとんどの実験動物の赤血球を破壊してしまいます」。カエル、ウナギ、ヨーロッパヤマカガシ、クサリヘビ、ハト、若い雄ドリ、サギ、ウマ、ブタ、ウシ、ウサギ、モルモット、イヌ、ネコ、ハリネズミ、原猿類（キツネザル）、新世界ザル（クモザル、リスザル）、旧世界ザル（ヒヨケザル、マカック、アカゲザル）などがその例です。ただし、類人猿はこのかぎりではありません。さらに、子孫（雑種）が生まれるウマとロバ、ウマとシマウマ、ヒョウとピューマ、ライオンとトラ、イヌとオオカミ、ノウサギとアナウサギ、シシオザルとボンネットザルのような動物は、「同じ血が流れるごく近縁の種だということができます」。であれば、人間と類人猿も血族ではないでしょうか。

コンゴでの実験を成功させた暁には、このなぞをぜひとも解いてみせましょう。

『われこそはと思う方々へ』（一九〇九）では、ムンスはこれら一連の実験を人工授精で行な

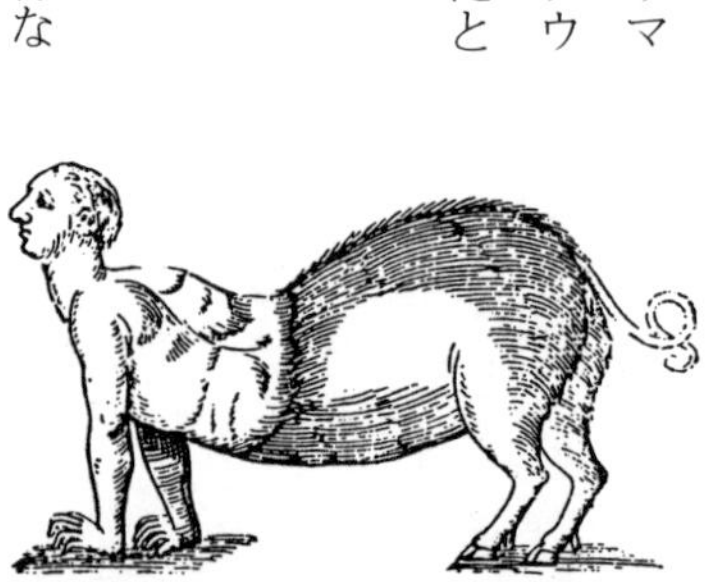

「半人半豚」、アンブロワーズ・パレ著『怪物と驚異』の銅版画、1573年ごろ。

「サテュロス」、16世紀版画。

ウリッセ・アルドロヴァンディの「毛深い少女」、1640年。

うと力説している。コンゴの現地人女性に誘いをかけるチンパンジーのうわさを聞き、「これでほぼ完全になぞが解けるに違いない！」という地元植民地の医者の期待を肌で感じていた彼も、人間と類人猿との自然に任せた受精は実践しなかった。女性が応じなければ、真相を究明することができないと考えたのである。

こうした目的に応じる女性にはきっと事欠かないだろう。物やお金の力は偉大だ。たいていの黒人たちはよく考えもせずに妻たちをいわれるがままに差しだす。しかも、それればかりではない。ヨーロッパの女性にもそういう目的に手を貸す者が大勢いる。ほんの科学的興味から手弁当でやっているのだ。早くもこの調査のためにに身をなげうった、そんな高学歴のオーストリア人ひとりとドイツ人ふたりの若い女性たちにはまったくもって頭が下がる。

結局、ウィルヘルミナ女王からも資金援助を受けたムンスは、実験費用の不足に悩むことは一度もなかった。その大胆不敵な生涯を忠実に再現したピート・デ・ローイの『完璧を求めて』によれば、ムンスは一九三八年にカサブランカで死去したという。彼の試みから約一世紀経った今も、「なぞ」が「実験で解決された」形跡はまだない。これは妙な話である。技術が飛躍的に向上し、この目的に身を投じる者にも不自由しない現代、類人猿と人間の掛け合わせなんてわけないだろう。といっても、人間にはもう「コンゴの小人族ピグミーを筆頭にした黒人種」を実験台にする必要はない。ご存じのとおり、人種にかかわらず類人猿に近いとも遠いともいえるのである。しかし、パートナーとしての動物となれば話は別だ。ムンスが知っていたどの類人猿より人間に近いサルが、今や相手に選ばれている。ボノボ、つまりピグミーチンパンジーである。

一九二九年の記録にはじめてお目見えしたボノボは、そんじょそこらのチンパンジーとは訳が違い、人間に近いことでは動物界でも群を抜く。いうなれば、進化したチンパンジーといっていいだろう。すらりとして気品に満ちたその姿。髪はきちんと分け目をつけ、突き出た額の奥から人間と見まごうばかりの目つきでこちらをうかがう。性的な面からいっても大きな隔たりはない。交尾が大のお気に入りのボノボはどんな体位でも楽しみ、しかも人間の男性とぴたりと合う性器を持っている。

確かに技術的に可能だとしても、倫理上は容認しがたいかもしれない。とはいえ、遺伝子を操作し、お尻の大きいウシを繁殖させ、人種差別をし、類人猿にエイズを移したあげく、女性を隷属させている人間が、どの面下げて倫理的な理由から、いかにうまくいく相手でもボノボとは一切交接しないといえるのだろうか。できた子どもがどうなるかを指摘する向きもある。そこがまさに興味のつきない点だ。一九一八年に黒人の睾丸を類人猿に移植しようとした性科学者ローレデルの次の意見が、世間一般の考えをよく物語っている。「雑種は知的障害を専門とする教育者の熟練した指導のもとで育てなければならない」。

類人猿と人間双方の長所を受け継いだ子どもが、王立図書館のシャンデリアにぶら下がりつつ詩を朗読し、バナナ栽培を向上させ、ついには心身ともに健全な大人に成長したあと、私たちが知りたいと願ってやまなかったこの世での人間の居場所を教授するなど、だれひとりとして想像だにしないようだ。もしこれが現実になれば、自分たちが何者であるかのなぞもすっかり解明できるに違いない。私たち人間がそもそも「失われた環《ミッシング・リンク》」なのである。

第6章 生命の水

ミルクがお好き？ 乳首がお好き？

液体。それが生きとし生ける者に活力を与えている。体からしみ出れば生命は枯れてしまう。そうならないよう周りを包んでいるのが皮膚だ。どの生物にも液体が満ちあふれ、「生命」という営みが行なわれている。枯れた物質にこの営みはめったに起こらない。ドライイーストもそのままだと生気がない。しかし、ひとたび水に溶かすと生命を吹き返し、ぶくぶくとわき立ちはじめる。なかにはモンキチョウ類、頭足類、温泉に生息する生物など特異な者もいるが、いずれにせよ、五〇％以上の水分がなければ生きていくことはできない。読者諸君の体もまた、水気をたっぷり含んでいるのである。

だから、ふたつの生物間で取り交わされる親密このうえない行為はすべて液体の交換だといっていい。精液、血液、そして母乳に至っては暖かな胸から直接受け取っている。愛情は肌と肌との触れ合いというより、むしろ液体と液体の交換から育んでいく。にもかかわらず、大半の者は肌の触れ合いを大切にし、液体なんて気にもかけない。せいぜい精液ではシーツにシミをつくりやしないかとハラハラし、血液を見ては何ごとかとあわてふためき、口のなかのつばは吐き捨てるぐらいなものだ。一方、そうした液体を包含する入れ物に対しては、見目麗しいというだけですぐに興奮し、折りよく愛撫でもあればもうたまらない。種まきをしたら刈り取り、交接のあとに妊娠するのは自然の摂理。かくて、液体を取り交わすのに、死んだも同然の容器を慈しむ。

人間であれ動物であれ、見て感じる相手はどれも生気のない入れ物にすぎない。相手や自分の空気にさらされている部分は、堅い角、鱗、皮膚で全面覆われている。背中や髪をやさしくなでるまさにその手は、そうした死んだ部分に触れているのだ。恋する者は例外なくネクロフィリア（死体性愛）で、その容器のなかに満ちている水気の多いぷるぷるとした塊にはほとんど興味を示さない。何か悪いことでも起きないかぎり、膵臓はもちろん、卵巣にも気をそそられることはないだろう。心臓にしろ、いくら愛しいと思っても抱きしめることなどできない。私たちはその入れ物の良し悪しで中身を判断している。とはいえ、これにはそれなりの理由がある。神経の末端が来ている容器があるからこそ、快感とともに液体の交換を行なうことができるのだ。

親密度の高さでは、哺乳類に欠かせないミルクが他を圧倒している。乳を吸うという行為には心温まるやさしさがみなぎり、大方の男性はいくつになっても乳房の間に安息の地を見いだす。若い父親は乳房を口に含んで刺激を受け、年取ったら年取ったで赤ん坊のように葉巻やボールペンをしゃぶって楽しむ。乳首はたとえ自分の豆粒のような代物でも、男性を死ぬまで刺激してやまない。

ミルクは獣姦にも一役買う。この汚れなき液体によって日に何百万回も、異種間の境界が越えられている。今や「ミルク」といえば牛乳を意味し、自らの種のものではない。人間のミルクは特に「母乳」と呼ばれている。さも父乳がほかにあり、牛乳が母親からではないような言い草だ。オランダでは、縁もゆかりもない種のミルクが毎日平均一・五杯飲まれている。それを同種のもので賄おうとすると、例年、オランダ人女性ひとり当たり一キロリットル、つまり一個の乳房につき五〇〇リットルの母乳を絞りださなければならない。ウシをたくさん飼っているのも、その状況を見て取ったオランダ人の苦肉の策である。

世界各地ではほかにも、トナカイ、ヒツジ、ラクダ、ヤギ、ヤク、ロバ、ウマのミルクが母乳の代わりを務めている。このなじみ深い乳汁は、エスペラント語の飲料版といったところだ。精液とは違い、種同士を隔てる高い壁はなんの障害にもならない。人間と比べアザラシのミルクは脂肪分が多く、ゾウのは甘口という具合に、組成は種によってさまざまだが、哺乳類は多かれ少なかれ他種のミルクに頼って生きている。ネコやハリネズミは旺盛な食欲で牛乳をぴちゃぴちゃと飲み（ただし、飲みすぎは禁物）、動物園の世にも奇妙な動物たちは雌イヌの乳で育つ。子イヌとこうした異種の子どもを見間違う可能性は皆無に等しいので、自然は今までのところこれといった予防策を講じていない。

子どもは異種のミルクを好み、母親はよその子に乳を与える。どちらも実にうまくいっている。パプア人女性が子ブタに乳をやっている写真は人類学の本の定番だし、一方の乳首を赤ん坊に他方をゾウの子どもに含ませているタイ人女性の挿絵も必ずといっていいほど登場する。かといって、ミルクは自然にあふれ出てくるものではない。射精と一緒で、それなりの神経をうまく刺激して放出させる必要がある。子ネコは長じて「忍び足」に変わる脚でたたく動作で母ネコをつつき、ヒツジは母親をひっくり返すくらいの勢いで乳房を角でつく。反面、においや音で反応する動物もなかにはいるが、人間のような視覚志向の強い種になると、愛らしい赤ん坊、子イヌ、フィアット500を見るだけで、ミルクがあふれだしてくる場合が多い。いうまでもなく、乳を吸う刺激も乳汁分泌を促している。

乳搾りの官能的快楽

ウシの生命の水を引きだすには、動物界でも最大の乳首に刺激を与えなければならない。しばらくすれば慣れっこになるにせよ、乳搾りはなんとも官能的な作業である。そこから「純血種の雄ウシの搾乳《マスターベーション》」を連想するのも、そういう意味でいわれのないことではない。

「ミルクとは動物の雌をみだらに愛撫することで得られる液体である。ある種の人間が好んでそれを行なう」と、エリック・ヴァン・デル・ステーンも著書『アルファベット』のなかで書いている。そう考えると、のどかな乳搾りの絵の清純さもとたんに色あせ、乳搾りをしながら雌ウシとの不純行為をつい想像してしまう農家の息子たちも、おそらく大勢いたに違いない。以下の一編には、スハーヘンのとある家の入り口に横たわる、瀕死のウシが描かれている。その傍らで悲しみに打ちひしがれる農夫の姿。彼のそのウシに対する愛情は妻への気持ちをもしのぐ。

ジュリオ・ボナゾーネ、「クロノスとピリュラー」。

悲嘆に暮れる農夫がひとり
哀れなるかな　泣き沈む
愛しき牛のいまわの際に
疑いなし
これがあの妻ならばと願いしは
悩みの種の妻をもて
慰め種《ぐさ》の牛を救わん

次も同じような気持ちをうたっている。

妻の売買許されたらば
牛馬と一緒の市《いち》に出す
ごった返すその賑わい
想像以上のものすごさ

現在、搾乳は手ではなく機械に取って代わられ、ポルノショップの性具の山のなかにも、ほぼそっくりな形でお目見えしている。『略農業百態』を読んでも、それは容易に想像がつく。

空気圧で働くその機械は巧みなデザインで、陰圧による吸引力をうまく利用して乳を搾っている。一方の端にパルセーターと真空ポンプという機械のかなめをなす装置がつき、乳頭に装着して乳を吸いだす四個のカップが他方につく。手搾りと同じように、表面がゴムで覆われた二室構造をなすカップは一定の間隔で交互に陰圧と大気圧を加え、乳房とパルセーターを圧迫している。

今か今かと順番待ちしているウシ自身の様子からも、いかにその機械が満足のいく働きをしているかが見て取れる。かといって、手搾りが必要なくなったかというとそうでもない。酪農業では、依然としてひとりにつき一〇頭のウシを担当して作業を行なっている。

ペーテル＝パウル・ルーベンス、「雌狼の乳を飲むロムルスとレムス」、1618年ごろ。

動物のおっぱいで養われて

さらに、手や機械での搾乳などにもまして親密な行為といえば、動物が人間に直接授乳することだろう。動物が人に乳を与え、育てさえすることは、これまでの歴史がはっきりと物語っている。事実、人間の子どもがオオカミやウシなどの動物に育てられた例は枚挙にいとまがない。ローマを創建したロムルスとレムスは雌オオカミに育てられ、北欧神話にも、地上初の人間である巨人ユミルがこれまた最初の動物といわれるウシのアウズフムラの乳に養われたとある。キリスト教の神も乳には無関係ではない。ヨブは神に向かってこう問いかけている。「あなたはわたしを乳のように注ぎ出し、チーズのように固め」たではありませんか。

私自身もかつて三年ばかり毎週のように土曜日の午後を費やし、こうした神話に取り組んだ。カブスカウト時代には、『ジャングル・ブック』の物語を地でいっていた。ラドヤード・キップリングが一世紀前に書いたその本には、ジャングルでトラのシーア・カーンの脅威にさらされながらもひとり生きる人間の子どもが、子オオカミ（カブ）とともにオオカミに育てられた様子が描かれている。少年をはじめて目にした父オオカミが叫ぶ。

「人間だ！　人間の子どもがいるぞ。ほら！」

やっと歩きだしたばかりの色黒の裸の赤ん坊が、低い枝につかまりながら、父オオカミの眼前に立っていた。日が暮れて巣穴を訪れたその子はなんともかわいらしく、すべすべの肌にえくぼを浮かべている。赤ん坊は父オオカミの顔をじっとのぞき込むと笑い声を上げた。

「あれが人間の子ども?」と母オオカミがいった。「生まれてはじめてよ。ここに連れてきてちょうだい」。

自分の子どもをいつも移動させているオオカミは、必要とあらば卵を割らずに口にくわえることさえできる。赤ん坊の背中をしっかりくわえた父オオカミも、かすり傷ひとつつけずに子オオカミのなかに彼を降ろした。

「まあ、なんてかわいらしい! それに肌がつるつるで、恐いもの知らずって感じだわ」。赤ん坊は子オオカミの間をずんずん分け入り、やさしくそういう母オオカミのそばに近づいていった。「あらあら! うちの子たちと一緒にお乳を飲んでる。なるほど、これが人間の子どもなのね。ねえ、今までに人間と自分の子を一緒に育てたっていうオオカミなんていたかしら」。

「昔は何度か聞いたことがあるけど、うちの群れや近ごろじゃとんと耳にしないね」と父オオカミは答えた。

母オオカミは抵抗なく人間の子どもを受け入れている。「育てるつもりかですって? もちろんですとも。さあ、お休み、カエルちゃん。そうだわ、おまえを今からカエルのモーグリと呼ぶことにするわね。ねえ、モーグリ、やがて大きくなったら、おまえを襲ったあのシーア・カーンをやっつけてちょうだいな」。すんなりとまではいかないとはいえ、群れもまた裸の赤ん坊を迎え入れる。しかし、いくらほかの種を同じ仲間のつもりで扱ったとしても、所詮異種は異種である。この場合、人間でしかないというのが、『ジャングル・ブック』のいわんとする教訓だ。成長したモーグリは、オオカミのなかで暮らす人間の運命を悟る。

何か胸を締めつけられるような感情が、ふとモーグリの心中にわき起こった。はじめて味わういたたまれない気持ちに、彼は思わず息を飲んですすり泣いた。涙が止めどもなくモーグリのほおを伝っていく。

「これって、これっていったい？　ジャングルを離れたくないと思ったら急に。何がなんだか……」

「ボクは死んでしまうの、バギーラ？」

「いいや、それは人間が流す涙というものさ。おまえはもう子どもではなく、りっぱな大人なのだ。だから、これ以上ジャングルにいることはできない。ただの涙だ、モーグリ。かまわず流すがいい」。

夜明け近く、人間という不可思議な存在を求めて、モーグリはひとり山腹を下りていった。

オオカミに育てられた子ども

モーグリははたして単なるつくり話なのか。父オオカミの言葉を借りれば「うちの群れや近ごろ」ではめったに聞かないものの、何百人もの子どもがオオカミなどの動物に育てられ、ついには野獣のようになったという話が現に報告されている。しかも、「オオカミ少年／少女」と軽率に名づけた結果、事態はますます混迷をきわめるに至った。

カスパー・ハウザー、ハノーヴァーの野生児ペーター、アヴェロンの野生児の三人はそんな代表例だが、野生化した人間を称したリンネの呼び名「ホモ・サピエンス・フェルス（野生人）」にまさに匹敵する彼らも、決してオオカミに育てられたわけではなかった。人間社会から長年隔離され、その後遺症を示すだけで動物に授乳された事実はない。

ドイツ人少年のカスパー・ハウザーの場合も、思春期を迎えるころまで暗い地下牢に幽閉され、一八二八年に解放されている。その出自について、実は王室の子で相続をめぐって邪魔者にされたのだとのうわさも流れた。なお、心理学研究室で実験用に隔離して育てるネズミは、今でも彼にちなんでカスパー・ハウザー・ネズミと呼ばれている。

一八〇〇年に発見された推定年齢一一歳のアヴェロンの野生児にしろ、オオカミに育てられたと考える者はだれひとりとしていなかった。にもかかわらず、パリの科学者が詳細に彼を調べたのは、ジャン＝ジャック・ルソーの唱えた「高貴なる野蛮人」を信じていた時代精神を反映してのことだろう。ルソー派の説では、人間は元来善良で、悪者に育てられた場合（彼ら自身もそうした教育の落とし子）のみ堕落するとされた。高貴なる野蛮人がその説を立証してくれるに違いないというわけである。また、野生児にそこまで執着した裏には、言語の起源の問題も絡んでいた。話し方を教える者がだれもいない環境で育てば、人間はどんな言葉を発しはじめるのだろう。それは原始的なものか。だとしたら、どういう言語なのか。

一三世紀には早くも、カスパー・ハウザーのような子どもがこの問題を解明すべく育てられている。ホーエンシュタウフェン朝のフリードリヒ二世も、実の母親からわが子を引き離して乳母に預け、一言も赤ん坊に話しかけてはならないと彼女たちに命じた。モルモットがまだ実験台と同義として扱われなかった時代のことである。人間が消費した食べ物が体のなかでどう変化するのか知りたいと願ったフリードリヒはまた、ふたりの兵士にごちそうを腹一杯食べさせ、一方に睡眠を、他方に散歩をいいつけている。その後、双方は消化システムを探るために有無をいわせず解剖された。実験材料となる兵士はあり余るほどいたのである。子どもたちに関する実験も、彼には気の毒ながら言葉も出ないうちから全員死亡し、あえなく幕を閉じている。

これとよく似た二六〇〇年以上も前の実験では、ヤギ飼いに預けられた子どもたちは生きながらえ、二年後にはじめて"bekos"という言葉を発し、それをくり返したという。この言葉がフリュギア語で「パン」を意味したことから、古代エジプト王プサンメティコスは世界最古の民族をエジプト人ではなくフリュギア人であると認めた。とはいえ、古代でさえ、一部の者は"bekos"の発音がフリュギア語ばかりか、ヤギの鳴き声にもそっくりであることに気づいていた。結局、初期言語の問題は一九世紀になっても解決されず、そのうち人間を使っての実験が倫理的に容認されなくなると、科学者たちはやむなく自然に任せた実験に甘んじた。そこで重宝されたのがオオカミ少年／少女たちだったのだ。

オオカミに育てられた事例として最も著名なのは、インド人少女カマラの話である。一九二〇年、当時八歳だったカマラは一八カ月の妹とともに、雌オオカミがねぐらにしていたシロアリの巣で発見される。孤児院に送られた少女たちの以降の軌跡については、牧師の妻が残した養育日誌に詳しい。それによれば、妹は数カ月後に死亡したが、カマラはそこで八年間を過ごしている。到着した当初、垢だらけのふたりはオオカミのにおいが体中から漂い、つめは鉤づめのように折れ曲がったうえに、四つん這いで歩くせいでひざ、ひじ、手のひらはどこも分厚いたこができていた。着衣も入浴も受けつけようとせず、オオカミさながらにあたりを嗅ぎ回っては遠吠えした。ミルク以外の食事もさせようとしたが、ことごとく失敗に終わっている。そんなある日、ふたりは数匹のイヌがえさをもらっている場面に出くわす。激しくえさを奪い合うイヌの様子を見たカマラは、牧師も手がつけられないほど暴れだした。「尾を上げて彼女を追い払おうと威嚇するイヌたちの努力もむなしく、カマラはそのえさの肉、内臓、骨を横取りしてむさぼり食った。骨を一本口の端にくわえ取った彼女は、鉤づめよろしく両ひざの裏側でつかむと、それにしゃぶりついた」。

オオカミ少年／少女の大半は戸外での生存率の高い温暖な国で発見されるものの、その何割かの事例はヨーロッパでも報告されている。一八三五年、A・ラウバーが『ホモ・サピエンス・フェルス』のなかで挙げた数多くの事例にも、「無名の修道士」が記述したヘッセンの少年がいる。

一三四四年、ヘッセン州でひとりの少年がとらえられた。後に判明した事実と本人の証言を重ね合わせると、彼は三歳のときにオオカミにさらわれ、申し分のない環境で育てられたらしい。少年にいつも獲物の極上部分を分け与えていたオオカミは、冬には落ち葉や草を敷き詰めた穴に寝かせて周りを取り囲み、寒さから彼を守った。少年は四つん這いで群れと行動をともにし、ついにはみごとな跳躍までもこなすようになる。この結果、発見時の彼は添え木の力を借りて立つ練習をしなければならず、人間よりもオオカミと暮らしたいと何度ももらしている。あまりにも珍しいケースだったため、少年はヘッセンのハインリヒ王子の宮殿に連れていかれた。

野生児たちの悲しき運命

ヨーロッパでは、クマがオオカミの役目を果たす場合が多い。一七世紀末のポーランド王ヤン三世ソビエスキの主治医だったコナー医師も、次の話を耳にしている。「うっかり放置された子どもが腹を空かせた雄クマに見つかると、たちまち八つ裂きにされてしまうのに対し、授乳中の雌クマは発見した赤ん坊をすぐさま巣穴に運び、わが子と一緒に乳をやって育てる。そうした子どもたちはたいがい、しばらく経ってからクマの一団に交じって暮らしているところを猟師に発見された」。

ラテン語による拙著『自然法則の停止』でも述べたとおり、昔は修道院がこういう子どもを預かったものだ。一〇歳程度(背格好からしか推定できない)と思われるこの少年は、外観の異様さもさることながら、知性のかけらも感じられず話すこともできなかった。四つん這いで歩くその姿は人間とはおよそ似ても似つかないとはいえ、体つきから人間だろうと判断して洗礼が施された。しかし、その後も手に負えないくらい落ち着きがなく、逃亡を企てることも一度や二度ではなかった。ようやく立って歩けるようにはなったものの、抱き上げた体を壁にもたれさせて行なう練習は、どこかイヌの「ちんちん」の訓練を彷彿させた。

ヤン三世の時代にはほかにもクマ少年がいた。王が「軍楽隊で横笛を吹かせたこのリトアニアのクマ少年は、二本足よりも四つん這いで動き回るほうが多かった」。一六六一年、その前王のひとりヤン二世カジミエシュに寄贈された少年も、リトアニアの森で猟師が捕獲した際、「クマの群れの中央で雄たけびを上げて抵抗し、歯ぎしりしながらつめを立てて打ちかかってきた。その様子は血気盛んな野生の子グマと少しも変わりなかった」。王が後に召使いにと譲り渡したポーランド人貴族の家では、少年はしょっちゅう森へ逃げ込み、つめで木の皮をはいでは樹液を飲んだ。また、「過去にふたりも殺した雌クマが彼を認めてもまったく危害を加えようとせず、それどころかやさしく体や顔を舐め回すこともあった」。

サルの里親についてはターザンの物語でもうおなじみだ。何百本もの映画のなかで、さまざ

恋川笑山、『釈迦八粧矢的文庫』、1840年ごろ。

まなターザンが大勢のチンパンジーに育てられてきた。しかし、こと現実となると、どんなまゆつばものの話でもすんなり受け入れた昔の者ですら、サルが人間を育てることに懐疑的だった。生涯、イタリアを一歩も出ず、ましてや船旅など経験したこともなかったアエリアヌスは、海の知識のないことになんの引け目も感じることなく、数々の奇想天外な世界の話を後世に残している。

サルは動物でも屈指のいたずら好きのようだ。人間の物まねはわけてもひどい。あるサルなどは、赤ん坊を風呂に入れている乳母の様子を遠くからうかがい、まず服を脱がせて、入浴後にまた着せつけるやり方を頭に入れると、赤ん坊を寝かせた場所をしっかり見定め、一部始終を観察していた開けっぱなしの窓からすきを狙って部屋に飛び込んだ。次に、ベッドの赤ん坊を抱え上げたサルは、先ほどの乳母をまねて服を脱がせ、風呂おけを取りだして（たき火で沸かした）熱湯を哀れな子どもに注ぎかけた。こうして物まねが高じた結果、とうとう赤ん坊を悲惨このうえない死に追いやったのである。

真偽のほどはさておき、後世の本でくり返し語られたアエリアヌスの話は、逆にサルを育てようとする人間にきわめて重大な警告を与えている。研究者が幼児期から類人猿を育てる場合、その目的が言葉を教えるためであれ、金もうけのためであれ、ほぼ例外なく愛情たっぷりに彼らを扱う。やむを得ないとはいえ、あんなにかわいがって育てた愛らしい赤ん坊が、まるで男性の獣性がむきだしになっていくごとく、手に余るほどの怪物に変身することに人はみな戸惑

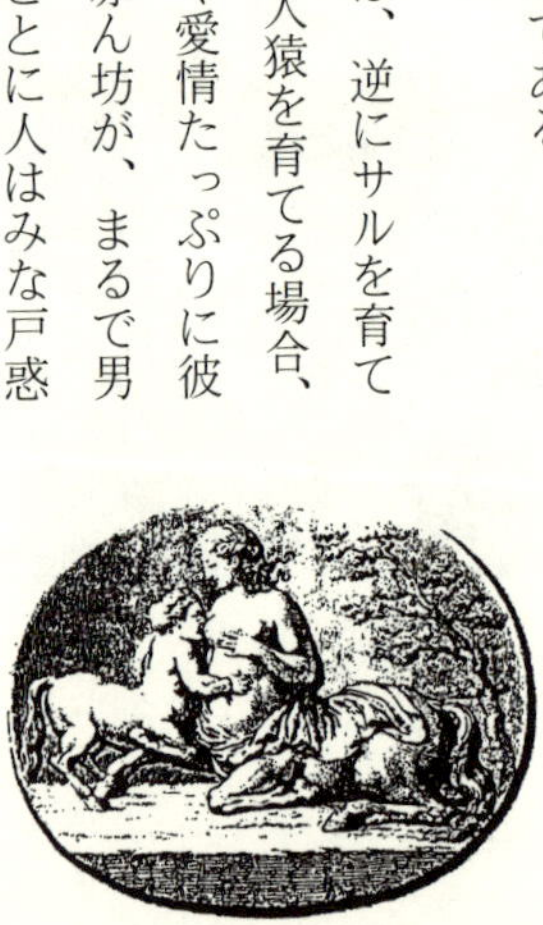

「授乳するケンタウロス族の母親」、銅版画、18世紀。

いの色を隠せない。だから、有名人のご多分にもれず、オオカミ少年／少女たちも発見後の数年間はもてはやされるが、決まって惨めな最期を遂げている。おかげで、研究もそのたびに期待はずれの結果に終わった。

オオカミ少年／少女たちは「高貴なる野蛮人」どころか、必ずといっていいくらい臆病で生気がなく、知性のかけらも感じられないことが判明した。甘やかされずに育ったからいいわけではなく、きちんとしたしつけの不足がかえってひどい状況を生みだしていた。要するに、同種の社会で育つことができない人間は完全に成熟した存在にはなれない、ということである。物事の善悪は一連の手順を踏んで頭のなかにたたき込まれていくのだ。

現代、アメリカ人心理学者ハーローの感動的な実験によって、やっと私たちはこれが真実であることを痛感するに至った。人間では支障があってもサルであれば問題ないだろうと考えた彼は、生まれたばかりの子ザルを母親から引き離し、代用母として針金でつくったもの、柔らかい布製のもの、ほ乳瓶を取りつけたものをそれぞれ与えた。すると、模型よりも柔らかい布への愛着が強いことが分かった。この布で多少なりとも安心感を得た子ザルたちは、鉄製の人工代用の母と暮らすはめになった連中と比べ、後にそれほど情緒不安定を来さずにすんだ。かといって、暖かみだけでは完全な人間になることはできない。この点に関しては、オオカミ少年／少女たちが身をもって証明している。動物に暖かい愛情で、しかも授乳までされて育ったと思われる彼らも、人間らしい人間への成長を促す刺激はついに得られなかった。

「高貴」でなかったばかりではない。野生児たちは初期言語も口にせず、わずかに聞き取りにくい音をつぶやいたにすぎなかった。「何時間もぶっ続けになんとももの悲しいうなり声」を上げたが、そのオオカミに似た鳴き声は一貫性のない意味不明な音で、「話す」チンパンジーのほうがまだましだといえた。誕生後しばらく人間社会で過ごしたカスパー・ハウザーは例外的に筋の通った話ができたのに対し、カマラは四五の単語を知りながら、それを組み合わせて意味のある文章を話すことは一度もなかった。最新の例としては、カスパー・ハウザーの女性版イザベル・ケレスマがいる。ポルトガル人の母親から八年間も鶏舎に閉じこめられていた彼女は(「職場に子どもを連れていけなかったからよ。ほかにどうすりゃよかったっていうの」)、一九八〇年に解放されたとき、腕をあたかも鳥の羽根のように動かし、「ピーピーという鳴き声」しか出すことができなかった。

オオカミ少年/少女は本当に存在するのか。オオカミやクマが人間に授乳するのは自らの意志でだろうか。そんなこと、野生児本人に聞けばいいじゃないかというかもしれない。しかし、ポーランドの修道院に保護されたクマ少年について、コナーはこう記している。「幼児期のことをよく覚えていないのと同じで、森での暮らしを彼に尋ねても、何ひとつ答えが返ってこなかった」。

さらには、解剖学上の反論もある。父オオカミがどんなに注意深くモーグリを口にくわえたにしても、本物のオオカミは人間の子どもをかすり傷ひとつつけずにそうやって運ぶことはできない。人間の首筋がぶら下げられるような構造をしていないためだ。赤ん坊にしろ、首をくわえられてじっとしているはずがない。おそらく、とたんにじたばたもがき、オオカミのきばで一命を落としてしまうだろう。この点からも、サルが人間の子どもを育てることはあり得ないといっていい。赤ん坊の手は二本しかなく、四本でしがみつくわけにはいかないのだ。それでも、オオカミ少年／少女の話を一概に無視できないのは、動物界には現に他種の子を育てる例があるからである。

子育てはだれがする?

授乳中の雌イヌがわが子と一緒に親のない子ネコに乳をやるのはよくある話だ（アメリカ人獣医ボニー・ビーヴァーによれば、こうして育った子ネコはイヌと同じく片足を上げておしっこをするらしい）。その逆のケースについても、チャールズ・ダーウィンが報告している。

ネコが育てたイヌは、脚を舐めたり、耳や顔をそれでこすったりというネコ特有の動作をするとドュロー・ド・ラ・マルは説く。かの有名な科学者オードワンもこの点を認めていた。ほかにもこれを証明する例は数多い。ネコに授乳はされなかったが、子ネコに交じって育てられたイヌも、上記の習性を身につけ、一三年間の生涯を閉じるまでそれをやめることはなかったという。ドュロー・ド・ラ・マルのイヌはまた、子ネコそのままにボールを前脚で転がし、それに飛びかかるというしぐさもしたそうだ。

哺乳動物同士のこうした習性の混同は、大衆新聞でもおなじみのテーマである。動物園の動物の大多数が雌イヌを里親としているのだ。嗅覚が鈍く、においで自分の卵かどうか判断できないトリは特に惑わされやすい。コウノトリの卵のふ化にチャボの力を借りる、オランダの鳥類飼育場ヘット・リースフェルトを筆頭に、たくさんの希少鳥類の飼育場がニワトリの抱卵に頼っている。こういった現象は野生にも見られ、この手を使えばヒワにノドジロムシクイのように鳴かせることも夢ではないだろう。

まさにこうした卵の混同に乗じてその生命をつないでいるカッコウは、外観上は見分けのつかない卵を異種のトリの巣に産みつける。しかも、カッコウのひなはふ化するとすぐに、里親の卵を巣外に放りだしてしまう。里親はそんなひなを懲らしめもせず、わが子を育てるときにもましてせっせとえさを与える。くちばしが大きくなれば、それだけえさの調達にも拍車がかかるのだ。開いた口を見ると矢も楯もたまらずえさを与えたくなる、親ドリの悲しい性《さが》。巣に帰る途中、息継ぎで水面にひょっこり顔を出して口をぱくつかせているコイにさえ、わが子のためとしこたま調達した食料を差しだす。とはいえ、なんといっても驚異的なのは、両親から見放された三匹の生まれたてのミニウサギの子に、自分のそ嚢《のう》乳を与えた雄バトのドルフの例だろう。ミッデルブルフの町で同じ小屋に住んでいたその両親とはまんざら知らない仲でもなかったドルフは、食事時間きっかりに抜け穴を伝い、子ウサギたちのいる小屋にこっそり入っていった。

もっとも人間が育てる動物は何種類にもおよぶ。ニューギニアの子ブタのように母乳で育つ場合もあるが、たいていはほ乳瓶で授乳する。別にそれが悪いというわけではない。だが類人猿などでは、仲間の社会と離れて人間に育てられると、成長して子どもができてもどう対処していいか分からず、きちんと子育てができなくなってしまうのだ。ハーローが人工授精して子どもをもうけた母ザルは、同種との交尾の経験がないため雄ザルを寄せつけようとせず、生んだばかりの子ザルの頭を地面にたたきつけた。

この事態を重く見た人間は、現在、これに対する防御策を講じている。いうまでもなく、手本となる仲間の群れのなかで成長できればそれに越したことはない。しかし、そうした群れが周りにいない、オランダのアペンヒュール動物園のゴリラのような場合、母性愛のレッスンを行なっている。まず、看護婦がテナガザルを使って赤ん坊のやさしい抱き方を教え、次に園長の友人が妊娠中のゴリラの檻のすぐ前で自分の赤ん坊に母乳を与えた。結果は良好だった。

お互いに子育てし合うとなると、おのずと刷り込みも起こってくるのではないだろうか。赤ん坊のときにオオカミ少年／少女がオオカミに、クマ少年／少女がクマに刷り込まれれば、大人になってオオカミやクマと交接したいと願うのは当然だろう。残念ながら、こうした子どもたちは幼くして亡くなるケースが多く、これを身をもって立証した者はまだいない。四〇歳まで生きたヴィンセントや、六五歳で死んだインド北部の古都マトゥラーのマン・シンなどがいるにはいるが、彼らは身体的に成熟しただけであって、その精神年齢は大きくなっても幼いままだった。それに、オオカミ少年が雌オオカミに、サル少年が雌ザルに引かれるなんてことも、実際に起こるとはとても信じがたい。私たちの思い描く彼らの恋の相手は、一連のターザン映画を見れば一目瞭然だ。「ぼく、ターザン。きみ、ジェーン」。そう、人間の女性である。

といっても、多少の刷り込みは否定できない。人間だけでなくウシにも囲まれて育った牛飼いの少年や、イヌを自宅に飼っている都会の少女が、長じて人以外の恋の相手を選ぶとしたら、その一番手はウシやイヌである。たとえ異種でも、いくらか見慣れた相手でなければその気も起きない。

吸血は獣姦のはじまり？

体液は通常、大量に流れだすことはなく、細胞やその一部に収まっている。しかし、生きとし生ける者に活力を与えている液体といえば血液だが、この生気に満ちた体液はどの臓器よりも重く、おまけに外部に流れだすことがある。仮にも液体を「臓器」と呼ぶにはいささか抵抗があるものの、体重の五％から一〇％を占め、全身の各組織をくまなく貫流している血液は紛れもなく臓器の特性を示す。

生命を育む血液は、もうひとつの生命の水、乳の源泉でもある。一リットルの母乳をつくりだすのに、四〇〇リットルの血液が乳房に栄養を送り込んでいる。だから、適度にあらゆるものが含まれているこの希釈された血球スープは、滋養の点で母乳にはとてもかなわず、異種間の媒介役を務めることはめったにない。もちろん、ノミ、一部のカやシラミ、それにセンチュウなどの原始的魚類やヒルのように（これでほぼ全部）、吸血して自らの血液をつくっている者もいる。このため、自分の血を吸った満腹状態のカを殺せば自殺したに等しく、壁紙のしみの半分以上は自身の血で染まる結果となるだろう。

昆虫はあたりを少々嗅ぎ回ったあと、獲物の体に針を突き刺して血を吸いだす。体内で一番重い臓器を吸血昆虫に移すこの行為は、どこか交接を思い起こさせる。あまり嬉しくない愛情表現とはいえ、これによって私たちの血液の凝固を防ぎ、強姦されたような気分をも味わうことができる。それも、針に変わる産卵管と血に飢える卵を持ち合わせているのは雌のみだから、強姦は雌からということになる。要するにカを殺すだけで、流血、殺人、セックスを同時に体験でき、スリル満点の気分が味わえるのだ。

「眠れるえじきを襲う吸血鬼」、19世紀の新聞小説『吸血鬼ヴァーニ』の挿絵。

哺乳動物のなかにも血を糧に生きている生物がいる。睡眠中のウシ、ウマ、ニワトリなどに忍び寄るこのチスイコウモリは、鋭い門歯で皮膚を傷つけ、そこから吹き出る血液を舐めとる。人間の血も好む事実は、一九世紀の旅行家で博物学者でもあったヘンリー・ウォルター・ベーツが書き残している。長らく使用されていない隙間だらけの部屋で過ごした、ブラジルでのある晩の出来事だった。

最初の夜はぐっすり眠っていたので、異常にはまったく気づかなかった。ところが、二日目の真夜中のことだ。私は無数のコウモリが部屋のなかを飛び回る音に目を覚ました。やつらの消したランプに火をともしたとたん、部屋一面を埋めるコウモリの大群が目に飛び込んだ。私の周りを群れをなして飛び回るその生物は、あたりをまさに真っ黒に染めていた。……同夜、入れ替わり立ち替わり私のハンモックに忍び寄ってくるコウモリを、数匹つかんでは部屋の壁へとたたきつけた。明け方になって、コウモリの仕業に違いない傷を尻に発見し、ひとりではとても手に負えないとようやく悟った私は、黒人たちの助けを借り、コウモリを追いだしにかかった。私が梁にぶら下がっているものすごい数のコウモリを撃ち殺す一方で、黒人たちは外から屋根にのぼり、子どもを含む数百匹を次々にしとめた。

南米では今なお、チスイコウモリの撲滅運動が大々的に行なわれている。過去には八〇〇〇個もの洞窟をダイナマイトで爆破したり、毒を入れたりして退治する方法も取られ、もっぱら有益に働く種にも悪影響をおよぼした。しかし、こうすることで、コウモリが媒介するウシやウマへの狂犬病の被害の拡大を防ごうとしたのである。このように、人間とコウモリの親しい交際は一般的にあまり歓迎されない。

だが、例外もいる。ベーツと同時代の第二七代ウォータートン公チャールズは初の自然保護者として名声を博したが、どちらかといえばその奇人ぶりで有名だった。イギリスの田舎の邸宅では宿泊客をテーブルの下にイヌのように寝そべらせ、ローマではサンピエトロ大聖堂のてっぺんにある金箔の天使の頭上に一本足で立ち、南米では生きたワニの背中に乗って（「こんなふうに背中にじっとしていられるのは、ダーリントン卿と何年も狩りをしてるおかげさ」）ある願いを心に抱いた。

いつの日かチスイコウモリに血を吸われてみたい。……寝ているときに血を吸うわけだからかまれても痛くないだろうし、わずかばかりの出血では大事に至ることもないだろう。そばにいるはずのかの有翼の外科医にメスを入れてもらおうと、いく晩もハンモックから足を投げだして寝ているのに、いまだ願いはかなえられていない。

コウモリが生血を吸いにくるのを待つ眠れる人間。そのなんともぞっとするイメージも、数かぎりない吸血鬼映画を目にしている私たちにはそう珍しくもない。ただし、映画では眠れる男の代わりに金髪の無垢な乙女が登場し、エロティシズムを醸しだしている。そのうえ、吸血鬼は必ずしもコウモリではない。

南米はもちろん、新大陸だけにすむチスイコウモリもまだ発見されないはるか以前から、人間の吸血鬼の話はヨーロッパで広く知られていた。出血多量で死ぬのなら、死人に血を飲ませれば息を吹き返すに違いない。昔の人はそんなふうに考えていた。このため吸血鬼は通例、生存中になんらかの悪事を犯して罪を償わなければならず、お墓でもおちおちゆっくりしていられない死人たちだった。ブラム・ストーカーは小説『吸血鬼ドラキュラ』を書き、そうしたさまよえる死人を描く東欧の民話に不朽の名声を与えた。実際に夜に生血を吸うコウモリの黒い翼を持つ姿は、往々にして黒いマントを羽織る人間の怪物にうりふたつだった。トリの羽根の生えた天使は善霊で、コウモリの翼を持つ悪魔は悪霊だということは、ヨーロッパの子どもの間ではもはや常識である。

今このときにも、吸血鬼の映画はどんどんつくられ、数多くのコウモリがさらなる乙女をその毒牙の犠牲にしている。吸血鬼物はひょっとしたら最も普通に見ることのできる獣姦なのかもしれない。舞台は決まってトランシルヴァニアあたり。残念ながら、生血を吸うコウモリはそのどこにも登場しない。彼らにとってそこはあまりにも寒すぎるのである。寒帯や温帯でコウモリを一定の温度に保とうとすれば、養分の少ない血液を大量に取らなければならない。オランダだったら、飛び立つだけでも莫大な量の血液が必要だろう。熱帯のコウモリは人間ひとり分の血液、五リットルを摂取して一年間を生き抜くが、オランダの場合は月にひとり分といったところだ。オランダは乳の流れる地であって、血はそれほど持ち合わせていない。

マックス・クリンガー、「セイレーン」。

粘液は性愛メカニズムの潤滑油

人間同士の親密な交際は、まず互いの口中に唾液を分泌する行為、つまりキスからはじまる。平均的欧米人は他人の歯ブラシを使うなんて夢にも思わないくせに、人の口のなかに舌を入れたいという願望は並々ならない。精液、血液、乳を交換するまでには至らなくても、唾液のやり取りであれば恋人同士ではごくあたりまえの行為だ。つばや鼻水を見て嫌悪感を催す人間が(ちなみに、ティッシュの製造用に伐採した森の樹木の数を調べれば、その国の文明がどの程度か分かる)、他人の唾液を口中に入れたいと願うのはその相手を本当に愛している証拠にほかならない。いうなれば、粘液は性愛のメカニズムの潤滑油なのだ。

チンパンジーでも然りである。口を大きく開けてキスする点は別にして、彼らの親しみを込めたあいさつはきわめて人間っぽく、幼児のブチュッというキスとも、かつての東洋圏のリーダーたちの抱擁ともつかない。好きな人間に対しても同様だ。だから、サンディエゴ動物園でチンパンジーからボノボに転属した飼育係は、これまでにない経験に大変なショックを受けた。新しいガールフレンドのキスを受ける少年のような誇らしげな気分でボノボから接吻された彼の口のなかに、突然生暖かくてヌルヌルするものが入ってきたのである。ディープ・キスは人間だけの専売特許ではないというわけだ。

それどころかイヌの場合、ディープ・キスはお手のものといっていい。親愛のあいさつとして、イヌたちはあの万能雑巾のような舌で相手を舐め回す。たいていの人間はべとべとの愛情表現にはうんざりだが、なかにはイヌを喜ばす、よだれまみれになるのもいとわぬ人間やバクテリアがいる。それで病気を移されないようなら、ディープ・キスも大丈夫に違いない。フィラデルフィアでは、イヌのための口移し式人工呼吸の講座に四〇〇人ものアメリカ人が参加している。忠実このうえない仲間が心筋梗塞に襲われた場合に備えてのことだ。ぜいたく病は今やイヌにまでおよんでいる。

若返りのために精巣をひとくち

一方、動物との交接など考えたこともない人間であれ、その精液なら喜んでのみ込む。食卓にのぼるカキ（オイスター）はたいがい死んでいるものの、その精巣（白子）は生きたまま食べることも珍しくない。なんの気もない場合もあるが、総じてエロティックともいえる思惑がありとうかがわれる。この卑猥きわまりない考えに、どの国の魚屋も二〇〇グラムもの白子を買う客には意味深なウィンクをしてよこす。ことに南米では、これは大変なごちそう（男性のみ）

で、何匹かいっぺんに子ウシを去勢したときなどには、サイコロを振って最大の精巣を取り合う。それに対し、北米の女性はもとより、南米のご婦人方も「子ウシの精巣（マウンテン・オイスター）」を食べることはめったにない。それはなぜか。料理ができないからというわけではない。ただ薄切りにし（その前に皮をむいて）、バターでゆっくり炒めていけばいい。彼女たちが心配しているのは、子ウシの精巣の作用で胸に毛でも生えやしないかということなのだ。そんな女性陣もたまには、お上品なパーティーで「シチメンチョウのフライ」、つまりその精巣をつまむこともある。

オランダでは、ヒツジの精巣のことをフランス語の“rognons blancs”をまねて「白い腎臓」と遠回しに呼んでいるが、それがかえってくすくす笑いを招き、性器のごちそうにエロティックな趣を与えている。古代ローマ人でさえ、去勢した雄ドリの精巣の煮込み料理に“minute apicianum”という遠回しな言い方を当てているものの、男性が自分の性的能力を向上させたいと願ってそれを食べているのは見え見えである。となれば、さだめし精力絶倫の動物の精巣が効果バツグンだと考えるだろう。

スペインの人々は、それを闘牛用の雄ウシ、しかも名闘牛場きってのどう猛な雄ウシとみなしている。このため、バルセロナの有名なレストラン「フロリアン」の雄ウシの精巣料理では、つけ合わせはニンニクやパセリのみではない。ウシの名前から、体重、略歴、血統、死亡の場所や日付、主役のマタドールの名前に至るまでの詳細も添えられている。といっても、ただ膵臓の味がするぐらいなもので、これらに含まれる精力エキスは私たちの気質を高めるまえに鍋で煮込まれ、消化管を通るうちに跡形もなく消え失せてしまう。これについて熟知していたフランスの医師セルゲイ・ヴォロノフは、自分こそがその解決策を見いだしたと思った。

一九二〇年代、ヴォロノフは若返りのために「サルの分泌線」を老人に移植した。年老いた陰嚢にサルの精巣の一部を縫合され、新たに活力を取り戻した男は、興奮する報道カメラマンたちの前で逆立ちし、上司である大将も手術して軍曹が若返ったようだと語った。ベッドは長年ただ寝るだけの代物だった男たちが、誇らしげに生まれたての息子や娘を抱いたうえに、手術のおかげでパスポートに記載された年齢にそぐわなくなった患者のひとりが、保険会社から支払いを拒否される事態まで生じた。老犬も例外ではなく、まるで永遠の若さももはや自由自在といった感じだった。コート・ダジュールの城に移り住んだセルゲイ・ヴォロノフは、そこで自分用に格別大きな類人猿を飼っているのではないかとうわさされた。やがてこの治療は世間の評判を呼び、ついには小説化されるにおよんだ。

フランス人作家フェリシアン・シャンソールの小説『ノラ』のなかで、はやぼけかかったアナトール・フラスは、フォリー・ベルジェールで黒人ダンサーとして人気の高かった雌ザルと恋に落ち、ヴォロノフ医師の治療を受けている。

『這う男』でのシャーロック・ホームズも、若い娘に熱を上げ、ローウェンシュタインという怪しげな科学者に類人猿の血清で手当てをされる、老教授にかかずらうはめになる。結局、教授に望みの効き目はあったものの、夜中に四つん這いで徘徊したり、寝間着姿で梢からぶら下がるなどという、ありがたくもない副作用まで現われた。これはきっと、類人猿の代わりにテナガザルか何かの血清を注入されたからに違いない。コナン・ドイル作品の主人公ホームズはこう結論づけ、不遜にも「最高の知性の持ち主も運命の定めた正道をいったん踏み外すと、どうやら動物に逆戻りするらしい」といった。

一九二〇年代も終わりに近づき、やっと類人猿の精巣に平安が戻ってきた。若いウマの精巣を使って、有名ながら年老いた種馬の優秀な精子を最後の一滴まで搾り取ろうとしたヴォロノフは、高い授業料を払い、飼い主の人間たちに比べて動物は暗示にかかりにくいことをようやく悟った。心臓移植の時代に生きる私たちには今や常識である、他人からの臓器移植はそれほどすんなりとはいかない、ということが次第に明らかになっていく。

そして一九二九年、男性ホルモンのテストステロンの分離が成功し、いよいよ決定的なものとなった。これによって、サルの分泌線がただのまやかしだったことが判明したのである。大衆がその効用を信じたのは当時の時代精神の影響だった、とヴォロノフの伝記を著わしたデーヴィッド・ハミルトンはいう。第一次世界大戦で多くの若者たちの人命が奪われたその時代、若い活力を求める声が高まった。上流階級の若者不足はとりわけ深刻で、イギリスやフランスの両帝国の将来を担うべき若き人材が台頭著しい下層階級に押され、「国家衰亡」の危機にさらされていた。一方、ヴォロノフが時代に受け入れられた背景には、精力絶倫の強姦者というサルに対する風評もあった。若返りはある意味で、霊長類の祖先の強さと復元力を取り戻すことでもあったのだ。

近年では、ウシやブタが上記の目的に供されている。サルの分泌線の移植はないにしても、他種の性ホルモンへの欲求はまだ消えたわけではない。合成ホルモンや家畜の性ホルモンを注入するようになった今、人はついに自分以外の性器の液体が全身に行き渡る感触を味わっている。

A・パウル・ウェーバー、「ご対面」、1962年ごろ。

性器のお味はいかが?

これに対し、雌の生殖細胞が食卓に上る回数は多い。どの卵サンドイッチにも二、三個は入っているこの細胞は大量に食べられ、チョウザメの卵巣であるキャビアは美食の誉れをいただいている。固形栄養物の卵黄が鎮座する卵細胞は、総じて精子よりも食べがいがあるといっていいだろう。かといって、男性の性的能力に効き目があるとされている精巣と違い、卵細胞は女性の快感を高めるために食べられているのではない。精子も卵子も、もっぱら男性の精力を向上させるものと考えられている。

性交の産物である卵のみならず、雌の性器も食べ物の対象として口にする。詰め物をしたブタの膣の調理法は、はるか昔の古代ローマの美食家アピキウスも紹介しているし、同郷の士プリニウスにしろ、流産した子ブタ(ejectitia)の膣は自然出産で誕生したもの(porcaria)のに比べ数段おいしいと述べている。また、妊娠した雌ブタを好んだマルティアリスに対し、ホラティウスは何はさておき膣のサイズにだけはこだわった。反面、私のローマ料理の情報源となった料理の大家ヨハネス・ヴァン・ダムによれば、ペニスは古代ローマ人ですら食べなかったという。彼が知っているのも、極貧のユダヤ教徒であるイエメン人家庭の料理ぐらいしかない。

まず、ペニスを湯通しして洗浄し、一〇分ほど煮込んだあと薄切りにする。次に、タマネギ、ニンニク、コリアンダーを油で炒め、先ほどのペニスを加えてさらに炒める。コショウ、クミン、サフラン、塩で調味したみじん切りのトマトをそれに入れ、蓋をして二時間じっくりと蒸し煮すれば出来上がりである。

とはいえ、そもそも適当なペニスの入手が困難だろう。オランダの法律では、解体後の残物はすべて処理してしまわなければならない。警察の皮のむちさえも輸入に頼っている始末だ。食べるなんて思いも寄らなかったのか、法律で禁じるのも忘れられている精巣のことを考えれば、ペニスはさぞかし美味ではないかという気がする。ところが最近、オランダの根っからの食い道楽の連中がそれに挑戦した。そのうちのひとりの話では、実際はそうでもなかったらしい。

血の飲食はご法度

血液にも同じことがいえる。傷口の血を自分でそっとすすってみる。なかなか悪くない、いやむしろ切ないくらいだ。だが、小さいころ、無理矢理食べさせられた血入りソーセージには、懐かしいなんて気持ちはさらさらわかない。そんなふうに考えるのはたぶん私だけなのだろう。フランスでは、料理界の面々が勢揃いして風変わりなトガに奇妙なベレー帽をかぶり、ブーダン（血入りソーセージ）を味わう手の込んだ礼拝儀式を行なう。それは原初の人々の血の儀式と非常によく似通っている。次のとおり、遅くとも旧約聖書で三番目に古いレビ記の当時から血の飲食はご法度だった。

イスラエルの家の者であれ、彼らのもとに寄留する者であれ、血を食べる者があるならば、わたしは血を食べる者にわたしの顔を向けて、民の中から必ず彼を断つ。生き物の命は血の中にあるからである。わたしが血をあなたたちに与えたのは、祭壇の上であなたたちの命の贖いの儀式をするためである。血はその中の命によって贖いをするのである。

イスラム教徒と同じく、ユダヤ教徒も動物を食べる前に必ず血抜きをしなければならない。もちろん、チベット族を筆頭に、一滴の血ももらすまいと動物を窒息死させる民族もいる。キリスト教国でも、血は救世主キリストの血を思い起こさせ、畏敬の念を持って取り扱われる。いずれにせよ、一六六七年のイギリスでは血は依然としてタブーだった。エドマンド・キング医師が人間の血管に子羊の血を循環させようとしたが、とにかくも輸血は「道義的な理由」から禁止されていた。これはおそらく、動物から取った液体で種痘をすれば「人間の堕落」を招くとする、一九世紀の種痘に向けられた反対理由と似たり寄ったりだったに違いない。

現代、そのタブーは徐々に効力を失いつつある。私たちは他人の血を、モルモットは人間の血をその体内に注ぎ込む。うちに秘めたるエロティックな動機は皮下注射や滅菌器ですっかり清められ、生物の血管から血管へと液体が注入されていく。そこにはどんなタブーも入り込む余地はない。こうした場合、邪魔物を明らかにするのは自然そのものである。血液ではまさしく、勝手に交換できない血液型や因子が関与している。まずもって動物の血を人間に輸血することはご法度で、人間の血にしろ、母体を死に追いやるような拒絶反応を防ぐため慎重に吟味したものしか使用しない。血液は液体だから、一見移植しやすそうに思われる。しかし、臓器の類いと同様、私たち人間や自分自身に特有の物質や粒子に満ちている。それは他人や動物のものとはことごとく相反するものだ。「善悪を知る樹」の木の実さながら、遺伝標識は禁断の境界をほのめかす。ほら、こっち、私を食べて、とね。

皮をまとうこと、脱ぐこと

体内の液体を交換することが一番親密な行為だとすれば、二番手はその液体が入っている容器の交換だろう。動物の毛皮をはぎ、それを自ら身につけることで、文字どおり他の生物の皮膚のなかに入り込む。つまり、他人の衣装を見せびらかしている、というわけだ。

つい先ごろまで、毛皮のコートを持つことは全女性のあこがれの的だった。一部の国では、今でもそうである。動物の皮を身にまとった姿はなんともなまめかしいうえに、奇妙にも実に教養ある雰囲気を醸しだす。成功のステータス・シンボルだったそんな毛皮も、反毛皮運動が起こって、驚くほど早く事態は一変してしまった。オランダでは今や、毛皮を着て歩くことは自分の無知をさらけだすようなものといわれている。わめき立てる若者たちの主張に、だれもよもや抵抗することはできない。この変わり身の早さは、ひとえに潜在的嫌悪感のなせる業だろう。外見は上品なイメージながら、毛皮には罪悪感ばかりか、流血や死に対するわだかまりが常につきまとった。

そこでお目見えしたのがフェイク・ファーである。ところが、かえってこれが功を奏した。人工のヒョウ皮を着た女性には、紛れもなく本物の雄ヒョウに向けたとおぼしき何かが感じられ、そうした点が男心を妙にくすぐるのだ。この結果、さもヒョウに変身したかのような気分で男どもは感情を高ぶらせ、ニセの雌ヒョウに秋波を送る。世間一般ではこうしたヒョウ柄は下品だと思われているが、それは単にその象徴するものがどぎついからにすぎない。下品ながらもセクシーなヒョウ娘はそんなことなどものともせず、レザー・スーツに身を包んだ人間の雄をしたがえて街を闊歩している。

一方、天然の皮から毛を除いたなめし革は女性っぽさを脱し、むしろ男性的な印象が強い。毛皮の女性たちが女の色香を楽しんでいるのに対して、革を着た男性は男気を意識し、同じ格好をした仲間にあこがれを持つ。そして、バイクを走らせたり、数々の革製品を見ては興奮を募らせていく。同性愛者であれ、異性愛者であれ、それを着るだけで気分が高揚するものだ。パウル・ヴァン・ヘルデルの『革服』によると、門外漢はこの現象を迷惑千万と思っているらしい。快楽志向が強く、動物的で野蛮きわまりないやつらと感じているようだ。確かに革とセックスは、手がつけられないほど複雑に絡み合っている。だから、同性愛者などがたむろするレザー・バーでナンパした相手をつかまえ、革服姿の少年が困惑して怒りだすなんてこともある。「革の着こなしがみごとだったんで男の子を自宅に連れ帰ったんだけど、セックスしだしたとたんにそれを全部脱いじゃってさ！」

毛皮やなめし革が引き起こす性的興奮は、どうしてもネクロフィリアに陥りやすい。なにしろ、当の動物が死なないかぎり、その皮を拝めないのだ。とはいえ、ヒョウ皮を着た美少女は魂が乗り移ったかのように雌ヒョウそのものになりきっているのに、レザー・スーツの少年は身にまとっている老ウシからはぎ取った死んだ皮と一心同体になることなど絶対できない。もとはどんな動物だったのかが重視されるヒョウ皮やモヘアのソックスとは違い、革の場合はどれであろうとあまり関係なく、毛と一緒にそのアイデンティティもそっくり抜け落ちてしまっている。

ウィレム・バレンツ号の船医メルヒオル医師のベストはなかでも秀逸だ。捕鯨の遠征途上、メルヒオルはクジラの皮でなめしの利く部分だけを加工し、ベストをつくったうえに聖書も装丁している。その部分とは、なんとペニスの皮だった。セックス、動物、死、宗教がこれほど密接に結びついた例はそうないだろう。

第7章　神と戒律

動物裁判はなぜ行なわれたか？

　動物は物である。この点については法律家も認めている。物である動物にはなんの権利もない。それがあるのは人間だけだ。人の感情を損ねないかぎり、まるでテーブルか何かのようにぽきりとイヌの脚を折ろうとも、オランダの法律ではだれも罰せられることはない。ランゲマイル教授の言葉を借りれば、立法者たちにとって「動物を悩ます痛み、空腹、渇き、疲れなどどうでもいいことなのかもしれない。だが、管轄内に動物の悩みに心をくだく住民、いやせめてその代表グループがいるかどうかぐらい気にかけて然るべきだ」。立法者がそんな調子だから、住民もさすがにイヌの脚は引き抜かなくてもハエでは平気で行ない、動物虐待にしろ、わいせつ行為や未成年者への飲酒強要、それに反社会的歌を禁じる法律で一緒くたに扱われている。オランダの食品産業が日に一〇〇万匹もの動物をひき肉にしてもなんのおとがめも受けず、

「ファレーズの教会前で処刑される豚」、アルチュール・マンジャン著『人間と動物』の銅版画。

それを食用にしたからといって裁判ざたにならないのもそのためである。

ランゲマイル教授の言葉が書かれたのは一九五四年。以来、管轄内に住む「動物の悩みに心をくだく住民」の「代表グループ」の数は、国内外問わず飛躍的に伸びた。オランダの「魅力的動物愛護財団」が魅力的な動物に親切にし、「オランダ動物保護警察官組合」が断固とした態度を示す一方で、アメリカでは「ビーヴァー保護派」や「動物の権利保護を唱えるユダヤ教徒」が活躍し、イギリスでも「チキン・リブ」が起こっている。スイスであれ、「動物の権利拡張および環境にやさしいペットの処遇のための消費者特別諮問委員会」がやがて全盛をきわめることになるだろう。しかも、女性だけでなく、少数民族、同性愛者、子ども、精神薄弱者が平等に扱われるようになれば、動物にも権利要求の権利があることを主張する者も増えていくに違いない。

確かにその言い分には一理ある。動物は物ではなく個性を持った生物で、主体であって客体とは違い、目的だが手段ではない。しかし、権利にはおのずと責任が伴う。動物が権利を持てば、その行為に対して必ず責任を負わなければならない。大半の運動家はこの点に気づいていないが、裁判所が動物を人間扱いしたら、裁判にかけるという事態も起こり得るはずだ。一五九五年、イヌのプロフェチはそれが災いして大変な目に遭った。子どもを殺害したかどで、ライデンの裁判所の行政官に告発されたのである。

去る日曜日の一五九五年五月九日、ヤン・ヤーコプス・ヴァン・デル・プールなる子どもをかみ殺したプロフェチ（容疑者）に有罪がいい渡された。罪状は以下のとおりである。

「野獣姿の悪魔と戦う老女」。

叔父と遊んでいた子どもの手中の食べ物を前記のプロフェチがひったくり、先の子どもにかみついた末に右手の中指に重傷を負わせ、出血多量でショック死させた。これを知ったエイセル氏がプロフェチを拘留し、拷問や足かせすることなく白状させた結果、事件が明るみになった。

ライデンの裁判官は……そこでただちに有罪の判決を下したという次第である。後日、慣例にしたがって罪人を街のフラフェスティン広場に引き立て絞首刑にしたうえ、その死体を荷車に乗せて刑場に運び、見せしめにつるしたままの姿をさらすことになっている。

絞首台からぶら下がっている死体を見て、ライデンのイヌたちがどれだけ殊勝な気持ちを抱いたかどうか怪しいものだ。私たち現代人には、復讐を未然に防ぐためとはいえ、拘留して結審するこうした裁判はいくらなんでも手厳しいように思えてならない。この騒ぎだけでイヌをなぜ絞首刑にまでする必要があったのか。どうやら社会の秩序を維持するには、こうするよりほかなかったらしい。無法状態となっていた当時、なんらかの手を打たなければならず、神のおきてであればなおさらだった。

動物裁判はいわば儀式で、古代から綿々と続く善悪の闘いを再現していた。裁判官にとっては、動物が物かどうかなど関係なかった。神の創造物である動物もまた善なり。問題はその一点だった。動物を糾弾することは神の創造物を批判することにもなりかねない。では、善なる生物ながら邪悪な勢力、つまり悪魔にとりつかれたとみなしたらどうだろう。ひょっとして悪魔をこの世から一掃できるかもしれない。そのためなら、動物でもなんでも殺してしまえ。そう考えた当時の人々は、被告席、自白、最後の食事、執行人の手袋、弔鐘などの儀式的な手続きに異常なほどこだわった。狂犬がその行為に責任を負うべきか否かなんて、今の私たちにはおかしくて話にもならないが、当時の裁判官たちにしてみれば大まじめな問題だったのである。

ここでいう「当時」は、キリスト教時代のほぼ全般、中世の昔から一九世紀に至るまでを指している。動物裁判が主に行なわれたのはフランスだが、ドイツ、イタリア、スウェーデン、オランダ、アメリカでも、子どもをかんだブタ、農夫を角で突いた雄ウシ、作男を誘惑した雌ロバは絞首刑や火あぶりに処せられた。ロシアで有罪となった雄ヤギも昔ながらのシベリア流刑となった。さらには一四五七年、フランス人のジャン・マルタンという子どもの死体のそばにいた六匹の血まみれの子ブタの場合、いったんはその母ブタの共犯者と判決が下ったものの、証拠不十分で保釈されている。処女をかどわかしたウマなどの役畜は、とりわけ刑が重かった。しかも、刑罰の対象は犯した罪ばかりではない。未遂であろうと追及された。暴行された者が出ると、古代ドイツの法律にのっとって家中の動物が解体されたが、その理由は犠牲者を助ける努力を明らかに怠ったからというものだった。イギリスではまた、オウムを証人として喚問すらしていたらしい。

人間の責任を押しつけられ、悪魔にとりつかれているとされた動物は、その信心深さでも裁断された。一三九四年のモルテーニュでは、聖餐用のパンを平らげたブタが神聖冒瀆罪で絞首刑になっている。殺した子どもの一部を食べたブタも、当日が金曜日だったせいで断食のおきてを破ったとみなされ、さらに重い罰を受けた。このように宗教上の違反に対して俗世の刑罰を与える一方で、俗世の違反を宗教的に罰することもあった。

個々に被告席に連れてくるわけにはいかない昆虫やネズミなどの大群は、祈禱や歌を必ず唱えたあとに教会裁判所によって破門を宣告された。とはいえ、見せしめとして、破門が申し渡されている最中に法廷で大量の動物が殺される場合もあった。このため、神が創造した植物は人間のみならず昆虫の食べ物でもあるとうまくいい逃れて無罪放免となった昆虫は、教会当局がとやかくいっている間、ときとしてしばし冬眠をした。事実、地元のワインの生産量を脅かすカブトムシに対してサン・ジュリアン教会が提訴した一五四五年のケースは、あまりにも延々と裁判が続いたせいで判決文の最後の頁が虫に食べられ、肝腎の結果がどうなったか定かでない。

旧約聖書では獣姦は死刑

動物を裁くその複雑怪奇な考え方は、現代の私たちには到底理解できないものだ。しかし、そんな当時であれ、獣姦の判決理由はいたって分かりやすかった。黙示だけでなく、冒険物語やポルノ的な記載も多い聖書のレビ記でも、その点を明示している。

動物と交わって身を汚してはならない。女性も動物に近づいて交わってはならない。これは、秩序を乱す行為である。……

動物と交わった男は必ず死刑に処せられる。その動物も殺さねばならない。

いかなる動物とであれ、これに近づいて交わる女と動物を殺さねばならない。彼らは必ず死刑に処せられる。彼らの行為は死罪に当たる。

「彼らの行為は死罪に当たる」とは、いやはや、人間も動物も石打ちの刑にでも処せられたのだろう。古代人のこんな悪態が耳について離れない向きもあろうが、聖地パレスチナにユダヤ人より先に住んでいたヒッタイト人でさえ、それほど厳しくはなかった。ウシやイヌと「寝る」のはさすがに死刑だったものの、「ウマやラバなら刑罰も受けずにすんだ。ただし、その行為は王の身近では許されず、そうした経験者は聖職者にも不向き」とみなされていた。どこがどう違うのか分からないこの差は、性行動の規制よりも相手の動物が清いかどうかに重点を置いたことで生じている。厳格な法をうたう旧約聖書は、聖地の先住民に対してこうきっぱりと異議を唱えた。「これらはすべて、あなたたちの前からわたしが追放しようとしている国々が行なって、身を汚していることである。これらの行為によってこの土地は汚され、……」。

旧約聖書に根拠を置くユダヤ教の聖典タルムードでは、未亡人がイヌを飼うことすら許さなかった。イヌのほうに魅力を感じ、本物の男性に見向きもしなくなるのではとおそれたのだ。同様に、半人半獣の神を表現することも禁じられていた。エジプト人やギリシア人が描いた動物の頭や胴体を持つ神はご法度で、いわんや動物の姿をした神などもってのほかだった。「神の子羊」は「金の子牛」にも引けを取らないほど、敬虔なユダヤ教徒に忌み嫌われている。

一方、ヴォルテールをはじめとした反ユダヤ主義者は、旧約聖書の獣姦に対する非難をこれ幸いとばかりに利用した。

レビ記では、砂漠をさすらうユダヤ人女性を厳しく非難している。だが、彼らの身になってみれば、今なおラクダで汲みにいかないと周りに水などない国で、体を洗えというほうが無理だといわねばならない。清潔な服や靴も望むべくもなく、とても信じられない話だが四〇年間もずっと一張羅を着続けている。服を着替えることのない彼らのにおいに、雄ヤギはきっと自分の仲間の雌だと間違えてしまうだろう。こんなに似ているのだから、互いにその気になったとしてもなんら不思議はない。

一六世紀フランドルの法律家ヨースト・デ・ダムハウデレは法規範を説く教本のなかで、キリスト教徒とユダヤ教徒との性交をソドミーとみなし、聖典をユダヤ人に不利なものとした。子だくさんのユダヤ人女性とパリに住んでいたジャン・アラールなる男性も、ソドミーの嫌疑をかけられ、その恋人とともに火刑に処せられている。「ユダヤ人との性交はイヌと交接するにも等しい」というのがその理由だった。これはどうみてもいいがかりとしか思えない。ここでいうソドミーが何を指しているかはいうまでもないが、これとは違う意味もほかにある。

そもそもソドミーという語は性的な背徳行為を意味し、それが原因で神に滅ぼされたソドムの町の名に由来している。とはいえ、この背徳行為が正確には何を示していたのか、今となってはだれにも分からない。そのせいか、獣姦ばかりでなく同性愛にもこの言葉を当てはめるケースがままある。ニューヨークの法規範では、いまだに「鳥獣との性交」、「肛門や口を介しての性交」、「死体との性交」をソドミーと呼んで罪悪行為としている。それにもましてあいまいで分かりにくいのは、ヨーロッパの法律家が長年用いてきた「口にするのも汚らわしい破廉恥罪」という表現だろう。そんななかでどうにか的を射た明解な言葉といえば、ラテン語まがいの専門語でお茶を濁さなかった心理学者の「獣姦」や「ゾーフィリア」（動物性愛）である。

獣姦は恨みを晴らすために利用？

ユダヤ教を受け継いだキリスト教でももちろん、獣姦はタブー視されていた。むしろ、努めて厳格にしていたぐらいだ。聖地の先住民にあからさまに反感を示したユダヤ教徒にも負けず劣らず、キリスト教が誕生して一世紀の間、信者たちは自制に自制を重ね、ローマ人などの異教徒たちと一線を画す努力をした。それはさして難しくもなかった。なにせ、姦通したうえに奴隷をたらし込み、オージーというらんちき騒ぎまでも信奉していたローマ人には、獣姦を取り締まる決まりさえなかったのだ！　古代ローマでは、同性愛に対する法令はあっても、一般市民の倫理観が違法かどうかなど気に留められなかった。それに対し、キリスト教徒はどんなわいせつ行為も楽園追放に至る原罪とみなし、憎悪の対象とした。生殖を目的としたセックスだけは認めながら、模範的な生活に徹したいと願う者はそれをも慎んだ。ライオンから食べられるんじゃないかと絶えずハラハラはしても、初期キリスト教はあまりうきうきするような宗教とはいえなかった。さらに、旧約聖書ほどには法的効力はなかったものの、新約の戒律でも「汝姦淫するなかれ」といっそう高らかにうたっていた。

使徒パウロもコリント人への手紙にこう書いている。「みだらな行ないを避けなさい。人の犯す罪はすべて体の外にあります。しかし、みだらな行ないをする者は、自分の体に対して罪を犯しているのです。知らないのですか。あなたがたの体は、神からいただいた聖霊が宿ってく

ヒューホ・ファン・デル・フース、「原罪」、1470年ごろ。

ださる神殿であり、あなたがたはもはや自分自身のものではないのです」。

だから、生殖に結びつかない他種との交接は当然のごとく厳禁だった。性器に触るのさえ、自然の理に反した行為とみなされていた。といっても、色欲からそんなことをしようものなら大罪に問われたが、ただの好奇心でやったのであれば小罪ですんだ。

牧畜などでやむを得ず動物の性器に触れる場合は、年かさの既婚者が行なうべし。一九二七年ごろでもまだ、教会ではそう勧めていた。かといって、あくまでも行きすぎは禁物だった。人間と動物の交接は「姦淫に比べてもおぞましく」、「その配偶者は夫もしくは妻としての義務を放棄してもよい」とされた。

ちなみに、旧約聖書の戒律では原則として石打ちだった死刑が、キリスト教の新約になって火刑に取って代わった。一六世紀から一八世紀に盛んに行なわれた獣姦の裁判については、紛失した書類も多いとはいえ、何百件もの記録が今なお保存されている。それを見るかぎり、一般的に痴愚が犯す行為とされた獣姦の（よって死刑の）判例は、どうも邪魔な結婚相手を追いだしたり、恨みを晴らしたりするのに格好の手段として利用されていた節がある。ヴィルヌーヴ＝ラシュヴェック出身の二六歳のラバ引きの御者、ジャン・ド・ラ・ソワーユの裁判がその典型例だ。一五五五年一一月二〇日、次の証人尋問が行なわれている。

M・ド・テロンがジャン・ド・ラ・ソワーユをロバの世話係として雇い入れたことについて、前々から知っていた桶屋のエーモン・グルーパンによれば、前記のド・ラ・ソワーユはことのほか拘留中の雌ロバをかわいがり、ほかのロバとは別の小屋で眠らせていたという。

町で食料品店を営む前述のジョス・ヴァルクロワンもまた、ド・ラ・ソワーユは名うての獣姦者で、人一倍世話を焼いていた雌ロバを相手にぞっとするような変態行為を行なっていたとする話を、ラ・ビッシュという若い店員からくり返し聞かされたと証言している。一方、ド・ラ・ソワーユがその行為におよんでいる現場に何度も出くわしたことのある、宿屋の主人ロジェ・デュムーランは、被告人が逮捕された当月の一三日土曜もそれを目撃したと話す。

結局、被告人は有罪をいい渡され、問題の雌ロバが引く幌なしの荷車で刑場へと向かった。町の大広場の柱に立てかけた梯子に死刑囚をつるしたまま、「その眼前で先の雌ロバを焼いたあと、本人を絞首刑にして雌ロバを焼いた火中に死体を投げ込む手はず」となっていた。

このとき「身の毛もよだつ事件の痕跡を一切残さぬよう」、判決文も一緒に焼かれるのが普通だった。ところが、高等法院の検察官だったシモン・グーレットが貴重な判例を一冊の本にまとめたいと願ったおかげで、四〇例のコピーが国立図書館《ビブリオテーク・ナショナル》に収蔵されることになり、ド・ラ・ソワーユの裁判記録も難を逃れたというわけである。このなかに、一六二二年に三五歳でその命を絶たれた馬車製造業のアントワーヌ・ド・ラ・リューの判例もあった。

薬店主レーモン・パルディアの証言では、去る四月一八日火曜に前記のアントワーヌ・ド・ラ・リューが来店し、痛み止め用の軟膏を買い求めた。痛みの個所や原因は尋ねて

「淫魔：狐に変身する女」、匿名浮世絵。

も答えたくない様子だったが、性交か何かで皮膚が擦りむけたらしいことは一目で分かった。にもかかわらず、彼はその日、ド・ラ・リューの求めに応じて軟膏を手渡している。

ド・ラ・リューの弟子で別名「脳天気」と呼ばれるトーマ・ルフェーヴルは、雌の白馬と親方が馬小屋でいつも交接していることに気づいていた。それどころか、もともと白馬を購入した目的もこの相手をさせるためだった、とルフェーヴルは証言する。さらに、慣例にしたがって真実のみを述べることを宣誓したあと、被告の妻アンジェリク・ルネ・ミヨーは次のように語った。ウマと連日交接する夫に悩まされながらも愚痴ひとつついわず耐えていた彼女に、前記のド・ラ・リューはまともな夫婦にあるまじき変態行為をしつこく強要してきた。夫をどうしても

同、匿名浮世絵。

受け入れることができず、部屋も別にしていたが、ある晩、就寝中に不意をつかれて夫のむかつくような欲望の犠牲となった。

上記について、被告人は全面否定している。ただし、妻を何度か棒でたたいたことは認めた。妻の浮気相手だとド・ラ・リューがいう薬店主パルディアと手を切るのを、彼女が拒んだせいだった。

ふしだらな妻が愛人とでっち上げた証拠など取るに足りない、と彼は高をくくっていた。しかし、事はふたりの思いどおりに運んだ。一六二二年六月二二日、ド・ラ・リューの有罪が確定し、ほどなくしてモンパンシエ市場の一角で絞首刑に処せられた。死体は絞首台の下で例の白馬と一緒に焼かれ、その骨灰は今なお風に舞っている。

動物にだって言い分はある

絞首刑にされたうえに火あぶりになるとは二重の罰を受けているようだが、実際もそういう意味合いがあってのことだった。わけても欠かせなかったのは火あぶりで、これによって世の中の邪悪を一掃できると信じられていた。絞首刑は火で焼かれる苦痛を多少とも和らげるためのものにすぎなかった。ときにはいくらか焼いたあとに、首を絞めて火あぶりにするという方法も取られた。動物の場合は頭を一撃して殺し、火中に投げ入れるのが常套だった。オッテンドルフで起きた一六八四年の判例では、動物を虐待した当事者はその相手の雌ウマの下で焼かれなければならない、と明記している。とはいえ、火あぶりを免れるケースもないわけではなく、一六〇九年のニーダーラートの男とウマのケースは処刑後墓穴に埋葬された。

それればかりか、例外的に死を免れた動物もいる。E・P・エヴァンズの『動物の刑事訴追と死刑』に登場する、ジャック・フェロンとの性交渉で一七五〇年に逮捕された雌ロバがその幸運を射止めた。死刑となった主人から力ずくでやられたのであって、自発的にその罪に加担したわけではないと認められたのだ。それもこれも、四年前から雌ロバを知っているという地元高官たちが口を揃えて証言したおかげだった。家の内でも外でも絶えず品行方正に振る舞い、人に迷惑をかけたためしのない雌ロバに関して、ヴァンヴルの高官は「進んで証言台に立ち、その日ごろの言動や生活態度からも違反など起こすはずがないと述べた」。この刑罰を軽減する証言は、人間も動物も罰を受けなければならないとする聖書の戒律に反旗を翻しただけではない。倫理上や法律上の考え方にも背いている。後者については、人類への神の言葉をまとめたデ・ダムハウデレの著書に詳しい。

罪を犯してもいない動物がなぜ罰を受けるのか。違反がどんなことかも理解できない連中に、罪が犯せるわけがない。自らの意志で犯してはじめて罪といえるのに、分別のない野獣には自由意志などないのだから、やましい気持ちも当然起きないだろう。よって、分別して個々の罪を犯したと考え、動物を罰するのはおかしい。むしろ、大罪をしでかした人間の手先となったために死刑に処せられたとみなすべきである。罪の報いで理性ある人間が悲惨な死を遂げながら、理性のない動物がのうのうと生き続けるのは、どう考えても屈辱的で耐えられない。そういう意味で、前記の手先、すなわち動物は分別がなくとも人間とともに罰せられるのが当たり前と思われる。

獣姦は法律違反か？

獣姦の裁判が頻発した時期とほぼ同じころに魔女狩りも全盛期を迎えたのは、単なる偶然ではない。獣姦であれ魔術であれ、人間と動物が結託して悪魔の所業を行なうと考えられていた。融通性に長けたサタンのこと、魔女の手下になる動物はなんでもかまわなかったが、一番相性がよかったといえば、当時人気ががた落ちしていたネコだった。夜行性で闇夜に突如光る目が浮かび、おまけに九回も輪廻転生するネコ。特に黒ネコは悪魔の手下としてはうってつけだった。この結果、ネコの飼い主はその肛門にキスをする魔女という流言が飛び交い、数々の魔女の火刑で道連れにされたネコがごまんといた。魔術が異端と結びつけられていた当時、異端者に飼われていたネコはなんともお気の毒としかいいようがない。

そのころ、すし詰めとなったヨーロッパから人があふれだし、アメリカへの移住がはじまっていた。しかし、新世界に若い女性を連れていけばいいものを、古代の法律のほうを懸命に持ち込んだために、かの地でも痛ましい運命に見舞われるはめになった。一六四二年、一八歳のウィリアム・ハケットは、マサチューセッツ植民地でペニスをウシに挿入した罪に問われ、死刑に処せられている。イギリスの農場ではそんなことは日常茶飯事だという弁護もむなしく、ハケットの眼前でウシが焼かれ、その後彼も絞首刑となった。

同年、歴史書『アメリカにおけるキリストの偉大な御わざ』によれば、「ニューヘヴンの前代未聞の魔術師が……忌まわしい獣姦のかどで処刑された」という。ポッターとかいうその死刑囚は年のころは六〇歳で、「キリスト教を信仰し、罪深い者を改心させようと心血を注ぐ反面、半世紀近く恥知らずの獣姦におぼれていた」。妻は一〇年も前から雌イヌとの現場を目撃していたが、夫のたっての願いで一言も口外しなかった。「身代わりの贖罪という意味もあったのだろうか」、彼は後にその雌イヌを絞め殺している。そしてこの年、自らも絞首台に送られたポッターの目の前で、「度重なる獣姦の犠牲となった未経産の二頭を含む雌ウシ三頭、それにヒツジ三四、雌ブタ二匹が殺害された」。

獣姦が死罪だった昔から、裁判官がもっとましな事件を扱うようになる現代への転換期はいつだったのか。それがフランス革命の時代だったことは火を見るよりも明らかだ。この時期、モンテスキューを筆頭にした啓蒙思想家の主張どおり、宗教と国家、道徳と法律、神と戒律が分離された。神への復讐の日々に別れを告げる時代がついにやってきた、とモンテスキューは語っている。代わりに、神をたたえるときを迎えたのである。

道徳が法律から良心の手に移ると、一転して獣姦を犯しても死罪とはされず、せいぜい友だちをなくすぐらいですむようになった。これはフランスだけにかぎったことではない。フランスの影響下にある国々でも事情は同じだった。ナポレオン時代の到来を機に道徳と法律の分離のたがが緩むこともままあったが、革命以来、イタリア、スペイン、ポルトガル、ルーマニア、ベルギー、オランダ、そしてもちろんフランス自身の民法には獣姦という題目が登場することはない。当時は自由な時代精神にあふれ、「フランスの刑事法には獣姦を取り締まる規定がない」と一九一二年の時点でもなお憤慨していたフランス人医師、ルーシャン・ナスなどの純潔擁護派の主張にも決して屈しなかった。「たぶん、あまりにも悪辣な行為は取り組む価値もないと考えられていたからに違いない」。

ドイツやイギリスでも道徳と法律は分離されたものの、獣姦は法律に違反するものという見方はその後も根強く残っていた。人口増加に歯止めをかけ、夫婦関係を危うくし、大衆が反射的に嫌悪を催す代物というのが、これらの国の獣姦に対するイメージだった。ここにラテン民族とドイツ民族の物の考え方の差がはっきり現われている。現に第二次世界大戦後長らく、スイスのフランス語圏に比べると、ドイツ語を話す州の農夫はそれほど気軽にウシにちょっかいを出すことができなかった。一九六九年までのドイツでは、よからぬ意図で動物の性器に触れれば、懲役を食らうどころか市民権や参政権までも失いかねず、しかもオーストリアやスイスのドイツ語圏同様、刑罰の軽重は交接の度合いで決められていた。

他方、獣姦も同性愛も「ソドミー」とひとくくりにされることの多いイギリスやアメリカの場合、同性愛の起訴率の低下につれ、獣姦による逮捕者数も減少の一途をたどった。それでも、法律の条文を読むと、獣姦を犯した者には一〇年から無期までの重懲役が科せられていたらしい。「いかなる方法であれ、動物との交接で男性生殖器が相手の臟器に挿入される」とただちに重懲役の対象とされ、そこまでいかなければ軽罰ですんだようである。

アメリカでは特にこうした立法の気運が強く、各州の法令集から獣姦を完全に排除するまでには至らなかった。そんな土地柄でも今や、獣姦を犯して法廷に立つよりも、精神科医の世話になる確率のほうが高い。ドナル・マクナマラとエドワード・サガリンの共著『セックス、犯罪、法律』はこう記す。「動物との親密な接触を望む大人の行動は確かに常軌を逸しているが、必ずしも社会の許容範囲を超えるとはかぎらない。獣姦を取り締まる法律などつくってなんの役に立つというのか。ほとんど無駄であるばかりか、社会に見捨てられた少数者に長期にわたる懲役を科したところでどうなるものでもない」。もっと重大な冒瀆者を取り締まる法律をつくったほうがましだ、というわけである。事実、ここ一〇〇年、マスターベーション、同性愛、獣姦にかまけるあまり、近親相姦や家庭内強姦などのきわめて痛ましい問題についておろそかにしていた実態が、徐々に浮き彫りになってきている。その反動もあってか、近年ではこうした問題に世間の注目が集まりつつある。不道徳を取り締まる手段としては、刑法は直接的すぎてあまり有効とはいえない。獣姦の場合、間接的な手段のほうが効果大であること請け合いだ。たとえば、動物を虐待した飼い主に、財産の治安を乱したとして損害賠償を求めてみるのはどうだろう。また、公道で事を行なえば軽犯罪法に引っかかるし、しかも都合のいいことに、世の中には動物虐待を禁ずる条例もある。つい最近起こったザクセンのケースでは、次の訴訟を起こすのに獣姦に関する特別な法律を弄するまでもなかった。

悪名高き三八歳の男性は自らの性欲を満たそうと牛舎に押し入り、九カ月になる子ウシの膣にペニスを挿入した。次に、成熟した雌ウシにも同じことをしようとしたが、まんまと蹴られてしりもちをついてしまう。それに腹を立てた被告人は、力任せに堆肥用の熊手の柄を子ウシと雌ウシの肛門に次々と突き刺した。この結果、雌ウシは即死、子ウシも翌日解体するはめになった。内傷の具合から察するに、どうやら柄を力ずくで何度も前後させた模様である。結局、被告人には財産損害の罪で懲役二年三カ月の実刑判決が下った。

先に手を出す動物もいる

獣医はしばしばそれらしき内傷に出くわすことがある。一方、フランスのトレモンゼーという村落で牧畜業を営む農夫も、ニワトリやシチメンチョウが続けざまに死ぬ状況に不審を抱いていた。一九九二年五月のそんなある日、ニワトリに暴行を加えていた犯人をついに取り押さえ、動物虐待で告訴した。この場合、「痴情ざた」といってもいいかもしれない。

肉体的な傷はさておき、サドではなく「ノーマル」に人間と交渉を持つ動物は、どれだけその行為を苦痛と感じているのだろうか。人間の欲望から動物に無理矢理暴行を加えるケースも多いこうした行為を、バーバラ・ノスケは獣姦ではなく「異種強姦」であるとした。暴力、恐怖、威嚇、トラウマ。どれを取っても、人間同士の強姦にそっくりだ。かといって、人間が常に強姦者というわけではない。動物によっては、衝動に駆られて先に手を出す者もいる。そのあまりの直情ぶりに、いくら偏見のない裁判官でも強姦と認めざるを得ないだろう。生理中の女性が近づいたら最後、しゃにむに犯そうとする雄ジカもさることながら、ボルネマンの著書『愛の事典』には、大型犬のグレート・デーンが女性を押し倒し、まさに力ずくで暴行したくだりが載っている。また、鼻で女性調教師の股をわしづかみにする癖のあった雌ゾウにしても、それを治すのに一苦労しなければならなかった。どうとでも取れる人間と動物の間の強姦では、これといった確証を持つのも並たいていではない。

いずれにしろ、一九六六年から一九六七年にかけて行なわれたオランダ人作家ヘーラルト・コルネーリス・ヴァン・ヘト・レーヴとロバの裁判は、大論争を巻き起こした末に、結局なんの確証も得られないまま終わった。なお、『ディアローフ』誌に寄せた「わがバンクへの手紙」という記事のなかで、彼は神の再臨の様子を思

「女と交わる動物」、インド細密画、17世紀。

い描いている。

神がこの世に再臨されるとしたら、ろくに口も利けないロバの姿をしてお戻りになるだろう。一見神とは思えぬ姿に、人はひどい虐待や暴行を加えるに違いない。しかし、私は神と見て取るや、すぐさまベッドに運んで包帯をひづめに巻く。こうすれば、オーガスムの瞬間に脚をばたつかせてもあちこち傷を受ける心配がない。

「神との関係を絶たれた彼らは、必ずや悪魔の前でその舌をかみ切ってもだえ苦しむ」。下院で質問に立った反同性愛運動家C・N・ヴァン・ディスはこう述べ、性道徳の観点からではなく、「卑しむべき瀆神行為」だとみなして刑事訴訟に踏み切った。各方面から専門家がかき集められたが、「民衆の作家」と自称する被告人自身の意見がなかでも説得力を持っていた。

宗教史上、神と人間との性交はそう珍しくなく、キリスト教ともまんざら相いれなくもない。聖母マリアを身ごもらせた聖霊にしろ、「真実の神」であるばかりか、「燃えるような愛」の象徴とも考えられる。たぶん、聖書のどこにもそんなことは書かれていない。「燃えるような愛」とすると、この性交が情欲からではないとする説が怪しくなってくるからだ。……しかし、太古の昔からおえらい神さまでもたいして潔癖ではなく、どちらかといえば「とことんやる」たちだった。……そこで、私は心からこう訴えたい。神の姿が槍で脚を突かれて血まみれになった子ヒツジであれ、私が三度も立て続けにその〝秘密の穴〟で関係を持つことができた一歳のネズミ色のロバであれ、キリストが人間の罪を贖い、わけへだてなく慈悲をお与えになるのなら、どっちだってかまわないんじゃないか、とね。

この訴えが功を奏し、アムステルダム裁判所の第五法廷で一九六七年一〇月三一日、ヴァン・ヘト・レーヴは無罪放免をいい渡された。仮にそうならなかったにしても、神自身はおそらく彼の罪を許していただろう。

タブーから生まれる奇妙な伝説

獣姦の場合、法律を持ちだすまでもない。裁判ざたになろうがなるまいが、タブーであるその行為は決して褒められるべきものではないのだ。子ウシとやれば「スケベじじい」、イヌとお手合わせした女性は「あばずれ」、外国人がヤギを相手にすると「物笑いの種」となる。それに、ニワトリによからぬ事をしたなんてうわさでも流れたら、出世は一生望めないし、世話を焼くペットとの交接に至っては、世間の非難は近親相姦にも引けを取らない。アメリカ人政治家の獣姦現場を目撃した恐喝犯は、死ぬまでお金の心配をせずにすむだろう。

ほぼなんでもありの現代、もはやさらし者になることは少ないが、動物虐待者の場合、そうは問屋が降ろさない。一九八〇年代には見て見ぬふりをして批判の槍玉に挙げてこなかった数々のスキャンダルを、ベルギーの雑誌『ドル』が容赦なく暴きにかかったのである。ベルギー首相の性生活の記事でさえ平気で出版されたが、それがイヌとの交接についてだったからたまらない。オランダの販売業者はその雑誌の取り扱いを拒否。出版権を引き継いだ『ベルジュー』誌も、漫画『タンタン』の生みの親であるエルジェのコーナーで、愛犬スノーウイと主人公タンタンとのセックス場面を描いた漫画を掲載し、裁判ざたとなって廃刊に追い込まれた。

さらに、ベルギーのラジオ3では、一九九一年のある朝、「少女がイヌに背乗りされているところを見ていたふたりの子ども」と放送したとたんに抗議の電話が殺到し、その表現をやむなく改めなければならなかった。同年暮れ、マンチェスターの自然愛好家アラン・クーパーは、裁判のほうがよっぽどましというほどの恐怖を世間の人々から味わっている。報道では、ウエットスーツ姿のクーパーが遊泳中にイルカにマスターベーションを行なっていたとされた。「イルカと並んで泳ぐのはなんともいえずすばらしい。だけど、そんな気分も今回の嫌疑ですっかり台無しさ。殺してやるっていう脅迫を二回、それからおせっかいな手紙を二通も受け取ったんだ」。当のイルカにはセックスなんてつもりは毛頭なく、人間の友だちのひざやひじにペニスを引っかけ、水中を誘導していたにすぎなかった。

タブーのあるところ、さまざまな訳の分からない不安が渦巻く。怪物を生むのではないかという心配は、生物に関する知識が浸透したこの時代では愚にもつかないが、病気感染への恐怖は計り知れないほど大きい。トイレのあとに手を洗う習慣のある者にとって、体のもろい部分を動物に挿入したり、ときには舐めさせたりするのは、よほど勇気がいることだ。

恐怖が恐怖を呼び、今やエイズのサルとの交接が原因でそのウィルスが人間社会に蔓延したというわさが飛び交っている。これは、別の病気で同じ体験をした一九世紀の二の舞ともいうべき現象である。かつて梅毒は、ウマ類の病気である鼻疽《びそ》に伝染した雌ウマと関係を持ったか、サルとまさしく交接したらしいある男性を通じて巷に広がったと伝えられていた。逆に性病は獣姦で治すことができるとする考えも一方であった。アラブ諸国では特にその傾向が著しく、淋病を治癒したいと願って動物と交接した。これがもとで多数の動物が感染した、とフランスの医学アカデミーは報告している。

一八六六年にドモス将軍も書いているとおり、一部のアラブ人が雌ロバとの交接で性病が治ると信じているという話はアルジェリアでも有名らしい。アフリカでは、その信念のもとに獣姦があちこちで行なわれている。このため、ロバやウマの梅毒に当たる媾疫はこうした変態的交わりに端を発している、と獣医は口を揃える。信頼できる筋からの情報によれば、まず雌ロバが梅毒の治療目的で近づいたズアーヴ兵に病気を移され、後にそのロバと交尾した雄ウマから、今度は雌ウマへと順に伝染していったという。以降、発情した雌ウマから雄ウマへと感染が進み、あっという間に蔓延した。その後も伝染力の強いこの病気は、フランス南部をはじめとするヨーロッパ各地のウマの間で爆発的に広がっている。

何世紀にもわたって地界から天界まで歴訪した今回の旅で、獣姦には火あぶり、病気の恐怖、はたまた物笑いの種などさまざまな刑罰があることを知った。いつでもどこでも、獣姦に罰を科さない世界はない。これはずばり、動物とセックスする人間を人はよしとしない、からである。でなけりゃ、人間とはいえない。

第8章 奇抜は変態のはじまり

獣姦はどのくらい一般的か？

いささか変人ともいえるアルフレット・ハイトン。第二次世界大戦中、父親が経営するオランダ初の富くじ保険会社ロティシコのもうけを、かの有名な国民文学雑誌『新道標』に融資していた。父親の仕事柄、ウィレム・エルスコットなどの皮肉屋の格好の標的となったアルフレットは、不平たらたらのファシストで、何よりも片足の女性をこよなく愛する男だった。なにしろ、思う存分好き勝手をやりたいと、義肢製造工場に投資さえするほどのご執心。その甲斐あってか、彼は三人もの片足の女性をたぶらかし、結婚にまでこぎつけている。

これははたして奇抜なのか。片足の女性や男性に目がない男女が、世の中にどれだけいるのか見当もつかない。いったいどう普通でなければ異常といえるのか。異常なのはブタとの交接そのものか、はたまた三本脚の場合にかぎってのことなのか。では、カンガルーだったらどうだろう。そもそも実際に動物とそうすること自体、どのくらい一般的だというのか。

とりわけ難問なのは最後の問題だ。足が一本か三本かなんて一目で見分けがつくものの、獣姦の趣味を吹聴する者はまずいない。近年、同性愛は場合によっては強みになるし、サドであれ、クラブに入って会費を遅滞なく収めさえすれば存分に楽しむことができる。児童虐待の父親にだって理解を示すグループがあるくらいだ。しかし、それより何より、テレビのトーク番組に出演し、ヤギと過ごした最高の一夜を身ぶり手ぶりも交えて話す男性の登場が待ち遠しい。

そんな率直さに欠ける姿勢が災いし、獣姦者の推定人数は人によってまちまちだ。一九七八年、性科学者のヘーバルレは次のように記す。「宗教家、法律家、精神科医の面々がこれまで獣姦にいかに神経を尖らせてきたか、こうした性行為がごくまれになった現代では想像もつかないに違いない。男女ともに獣姦者は少数派と化した今、社会問題として取り上げるまでもないだろう」。これに対し、同性愛は治療可能なものと信じて疑わないアメリカ人医師のひとり、モーリス・チデッケルの説では、獣姦はもはや手に負えないほどになりつつあるという。

「いかなる動物とであれ、これに近づいて交わる女と動物を殺さねばならない」。この旧約聖書の一節を読んだときには、偉大な作者がなぜこんな必要もない文を書いたのかといぶかしがった。同じく、古代エジプトの聖なるヤギとともに閉じこめられた女性が、その動物と性交を行なうというプルタルコスの話もでっち上げだとばかり思っていた。だが今は、そうではないかもしれないという気持ちのほうが強い。数々の証拠がその忌まわしい事実を立証したのだ。ただ、アメリカにもましてヨーロッパ諸国やアジアで頻繁に起こると知り、いくらか胸をなで下ろしている。

地方の若者の半分が獣姦経験者！

性行動の実態を調べるのにだれもが参考にするものといえば、キンゼーらの報告書が打ち立てた金字塔的データである。アルフレッド・キンゼー（なんと獣医学教授！）はそこで、二万人のアメリカ人を対象に動物との性体験について尋ねている。経験があるかどうかではない。過去に何回やったか、という質問だ。おかげで、一番のネックとなる良心の呵責が取り払われ、面接した五％以上もの被験者から回答を得ることができた。この結果、八％の男性と三・五％の女性が慢性的に動物との性交渉を持つことが分かった。地方出身の男性に絞った数値はさらに驚異的で、五〇％にまで達している。

しかし、地方の若者の半分が動物とセックスしたことがあるからといって、さして驚きもしない。一九四〇年代のアメリカの田舎では、お医者さんごっこの手近な相手は女の子ではなく動物だったし、農夫たちにしても、未婚の若者が娘と家畜小屋にしけ込むよりはラバといちゃついてくれていたほうが助かった。一部の若者たちには、それがどれだけありがたかったことか。「二〇歳以上のきわめて信心深い男性たちの場合、女性との性交を倫理的にどうしても受け入れられず、もっぱら動物を相手にしている」と、キンゼーも報告している。とはいえ、大半の若者にとって、動物は女の子とつき合うまでのほんのはけ口にすぎなかった。人生の一時期に二、三回経験すれば、たいていはそれでおしまいだったのである。

これは婚姻道徳が厳しく、動物が身近にいる場所や時代だったら、どの時代でもどの国でもあり得る話だ。少年たちは獣姦する時間も手段も動機も持ち合わせていた。動物と家畜小屋で寝ることもあれば、羊飼いとして日がな一日野外でともに過ごすことも少なくなかった。必要なら、動物たちが発情期の合図を送ったり、そのままずばり実地訓練とはいかないまでも、年上の少年たちがいろいろと話を聞かせてくれた。

「男の子で知らない者はいなかったんじゃないかな」と、スウェーデン人著述家イヴァ・ロー＝ヨハンソンは二〇世紀初頭の思春期を振り返る。「年上の少年たちはほぼ決まって、〝だれそれくんは動物とこうやったんだ〟というような話し方をした。自分がやったなんていうやつはほとんどいなかったね。……昔は女性しか羊飼いに雇わなかったって祖父も話してたけど、今になってやっとその訳がのみ込めたよ。羊毛から漂う鼻を突くにおいを嗅ぎ、誘うようなしぐさを見てたら、だれだって興奮するさ。若い雌をなでるときのあのフワッとした手触り、森や野原のあちこちで交尾する姿。あんなふうに欲望の赴くままにセックスする姿を見せつけられると、もうたまらないって感じだね」。

このように地方の若者は情欲をかき立てられていた。ヨーナス・リリエクヴィストが調べた判例集によれば、驚くほどたくさんの「一五歳以下の少年（九歳から一二歳までの子どもが大多数を占め、最年少はほんの七歳）が告訴されている」。だれにも見られずにこっそりやりたがる者が圧倒的だったが、一七〇七年の一二歳になるふたりの少年のケースでは、交代で雌ウマと獣姦を行ない、互いにやり方を教え合った。一七二六年にも、一三歳の先輩に同じことをあとでやってもらえるならと、獣姦中のウシを押さえ込んでいた一〇歳の男の子がいた。スウェーデンの国会への教書ではまた、家畜の交尾が少年の目に触れる場合の牧畜の危険性をいく度となく指

ミケランジェロ・メリジ・ダ・カラヴァッジョ、「洗礼者聖ヨハネ」、1595年ごろ。

摘している。一八世紀後半に入ると、当局側はなるべく獣姦裁判から人の目をそらし、現状でも十分詳しい少年たちにこれ以上情報を与えまいとした。

二〇世紀ヨーロッパの地方住民の獣姦状況については、一九二三年から一九六五年までのオーストリアの法廷議事録を分析したロナルド・グラスベルガーの報告書に詳しい。年間約五〇人が獣姦で有罪判決を受けたが、その大半が地方出身の男たちだった。「虐待された動物が傷を負ったり、ひそかにか、もしくは力ずくで家畜小屋に不法侵入してきた暴行者が、それに腹を立てた牧畜業者といざこざを起こしたりする」場合にしか、違反が発覚することはほとんどなかったので、実際の獣姦はその四倍から五倍ぐらいは多いのではないかとグラスベルガーは見込んだ。だとしても、動物と慢性的に性体験を持っていた地方男性は全体の一、二%にしか満たず、アメリカの五〇%と引き比べれば、ヨーロッパの農夫ははるかに慎み深いということになった。

もっとも人気がある獣姦は？

徹底した「犯罪学論文」にふさわしく、動物虐待の発生率の高い季節についてもグラスベルガーは推断している。結果は春となったものの、どの季節もたいした違いは見られなかった。おそらく「八五%の虐待が家畜小屋で起こっていたため、天候に左右されることはなかった」からだろう。事実、虐待者のおよそ四分の一は他人の小屋に押し入る反面、戸外での違法行為は飼い主自らというケースが多かった。

ここまで詳しく調べていけば、今度は当然、動物を虐待する人物の性向、それを行なう回数や年齢、そのやり方も解明したくなるものだ。というわけで、当時、断然人気があった獣姦は、雌ウシや子ウシとの膣性交だったらしい。雌ウマや子ウマはそれより人気が低くヤギとほぼ同程度で、ヒツジやブタはそのまた五倍も評判が悪いときていた。にもかかわらず、オーストリアではウマとの交接件数が群を抜いて高かった。人間の背丈だとウマはやりにくいのではと思うかもしれない。ところがどっこい、愛馬を別な目的に使いたいとかねがね望んでいた軽騎兵は、バケツをひっくり返して用を足した。その点、小屋で横になっているのが普通のウシは、そんな踏み台を使うまでもなかった。もちろん、背乗りするなら子ウシのほうがずっとお手軽だ。しかも、母ウシの乳房にたぐいなく似た農夫の息子のペニスに、吸啜反射でしっかり吸いついてくれるだろう。「あれにはちょっとゾクゾクしたな」。ある同僚は私に初体験の話をしながらそういった。どうやら卒業後、彼は哺乳類にすっかりはまっていたようだ。

また、性器を舐めることに関していえば、イヌほどおあつらえ向きの動物はいない。その間、人間はたいていマスターベーションをイヌに施す。地方住民の場合は、雄ウシがそれに取って代わる。この人工授精の時代にも、ウシはいまだに彼らの刺激の源泉なのだ。

ニワトリの存在もむろん、忘れてはならない。その獣姦は今なお気晴らしに各地で行なわれ、何か不都合なことでも起きないかぎり、新聞種にならないほど一般化している。ちなみに、一九九〇年一二月、スペイン北部の『ファロ・デ・ビーゴ』紙は次のような解説つきの写真を掲載した。

オレンセ近郊のミーニョ川の土手で遊んでいた子どもたちが、巨岩の下敷きになった

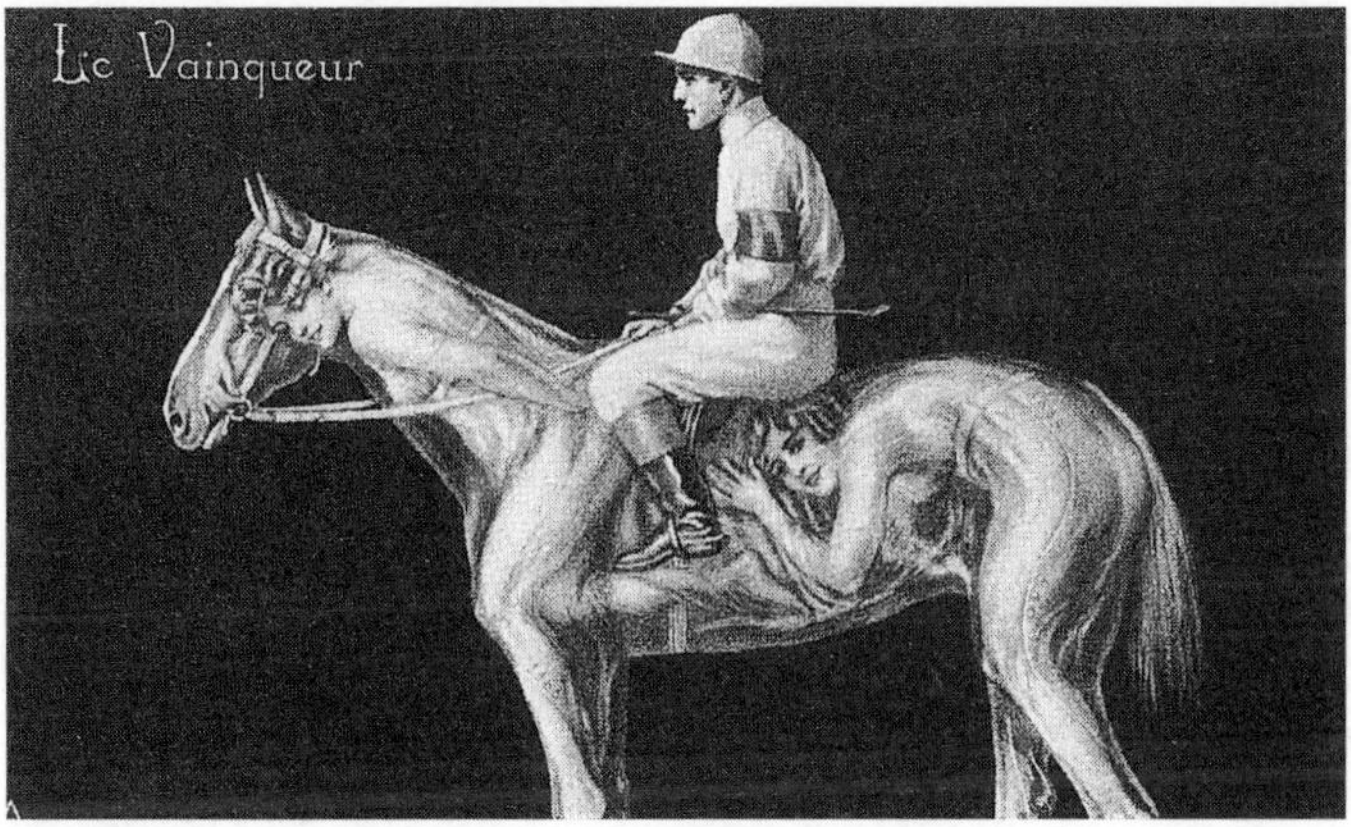

「乗馬の楽しみ」、官能的なはがき、1904年ごろ。

H・R・C（三九歳）の遺体を発見。写真のとおり、ズボンのチャックを開けたままニワトリを下腹部に当てた姿勢で倒れていた。ニワトリに暴行中、ぐらつく岩がその激しい動きで崩れ落ち、圧死したものと見られている。

ニワトリの死因が巨岩か暴行かについては、この公の記事でははっきり分からない。仮に暴行だったとしたら、これは紛れもなく鳥獣保護法違反である。

愛犬におぼれる女性たち

こんな男性陣に対し、女性が家畜と性交渉を持つ度合ははるかに低い。グラスベルガーの報告では、女性はオーストリアの獣姦犯罪者のわずか一%にすぎないし、アメリカであれ、動物と性体験のある者は全女性の一・五%（成人女性の三・五%）だとキンゼーも伝えている。

この結果からよけいに、女性は獣姦するものと男性が決め込んでいる様子がうかがえるが、少なくとも地方の女の子たちは男の子ほどにはそうした機会に恵まれていない。ウシ、ヒツジ、ブタ、ニワトリ、ヤギなどの家畜類は雌が大多数だからである。何百という雌を妊娠させるのに雄が二、三匹もいれば事足りる農場では、残りの雄は解体されるか去勢されるかで、それを免れても種畜牧場行きとなる。よしんばそこから逃亡してきたにしろ、少女たちをびっくり仰天させるのが関の山なのだ。去勢していない雄のウシやヒツジがいかに気まぐれでも、少女と交わるのは神話の世界の話で現実にはどうもありそうにない。

しかし、これが町となると事情は一変する。牛小屋と比べて売春宿が断然多い町中では、女性よりもウシを探すほうが難しい。動物はいるにはいるが、男性の相手としては小さすぎる場合がほとんどだ。かたや、町の女性たちはそうした動物たちとの性的関係を楽しんでいる。慢性的な獣姦体験をキンゼーに告白した女性のうち、四分の三がイヌを相手に性交渉を行なっていた。大半の文献資料がこの傾向を認め、グラスベルガーの報告にも、「動物への不道徳行為で有罪となった数少ない女性は、男性の場合に挙がった種を除けば、もっぱらイヌと性交渉を持っていた」とある。

女主人をすぐに雌イヌと勘違いする雄イヌとの交接はさほど厄介ではない。キンゼーによれば、普段からマスターベーションを受けているイヌは、ほどなくすっかり人間のとりこと化し、雌イヌに見向きもしなくなるという。

一方、精神科医のフォン・マシュカの四五歳になる女性患者は、「あまりに好色な気質がたたってペットのイヌとの性行動におぼれた」事実を認めている。「素足の股に体を埋め込んで陰部を舐めるイヌのペニスをなで、それが勃起するやイスの背にもたれかかってイヌを引き上げると、陰唇の間にペニスを差し込み、ピストン運動のあとに射精させた」という次第。その同僚ワルトの患者のなかにも、雌イヌさながら四つん這いになってイヌと交わる行為がやめられなくなったメイドの女性がいた。

キンゼーの調査では、実際の交接におよんだのはひとりだけで、あとの大多数はイヌへのペッティングやマスターベーションで終わっている。しかも、こうした交わりではたいした満足も得られず、獣姦で何度もオーガスムに達したのはインタビューした女性の〇・五％ほどしかいなかった。大部分の女性が数回の体験であきらめていた状況では、無理もないだろう。とはいえ、六人の女性は動物との性行為で確実に一二五回以上もオーガスムを感じ、うちひとりは約千回もイッたと告白している。

田舎と違い、都会の女性がいくら動物との豊富な性体験を持つといっても、八％が常習犯である町の男たちにはかなわなかった。だが、ここ数年、事情が次第に変わりつつある。西欧の各都市では、一九四〇年代や一九五〇年代の倍以上もペットの数が増え、動物と親密な関係に陥る可能性もはるかに高まってきている。ましてや、当時とはうって変わって開放的なセックス観を抱く現代人の場合、ペットを愛くるしいと思う気持ちが、性的な戯れを引き起こし、あっという間に一線を越えてしまう。この風潮はとりわけ、女性に顕著なようだ。男性はいつの世も売春婦のもとへ通うが、平日なら都会でさえ、女性は四本足のジゴロにまず事欠かない。

フランツ・フォン・バイロス、「青い羽根飾り」、『鏡台物語』の挿絵、1908年ごろ。

F・ホーフバウアー、官能的な蔵書票。

動物園はのぞき魔の天国

地方の子どもたちが生のセックスにはじめて接するのが牧草地だとすれば、町では動物園がその役目を果たす。マスターベーションするサル、発情した種馬、疑似交接、巨大なペニス、そして極小のペニスであっても、私たちにいろいろな知識を与え、同時に楽しませてくれる。一九七九年、観客の反応を記録しようと、アルンヘムにあるブルヘルス動物園のマンドリルの檻の前に隠しカメラが設置された。そこには、りっぱな巨根の雄が勃起していく一部始終を、うっとりとしたまなざしで見とれる女性の一団の様子が収められている。恥ずかしげにサルを見つめていたご婦人方は、忍び笑いをしながら横目でちらちらと互いの様子をうかがっていたものの、とうとうこらえきれずに一気にしゃべりはじめた。自分たちの夫と比較して「代用できる」などという言葉も飛びだし、実に面白がっているさまが見て取れる。男性陣の反応もこれと大差はない。興味津々の少年らに対し、おやじ連中はすぎゆく船を監視する橋守よろしく、ベンチにすわって事態をそっと見守っているふうながら、セックスが花盛りの場所にいつも陣取っている節があった。のぞき趣味の者にとって、動物園はまさに天国だといっていい。

なかには、のぞきだけで終わらない者もいる。「ライオンが逃げたぞ!」と叫び、そのすきに逃亡するスリや、ライオンの檻に押し入って自殺しようとする者のほかにも、「畜産学の父」へイニ・ヘディガーは、「性倒錯者」を動物園の軽犯罪者のリストに加えている。

なんといっても最悪なのは、あたかも磁石のごとく交尾という交尾に引きつけられ、各地の動物園に入り浸っているのぞき魔だろう。動物園の薄暗い片隅で動物はそっちのけで女性や子どもにかまける連中がいる反面、動物（ヘビクビガメなど）を見てあからさまにいやらしい興奮を覚え、異常なほど動物園に通い詰める者がいる。ご存じのとおり、到底あり得ないような取り合わせもできてしまう園内では、獣姦者ほどはた迷惑な客はいない。原因不明の事故が起きたら、まずこの可能性を疑ってかかる必要がある。客や不審者はいうまでもなく、園の職員であれ、全面的に信頼しないほうがいい。

これに関して、ワッセンアールの旧動物園のスポークスマンがおもしろい意見を述べている。「一般的に人を檻から閉めだす労力に比べれば、動物を檻に閉じこめておくのはたいした手間ではない」。アムステルダム動物園にしろ、リューネブルク・ヒツジに舐められるのが大好きな老人に悩まされていた。また、アルンヘムの動物園の園長アントン・ファン・フーフは、元チンパンジー小屋に居座った男からこんな申し入れを受けたことがある。

人間の祖先はサルと思うか。彼のこの質問に私は答えていった。「それはかなり大胆な意見のような気がする。もしそうなら、互いにもっと似ててもよさそうなもんじゃないか」。すると、インドネシアに長年住んでいたというその男は、周りの野次馬が呆気にとられるほどの破廉恥行為を公然とやりはじめたのである。そこで私は、小屋に隣接した別室に男を連れていき、ふたりきりで落ち着いて話し合うことにした。彼の要求は、二、三日でいいから発情中の雌のシミーと夜を過ごさせてもらえないか、というものだった。観客には多少気晴らしになるかもしれないと考えた私は、昼にしたらどうだと提案した。ただし、人間とチンパンジーが交接すればどんな子どもが生まれるかを探る彼の実験に、動物園が手を貸すわけにはいかない。そういって、ただカギを貸してくれたらいいという要求もはねつけた。しばらくして、男はしびれを切らし、その場を立ち去った。

ファン・フーフはさらに、個人所有のサルを譲り受けた経験も持つ。

動物の寄贈はありがたかったものの、その異常さ加減にはひどくやきもきした。見るも哀れなほど元の主人を慕い、えさもむずがってなかなか食べてくれなかった。そのうえ、まとわりつかないと満足しないのにも、ほとほと困り果てた。飼育係が四時か四時半ごろにえさを与えようとしたこともあったが、さしたる効果はなかった。ある晩、ごちそう片手に小屋に立ち寄ると、サルは正面から私にしがみつき、自分のペニスのあたりに頭を引き寄せた。これにはぎょっとしたが、ふとなぜあんなに食欲がなかったかに合点がいった。

獣姦に寛容な文化は存在する

動物園以外にも、都会ののぞき魔にはセックス・クラブや飾り窓を利用するという手がある。入場料を払えばいつでも、ありとあらゆる動物と交わる女性の姿を見物することができるだろう。それどころか、膣に入るサイズだったら、動物を丸ごと挿入したりもする。男たちのとんでもない夢がまさしく現実になった、というわけだ。

当然ながら昔の話だが、パリがこうしたショーのメッカとなっていた。フォン・マシュカによると、ある自堕落な女性は「少人数の放蕩者の客相手に、訓練したブルドッグとの交接を披露していた」という。一方、フランスの売春に関する歴史家アラン・コルバンの新しい著書には、売春宿で人気のイヌといえば、主にグレート・デーンやニューファウンドランドだったと記されている。そこではまた、尼僧の強姦をテーマにした活人画や、互いに電気ショックをかけ合うSM器具もあったらしい。近年、こうした刺激を求める向きは、バンコクなどの街に出向く。バンコクでは、ダッシュボードの上に公然と卑猥な出し物の「メニュー」を張ったタクシーが走っている。「イヌと戯れる少女」はその定番だ。

これは、動物とのセックスに対して開放的ともまだいいかねる私たちの社会と比べ、あちらが一歩進んでいるからなのだろうか。いや、そ

ドベリア、「ロバと交わる女」、アルフレッド・ド・ミュッセ著『ガミアニ』の挿絵、19世紀。

うではない。性産業は往々にして貧困や苦難を引き金に起こるものなのである。とはいえ、確かに獣姦に比較的寛容な文化は存在している。処女の定義を問うのはあまり趣味のいい冗談とはいえないが（「アラブ人より逃げ足が速いヤギ」）、イスラム教がキリスト教のように獣姦を忌み嫌わないのなら、それもまんざらバカにできない。ヴァーン・ブローも『社会歴史上の多様な性』のなかで、次に挙げるその道の権威の言葉を引用し、マホメットの信奉者は獣姦を不快に思っても姦通とはみなさない、と書いている。「人間たる者、野獣との交接におぼれるわけがない。そうなったとしたら、それは自堕落の結果か、より重大な罪を犯さんがためにやむなくやったことだ」。

イスラム教徒たちは獣姦でつかまると、当の動物を処分して食べ、食の禁忌対象である場合は飼い主がその賠償をしなければならない。一方、バーバラ・ノスケの報告では、アルジェリアの少年は結納金が高額なために今なお雌ロバに暴行を働いているという。それに比べると、モロッコのリーフの少年の理由ははるかにふるっている。雌ロバと交われば、ペニスが大きくなると信じているのだ。そんな少年たちを大人は見て見ぬふりをし、子どもじみていると自分では決してやろうとしない。

各地の奇妙な性風俗を調査していたフォードとビーチにしろ、四足獣が性行為の相手でもたいして問題にならない地域がたくさんあることを知った。ウシと交わることもある南海諸島のクサイの男たちから、雌ロバを練習用に使うマサイ族の若者、そして一晩に「二七頭のウシの処女を奪う」ことができる夢のような儀式を持つフェスの男性陣まで、その範囲は幅広い。中南米に入植したスペイン人牧師も、獣姦が盛んな植民地の実態を目の当たりにし、あわててそれを罪として信条につけ加えた。また、ホピ族は北米インディアンでも屈指の動物好きと目されている。

獣姦者は性倒錯者か？

獣姦がいかに多いかを立証する実例をこれまで数々並べてきたが、このほかの民族、国家、時代、動物にも手を伸ばせば、そうした事実がどんどん明らかになっていくことだろう。しかし、そんなふうに羅列したところで、集めた事実は断片的でまとまりがなく、回りくどいだけにすぎない。一握りの人間しか動物と性交渉を持ったことがないという漠然とした印象以上には、獣姦の実態をつかむことはできず、その正確な量など望むべくもないのだ。

獣姦が正常か異常かの問題も似たり寄ったりで、この種の統計はなんの決め手にもならない。なにせ、珍しいものが正常で主流のものが異常かもしれないのだから。

ここで、地球上に住む五〇億の人間のうちのひとりが月に第一歩をしるしたとしよう。この場合、「人類」が月に到着したとみなし、胸中ひそかに万人が足裏についた月面のほこりを払い落とすに違いない。全人口の〇・〇〇〇〇七%に当たる一一人のオランダ人がゴールを決めて敵を負かしたとしても、国民それぞれが一流のサッカー選手になったような気分を味わうものだ。かといって、四分の一のオランダ人が近親相姦の被害者になったことがあると判明したとき、だれが自分もその一員だと考えるだろうか。オランダに近親相姦者はいるにしろ、全国民は彼らを仲間だとは感じていない。特別な呪文を唱えて、こうした人間を排除するのが落ちである。つまり、「異常」として片づける、というわけだ。

とすれば、これは獣姦趣味の人間の人数だけの問題ではない。動物とセックスしない人間がそれを習慣とする者をどう思うかという点もかかわってくる。イヌを手なずけた女性に対する一九三五年のモーリス・チデッケルの見解に、今なお反対する者はほとんどいないだろう。「こんなことをする女性はまさしく異常というほかない。どの社会にも正常な形の性交はあって、貞淑かふしだらかに関係なく、女性のそうした相手は男性と相場が決まっている。たとえ十人並みの容姿であってもだ」。

この見解はつい先ごろまで法律や戒律に根強く残り、獣姦は裁判所や教会の懲戒対象となっていた。現代はそれほど手厳しくないものの、動物性愛者には別の汚名が着せられている。「不品行」が今や「精神障害」、「悪者」が「患者」となり、裁判官や聖職者も精神科医にその座を奪われた。この結果、初期の獣姦の軌跡は判例集や宗教書でたやすく追うことができるが、二〇世紀の事例となると、精神医学の文献を丹念に探り、「性倒錯」、「変異」、「性的異常」、「パラフィリア」、「変態」、「異常性欲」などの言葉をひとつひとつ拾っていかなければならない。性的習性がことごとく倒錯と呼ばれる昨今、キンゼー報告によれば、三分の二のアメリカ人が性倒錯者だという。マスターベーションも倒錯なら、アメリカ人男性の優に九五％がそうだということになる。

精神科医たちは性倒錯者をなんとしてでも被告席や告解場から診療台に引き込もうと、アルコール中毒、性衝動の高まり、情緒的な退行、持続勃起、狂気などの「精神的な欠陥」が呼び水となって、異常な性行動を引き起こしたのだと説明した。一九六八年でも依然として、グラスペルガーは躊躇なく獣姦者の四九％を精神遅滞どころか、痴愚とまでいいはなっている。一九歳から二三歳までのグループでは、それが五七％にもおよんだ。「傾注して激しく緊張が高まった性衝動、性欲実現に有効ながら罰すべき機会、興奮をかき立てる手順、行為を抑制する社会的価値判断、意志の働き」。彼はどうやら獣姦をほぼこれらの異常で説明がつくものと考えていたらしい。

「衝動的ソドミー」の症例

獣姦をはじめとする「性的逸脱」のこうした特徴は、一八八六年から半世紀の間、性科学の第一人者として君臨していたウィーンの精神医学教授リヒャルト・フォン・クラフト＝エービングの『変態性欲心理学』の影響を受けていた。こうして常軌を逸した性行動をする人間が病気と診断された結果、くる病性小人症の気性の荒い痴愚、死に際に妻と性交した好色な結核患者などの症例が続々と報告されていく。所見186の「衝動的ソドミー」患者はその好例である。

患者A。一六歳の庭師助手で父親は不明。母親は重い知能障害のあるヒステリー性てんかん患者である。身体に比べて頭蓋骨が異様に大きい患者Aは、マスターベーションにふけっていた子ども時代、何にしてものみ込みが遅く、表情のない孤独な少年だった。しかも、激しやすく、感受性に明らかな病的反応が見られた。どうみてもマスターベーションと神経衰弱の悪影響からきたその愚鈍な性格に加え、彼にはヒステリー症状も散見される（視野狭窄や色覚異常のほか、嗅覚、味覚、右耳の聴覚、右睾丸の各機能障害、および咽喉部のヒステリー球など）。また、イヌとウサギにマスターベーションやソドミーをしたとされる患者Aは、一二歳のころ、イヌにマスターベーションを行なっていた少年たちを目撃している。そのまねをしているうちに、イヌばかりか、ネコやウサギに対する虐待にも歯止めが利かなくなったようだ。とはいえ、彼が本当に気に入っていたのは雌ウサギのみで、毎晩足しげく小屋に通っては忌まわしい性欲を満足させるため、肛門を傷めるウサギが続出したほどだった。まるで発作のようにいつも同じパターンで約八週おきに夜を見計らって行なっていた。そのときの患者Aは、始終頭を金槌で殴られている感じがして気持ちがひどく落ち着かなかったという。このままいくと正気を失ってしまうのではないかとおそれた彼は、ウサギとのソドミーを必死で我慢しようとしたが、抑制すればするほどやりたいという欲望が募り、とうとう耐えられないほどの頭痛に見舞われた。やがて耳鳴り、冷や汗、ひざの震えの症状まで現われはじめ、ついに我慢も限界に達し、衝動的に変態行為を犯してしまった。とたんに、それまで抱えていた不安がうそのように消え、気も狂わんばかりの状態を脱した。今では患者Aも正気を取り戻し、自分のやったことに恥じ入って、いつ何時またそうした発作に襲われるかもしれないとびくびくしている。そんな彼だが、万が一発作に見舞われ、女性かウサギのどちらかの選択を迫られても、結局はウサギを選ぶに違いないともらす。

これが二次性分利であることは疑う余地がない。この奇形の男は強迫神経症の変態であって、犯罪人ではないのだ。

所見187の患者もマイホーム型という感じではない。

患者X。ギリシア正教徒である四〇歳の農夫。酒飲みの両親を持つ。五歳のころから、時折気を失って倒れ、しばらくじっとしていたかと思うと急に起きあがり、目を大きく見開いたままどこへともなく歩きだすという、てんかんの発作が見られた。一七歳を迎えて性欲が芽生えても、女性や男性には性的魅力をまったく感じず、むしろ動物（トリやウマなど）に強く引かれ、若い雄ドリ、アヒル、後にウマやウシと交接するようになった。なお、マスターベーションの経験は一度もない。患者Xはまた、偏狭頑迷にも聖像を描き、ここ何年も法悦の境地で熱狂的に神を崇拝してきた。聖母マリアに「不可解な」愛情を抱き、聖母のためなら死んでもいいとさえ思っている。診察後は、そうした偏執的なところが取れ、性倒錯の解剖学的徴候もない。一方、動物では絶えず精力絶倫の彼も、幼少より女性を毛嫌いしていたせいか、女性とセックスしようとしてもうまくいったためしがなかった。患者Xが女性をどうしても受け入れられないのは、そのセックスがあたかも罪のように感じられるからなのかもしれない。

かといって、クラフト＝エービングがどの獣姦も「精神病質に基づいて」説明していたわけでは「決してない」。「乏しい倫理観」や「通常では満足を得られないほど強い性欲」も、その原因になり得るとしている。「上流階級」の三〇歳になる男性であれ、「きわめて正常な精神の持ち主」だったが、ニワトリに熱を上げていた（その証拠に、飼われていたニワトリが次から次に死んでいる）。彼はこれについて、「ペニスが小さすぎて」女性との性交は無理だったのだと弁明した。

同性愛、サディズムとの関連づけ

同じくソドミーに数えられる同性愛は、良識ある人々の間で病気とされなくなって久しい。なのに、獣姦はいまだに心理学者ではなく精神科医のお決まりの素材である。動物・人間交流センター長のアラン・ベックは、その著書『ペットと人間の関係』に「有名なジョン・マネー医師」の精神医学講義を引用している。

教室での質問に応じた女性患者は、夫と性交しようと思うたびに、胃内のガスが増す（げっぷ）という心身症的病態に陥ることを訴えた。そのうえ、世話をしていた赤ちゃんの性器をいじくる癖も告白し、愛犬との交接経験についても半ば平然と語った。長年医者にかかっていたが、これまでそうした悩みを打ち明けたことは一度もなかったという。こんなことをいっても医者には到底理解してもらえないとあきらめていたのだ。

これにマネー自身の説明もつけ加えて「ネピオフィリア／ゾーフィリアに苦しむ母親」と題し、私生児、狭量な里親、度重なる流産、意志薄弱な夫、病気の子どもたちといった精神医学的な遠因を周到に並べ立てながら、四歳のおいの性器に自分の性器をこすりつけた彼女が「すごく気持ちいい」と感じた様子を述べている。

ある日、女性患者はイヌを男の子の代わりにしようと思い立つ。「うちでもイヌは飼ってたんだけど、雌だったから……最初はおいの家のイヌで試したの……彼の妹の面倒を見てたんで」。

パンツを脱ぐことはなかった、と彼女は当時を振り返る。結婚したあとも、その習慣はやまなかった。「どうしよう、人に知られでもしたら人生メチャクチャになるって思ったんだけど、やりたいっていう衝動にはどうしても勝てなくて……イヌをこっそり家に連れ込んでは、人目を盗んでセックスしたものよ。そんな不潔で汚くてばい菌だらけなこと、よくやるって思うでしょうね。でも、やめられないの」。とうとうピルの力を借りた彼女は、含有されているホルモンの効き目か、病的な性行為に駆り立てる衝動をようやく抑えることができた。

獣姦はまた、ややもすれば他の性的「変異」に関連づけられがちだ。精神科医にとって、これは願ってもない話である。そもそも、雄のイヌやウマにマスターベーションを行なう少年は、同性愛行為をしていると考えていい。少なくとも雄はオーガスムでこたえてくれるため、自分ではそういう気分が得られないにしろ、同性の動物を選ぶ少年が圧倒的だ。

一方、ニワトリへの暴行はもちろん異性愛行為だが、同時にサディズムへも移行しやすい。人間と比べてなんの苦もなく暴行できる動物が相手の獣姦では、サディズムが目的で行なうケースもある。動物虐待が一般的に性的興奮を求めて行なわれることは、イギリスの王立動物虐待防止協会（RSPCA）の検査官だったら百も承知だ。食品産業での動物虐待がもはや当たり前と化している世の中では、こうしたサディストが満足感を得るのはそれほど難しい話ではない。普通の食肉処理場でもそんな悦楽に浸っている者がいる。

患者C・L。四二歳の技師。彼は家畜、特に豚が解体されるのを見て育つ。その光景に激しい性的興奮を覚え、射精することも多かったという。やがて、血をほとばしらせて断末魔にあえぐ動物の姿を見物しに食肉処理場を巡り歩くようになり、高まる快楽をそのたびに味わった。

精神科医による奇矯なショーはまだまだ続く。ウィーン出身のその名にし負う「ヘンドルヘル」(「若い雄ドリ」の意)という人物は、どの売春婦と寝るときも、「ニワトリやハトなどの鳥類を痛めつけて殺すことで」興奮を倍加させるのが常だった。かたや、売春婦にニワトリやウサギを買ってこさせ、「頭を切り落として眼球や腸をかきださせる」紳士もいた。若い女性が覚悟を決め、さもむごたらしくそれをやってのけると、彼は興奮をかき立てられ、当の女性には指一本触れずに代金を支払い、さっさと自分でイッてしまった。

愛さえあれば獣姦は変じゃない

次なる異様な獣姦の特徴は、その道の権威であるフランス人のローラン・ヴィルヌーヴが一九七八年の名著に取り上げたフェティシズムである。いうまでもなく、毛髪や編み上げ靴などとは比べものにならないくらい、イヌ、わけてもネコが長い間フェティッシュとしての役目を果たしてきた。愛犬家や愛猫家が自分の愛しいペットをたたえた言葉に接すれば、だれでも美辞麗句を連ねた愛の詩歌にも似た雰囲気をすかさずかぎ取るに違いない。

ヴィルヌーヴの著書『獣姦博物館』ではフェティシズム以外にも、人間とのセックスでの不感症、性病に対する不安、動物の挑発的態度、妊娠のおそれ、アルコール中毒など、一一件にのぼる獣姦を犯す誘因を挙げている。精神異常でも病気でもバカでもないのに、場合によっては動物とのセックスを好ましいと思うことがあるなど、そんな彼にはきっと想像もつかないだろう。

だから、愛玩動物の専門家、ベックとカッチャーの本を読んだときには正直いってホッとした。そこでは、動物病院の救急医療部を訪れた夫婦と娘、それからペットのドーベルマン・ピンシャーについて紹介されていた。イヌと関係を持ったわが子の感染を案じ、愛犬の性病検査にやってきたのだ。ここで夫婦が最初に頼みの綱としたのは、精神科医ではなく獣医だった。

とはいえ、はや一九八〇年代を迎えていた当時、ヘーバルレら性科学者はすでにこう書いている。「動物が傷を負ったりして虐待を受けないかぎり、干渉する必要はまるでなく、人間と動物の性行為を〝精神医学的に分析する〟のは〝悪趣味〟である」。そうはいいながらも、諸手を挙げて賛成しているわけではない。「人間よりも動物を好む性癖のある男女は、性的に障害があるといっていいだろう。だが、問題をはらむ性行動の例にもれず、他人にできることはせいぜい、専門家の助言を求めるよう彼らに勧めるぐらいしかない」。彼の言葉の端々にはまた、フロイトの精神分析の影響も垣間見える。「それを病気の徴候とみなす主な理由は、排他性、固着、倒錯といった特徴である」。

要するに、いやおうなしに行なわれる獣姦は病的であるというわけだ。とすると、通常の異性愛でも病的ということになる。異性愛であっても、普通なら指さすのもはばかれる場所に、まさにいやおうなしの衝動に駆られて鼻を突っ込んでいる。実際、苦痛を伴わないセックスであれば、病的でも不当でも狂気じみてもいないのである。

それでもなお、獣姦はタブーの域を出ず、家畜小屋や寝室、専門の文学やポルノ、下卑た冗

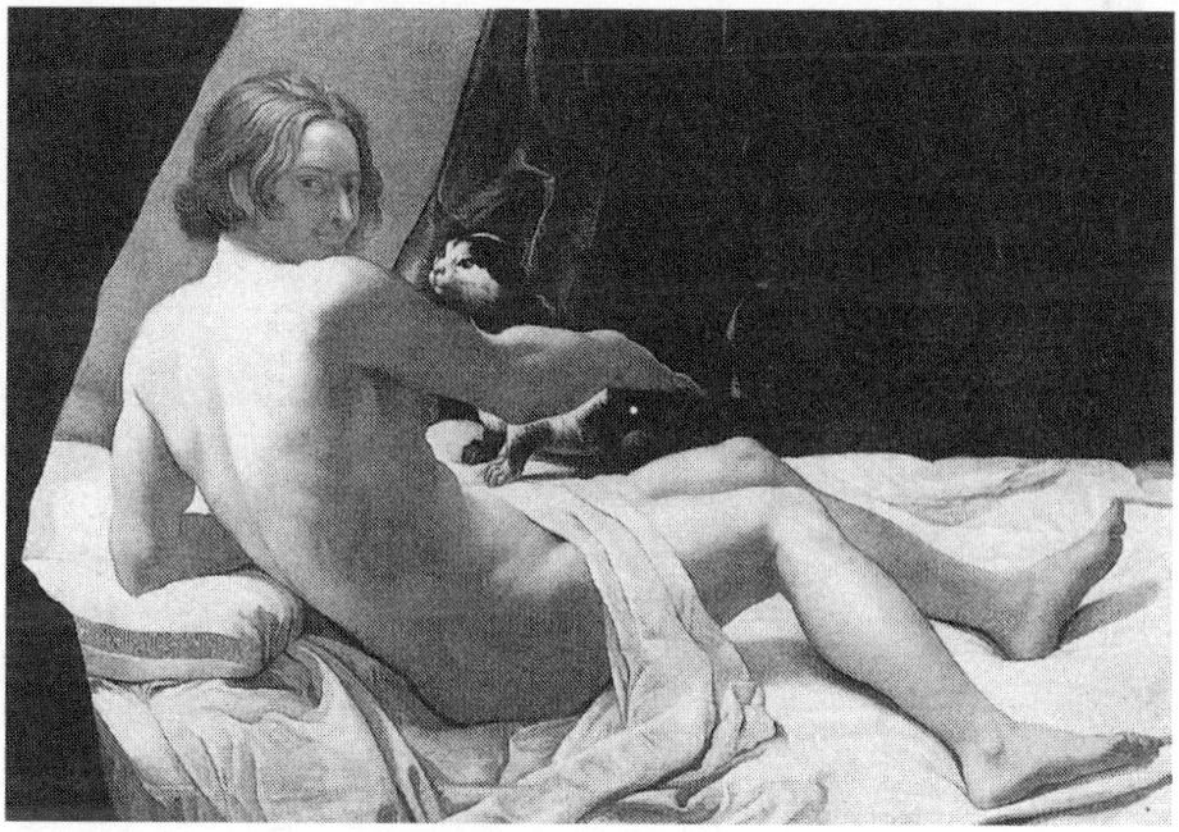

ジョヴァンニ・ランフランコ、「ベッドに横たわる裸の少年と猫」、1620年ごろ。

談や呪いの文句のなかに包み隠されている。こうした事情が改まらないかぎり、その普及率を推定するのは難しい。近親相姦と比べてみてもそうだ。ここ数年で、親による子どもへの暴行が予期せぬほど多いことが徐々に明らかにされつつある。それというのも、身を切るような思いでその屈辱的な体験を克服した子どもたちが、次々と口を開きはじめたからだった。当の本人が赤裸々に話したことで、これまで押し黙っていた目撃者たちも堰を切ったように真情を吐露しだしている。一方、動物は口が利けない。その点からも、編み上げ靴やポルノ雑誌と並び、動物は秘密を厳守してくれる理想の相手なのだ。

本章の冒頭で、私は獣姦の経験のある人間の割合を数%と見積もった。しかし、動物「のみ」とセックスする者に関していえば、当然ながら一%をはるかに下回る。獣姦は想像力を必要とする。そして、想像力のある人間は概してしっぽを出さない。まず、性交渉には然るべきところに然るべき物を挿入し、然るべき物をいじらなければならないという制約を取り払ってみたらどうだろう。たぶんキスもたまにしたりして互いに愛情のこもった抱擁をするというように、ただ愛し合うことだけで性交渉がなり立つと考えたら、獣姦は常軌を逸した代物ではなく、不面目どころか社会的に「認められた行為」となる。いずれにせよ、動物好きと呼ばれていやな気がする人間はいない。

第9章　永遠の喜び

みだらな考えは性器に勝る

「獣姦の本をまだ書いてるのか」。友人にそう尋ねられ、執筆中だった私はその旨を伝えると、彼はたたみかけて聞いた。「〝愛犬家（Dog-fancier）〟っていう表現をどう思う」。みだらな考えは永遠の喜びで、それに勝る性器はない。「頭に思い描いただけで罪になるなら、人間はだれだって監獄行きですよ」と、ヴァン・ヘト・レーヴの第一回ロバ裁判の証言に立った、精神科医のドローフレーヴェル・フォルトインはいった。

頭のなかの件数に比べると、手や膣で行なう獣姦など取るに足りない。その理由は、ポルノ写真を見れば一目瞭然だ。戯れの余韻を残した少女の背中のかき傷に、部屋の片隅に転がるランプ。種の境界を越えて行なった結果が、なにしろこの始末なのである。興奮を引き起こす考えを実行に移しても幻滅するのが落ちで、空想は空想のままとどめておいたほうがいい。考え

「フェイ・レイを伴い、エンパイア・ステート・ビルの頂上に陣取るキング・コング」、1933年製作の映画の「プレス・ブック」に掲載された線画。

は欲情に火をつけるが、行為はたかだかその炎をかき立てるぐらいなものだ。他人の性的な空想をまとめて本にするナンシー・フライデーは、その著書『秘密の園』のなかで想像力の素晴らしさを絶賛している。

ウシやロバと実際にセックスする女性はそれほどいるとは思えない……空想の世界だろうとなかろうと、下卑た種馬の姿を見るだけで、あの途方もなく巨大なペニスが頭に浮かび、妙に興奮してしまう。そんな大きな物を想像してみてほしい。せめても最初の一瞥ではうっとりするような物。きまりが悪くてちらりとしか見ることができなくてもいい。それが体を貫くところを考えてごらんなさい！　あんなに巨大なペニスを見て、自分に挿入されていく姿を思い浮かべない女性なんてはたしているのかしら。いるとしたら、それはまるでレーシングカーを目にしながら、あのゾクゾクするスピード感を味わないのも同然。

想像は現実から出発することが多いが、夢見るだけの余地は残しておく必要がある。こうして思い描かれた、ナンシー・フライデーの本に登場する並みいる夢のなかでも、その豊かさにかけてはドーンの右に出る者はいない。

一五歳ぐらいのときの話よ。ある朝、何も着ないで朝食を取りに下へ降りたの。季節は夏で、両親も出かけてた。だれもいないあんな大きな家を素っ裸で歩き回るのって、そりゃあもう最高だった。やがて、台所にいたイヌが目を覚まして吠えだしたんだけど、そのうち私に鼻をこすりつけ、においを嗅ぎはじめたの（まだほんの子どもで訓練も行き届いてなかったし、ちょっとおバカさんって感じのイヌだった）。で、はっと気づいたってわけ。ペニスをもりもりと勃起させて、イヌが私に背乗りしようとしてるってことをね。興味をそそられながらも、そのあとしばらく体をなでてあげてた。イヌの望みをかなえてやりたいと思う反面（でも、その望みってなんなのか、あのころは全然見当もつかなかったわ）、恥ずかしいって気もしたし。でも、もうだめ、目を閉じて犬の鼻の動きに身を任せたいって、矢も立てもたまらなくなった。今でもときどき考えるわ。あのとき、朝食で中断しなかったら、どうなってただろうって。これまでそのシーンをあれこれと夢に描いてきた。私のなかにイヌのペニスが完全に入ったところで、家族が帰宅してそれを目撃する……とか、いろいろとね。

空想はほとんど何をしないでも広がっていくことは、バーゼル動物園の例からも疑う余地がない。隣接した鳥小屋で働く新入りの飼育係の女性とお近づきになりたいと願っていたゴリラのアキレスは、檻に引き入れたい一心で、彼女には予想だにできない秘策を思いつく。檻の鉄柵に腕が挟まったふりをして、アキレスは彼女が助けにやって来たところで戸をパタンと閉めた。そのとき、カギは檻の外に置きっぱなしで、閉園時間もとっくにすぎていた。もはや助けを呼ぶ手だてはない。翌朝になって救いだされた飼育係の若い女性は、ゴリラに一晩中抱きすくめられていたせいで、全身汗びっしょりの身も世もない姿になっていた。各紙はこのニュースに飛びつき、一面トップで美女と野獣の物語を掲載した。新聞記事を読んだ男たちは異様に興奮し、女性も思わず背筋がぞっとしたものの、結局、一年半後、アキレスは雌であることが判明している。

扇情主義を取るのは、キワモノ的な新聞ばかりではない。高級紙『NRCハンデルスブラト』でも、「国民的記者カス・デ・ストッペラール」が動物の取引きに関するまじめな記事を書き、ほんのわずかな事実だけで想像をたくましくしている。

数年前、アムステルヴェンで幼い少女が性欲をうまく調節できないオランウータンに襲われ、背骨をくじいた。少女は毎朝、庭の檻にペットとして飼われていた二頭のオランウータンにえさをやるのを日課としていたが、春のある宿命的な日、雄のオランウータンがあまりにも激しい野生の本能に目覚めてしまったのである。

芸術の世界なら獣姦は思いのまま?

こうしたニュースとは裏腹に、獣姦はもっぱら想像の世界で行なわれている。そこで勢力をふるっているのが、ほかならぬ芸術である。どんなに奇妙で不快な欲望であっても、芸術家はそれらを即座に言葉やイメージで表現してきた。獣姦にしろ例外ではない。言語に絶するひどいものが鑑賞に堪える姿にすっかり変身するさまを、私たちはこれまでもくり返し目にしている。

古来より、現実では反感しか買わない獣姦のシーンも、芸術となると目が覚めるほど美しい。

レダと白鳥を筆頭に、雄ウシの背に優雅に寝そべるエウロペや、聖母マリアを受胎させた聖霊などを描いた作品が、ブルジョアの屋敷の絵画、燭台、塩コショウの瓶などいたるところを飾った。広場や街角でも、妻ならぬブロンズのウマにまたがる政治家や将軍の銅像が建っていた。

現代であれ負けてはいない。イギリスの昔話に登場するゴールディロックスと三頭のクマから、地球の女性を肥沃な惑星に連れ去る異星人に至るまで、独自の神話を持っている。しかも、想像力の羽を自由に広げたい向きはポルノ・ショップに行けばいい。「アニマル・セックス」の露骨な性描写に彩られた本やビデオが、「ゴム・フェチのセックス」、「SM」、「グロ」などの「特別メニュー」に交じって、うずたかく積み上げられている。

そんなポルノも人間の想像が生みだしたもので、芸術に変わりはない。ただし、読む際に主に両手を使う文学に対し、ポルノは片手を空け

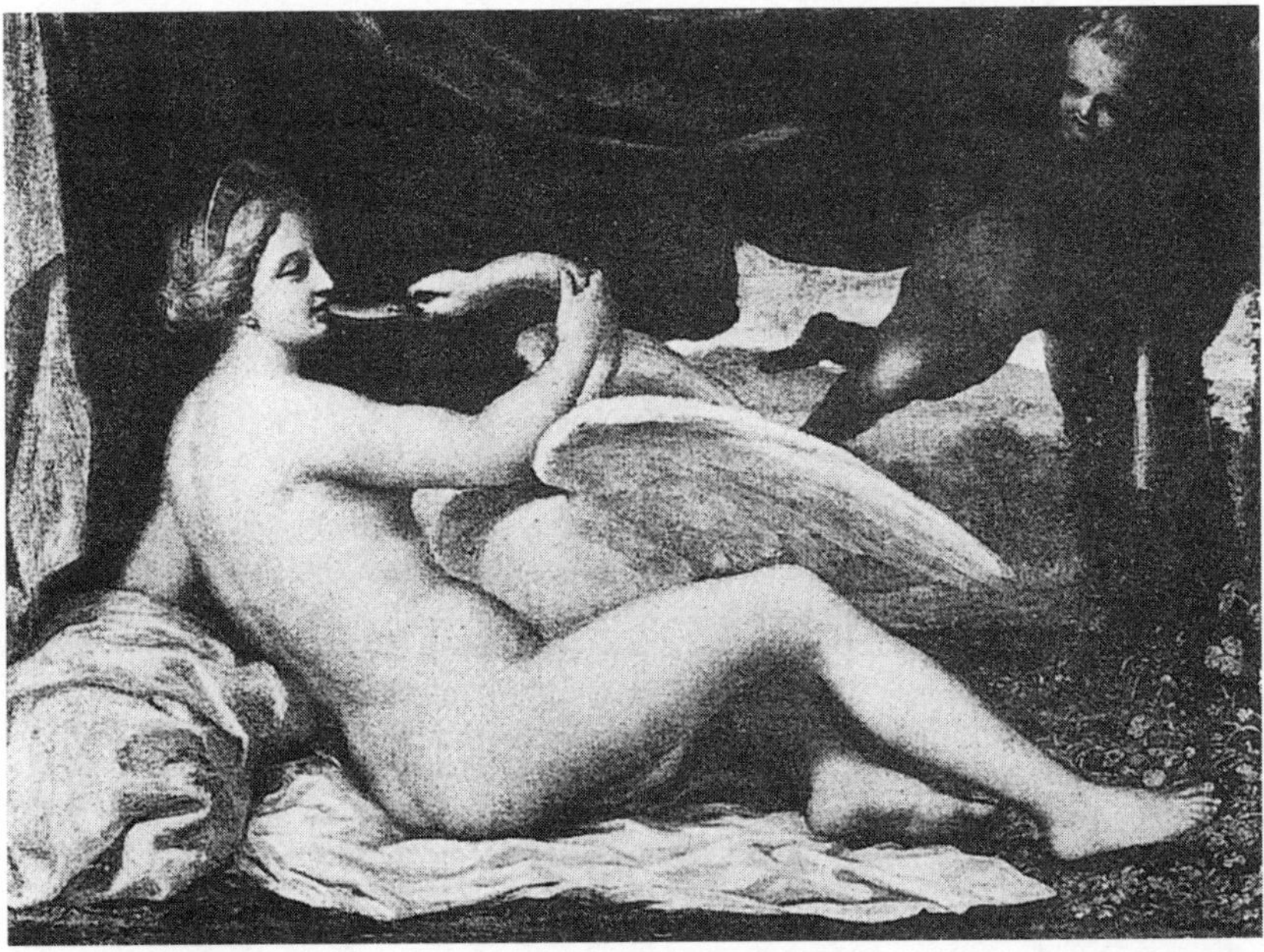

ニコラ・プーサン流「レダ」。

ているといった具合に、ひたすら五感を快く刺激することを追求している。とはいえ、獣姦を扱うジャンルはポルノにとどまらない。タコのバーバラがブルターニュの漁師ジャン＝マリーに恋する物語、モーリス・ランス作『海よ』で描かれた獣姦は、ポルノ、文学、笑劇、ドラマの要素が入り交じっている。

「アタシのこと好き？」バーバラがジャン＝マリーの首に触腕を回しながら（もはや驚きもしない）、その耳元でそっとささやく。シャツを脱いだ裸身には、バーバラの湿り気を帯びたひんやりとする体がたまらなく心地よかった（七月の夜は少々暑い）。

そんなふうに何時間も、彼女と甲板に網を並べて寝そべっていたジャン＝マリーは、満月の光のなかでオパール色に輝いたかと思うとピンクのトパーズへと変化する、そのみごとな姿態にすっかり魅せられていた。

妻にバーバラを紹介したあとも、漁師のジャン＝マリーは触腕の「しっとりとした心地よいベッド」におぼれる日々を送っていた。ところが、そんな生活も妻がタコのバーバラにバグパイプを贈り、それに彼女が一目ぼれしたことで終わりを告げる。嫉妬に駆られた漁師は泥酔したあげく、「あの笑止千万な皮の袋が、どのように胴をバーバラに押し当て、好色な彼女と戯れるのか」ひとつ見てやろうと海に飛び込んだ。

芸術の世界であれば、どんな獣姦も思いのままと考えるかもしれないが、現実はそうではない。いくら世の中を覆しても、上下があべこべになるくらいなもので、規則は依然として存在している。『海よ』はそういう意味で、反則なのだ。獣姦者を女性とするのが原則の芸術の世界では、動物の相手が必ずといっていいほど男性である現実とは、役割がまったく逆転している。芸術家の大半が長らく男性だったという状況を考えれば、こうした逆転も納得がいく。いかにも男性が思いつきそうなことではないか。空想した本人が肝腎の役を演じないとはなんとも遠慮深げだが、それはうわべにすぎない。例のごとく主導権を握る側を選んだから、動物を演じる結果になったのである。男性はウマ、イヌ、ウシなどの特大の性器を持つ精力絶倫の怪物に扮し、飽くなき欲望に身もだえる女性に向け、精液をたっぷり注ぎ込む。

いずれにせよ、野獣の女性には、男性もさだめし幻滅することだろう。事実、クイーン・コングではなくキング・コングが大ヒットし、キスされたカエルが王子に変身するのは周知の話で、アレクサンドル・デュマの『モグラ王』に

葛飾北斎、「タコに犯される海女」、『喜能會之故真通(甲の小松)』の図版、1814年。

登場するモグラにしろ、実は王女だったなんて話はとんと聞かない。

むろん、女性も性的妄想を抱く。しかし、ナンシー・フライデーには失礼ながら、女性の描く動物はさほど目を引く存在ではない。キンゼー報告でも、動物を官能的に空想する女性はわずか一％だと伝えている。彼女たちのようにもっぱら自分のことを夢見ていれば、男性ほどの恩恵に浴することはない。なにせ、大きさへのこだわりの点では、男性はとかく女性の比ではないのだ。

最古の獣姦小説『黄金のロバ』

まさしく男が動物に変身する神話や物語の数々が、自らを動物とみなす男性の実態を如実に物語っている。獣姦を題材とした最古の小説、ローマのルキウス・アプレイウスが書いた名高い『黄金のロバ』がその好例だ。トリになりたいと願っていたローマ人の若者が、魔法の薬の分量を間違えてロバに変身したいきさつが次に書かれている。

翼どころか羽根一本生えてこない。代わりに、毛が次第にこわばり、肌も硬化して今や獣皮といったありさまだ。しかも、手足の指はくっつき、まるでひづめのように固まって、背骨の下のほうからも長いしっぽがにょきにょき生えてきた気がする。おまけに、顔は腫れ上がり、口や鼻の穴も大きくなった。唇にしろ、だらりと垂れ下がって、長くて毛むくじゃらの耳がぴんと立っている。こんな哀れな姿に変わり果てはしたが、あそこのサイズが巨大になったのはせめてもの救いだった。

奇怪な出来事を経験するにつれ、これも運命とばかりにあきらめたルキウスは、主人のために人間の客相手に芸を披露するようになる。

見物客のなかのひとりの裕福な貴婦人が、俺の妙技に魅せられ、ぜひとも近づきになりたいなんて変な気持ちを抱いたようだ。雄ウシと恋に落ちた伝説のパシファエばりに俺にすっかり参った彼女は、一晩の相手に貸しだしてくれないかと調教師に多額のわいろを渡した。嘆かわしいかな、この悪党は自分の懐具合しか考えずにふたつ返事でそれを受けてしまった。ティアススと食事をして小屋に戻った俺を、例の貴婦人が待ち受けていた。なんてこった、その情事にかける意気込みには相当気合いが入ってる！……何時間も小屋の前で待っていた彼女は、美しい胸に巻いていた薄衣さえも取り払って、素っ裸でランプのそばに立ち、白目製のつぼからバルサムの香油を取っては体中に塗りつけた。それからおもむろに俺に向かい、たっぷりと、とりわけ鼻は念入りに香油を塗っていった。次に、ひとしきり接吻すると、……頭絡をつかんで俺を難なくベッドに押し倒し、片ひじにもたれかかった姿勢で横たわらせた。それは見覚えのある俺の技だった。どうやら何か真新しいことをやれというわけでもないらしい。……とはいえ、やはり気が気ではなかった。こんな美女と寝るなんて想像しただけでも心配でたまらない。俺の大きくて毛むくじゃらの脚や堅いひづめがその乳と蜜でできたような純白の肌を押さえつけ、湿り気を帯びた赤い唇に醜い大きな歯の生えた巨大な口で接吻したらどうなるか。

しかも、いくら全身に欲望をみなぎらせた相手であれ、あの一物の恐るべき攻撃に生きて耐えられるとはとても思えない。……俺を熱っぽい目で食い入るように見つめ、甘くささやきながら接吻していた彼女が、「ねえ、かわいい、かわいい小鳥ちゃん、もう何も心配しなくてもいいのよ」といった。とたんに、それまでの不安は杞憂にすぎないと悟り、体をじりじりとすり寄せてくる彼女に、ついに究極の一撃を加えた。そのあと、危害が及ばないよう身を引こうとしても、彼女は背中に腕をきつく絡ませ、どうしても離れようとしなかった。あれでもまだ満足するまでにはいかないのか。俺はその様子を見てそう思った。そこでやっと、パシファエの話をのみ込むことができた。パシファエが彼女と似た女性だったら、雄ウシに夢中になり、ミノタウルスをもうけても少しもおかしくないと感じたのだ。その晩、新しい女主人は俺を一睡もさせてくれなかった。それればかりか、気恥ずかしい日の光が射し込みはじめるとすぐに、部屋をそっと抜けだし、昨日と同額でもう一晩お願いしたいと飼い主にさっそく嘆願した。

ロバのルキウスがなかなかの色事師だと知った調教師は、その色事を芸として披露できないかとたくらんだ。例の貴婦人ではあまりにもりっぱすぎるため、ロバと交わったあとは野獣のえじきにできる死刑囚の女性を雇い入れて、代わりを務めさせることにした。しかし、罪のない自分のほうが間違って野獣に食べられてはかなわないと、ルキウスは、合唱隊《コロス》の舞踊とアルカディア風の美人コンテストが用意されていたオープニングの間に、そそくさと逃げてしまう。一八世紀も前に書かれたアプレイウスのこの本は、おそらくさらに古い時代の作品を手本にし

E・タピシエ、「タイタニアとロバ」。

ていると推測される。要するに、この世の中にまったく新しいものは何ひとつないのだ。

男性は女性と動物の仲を取り持つ

イエールジ・コジンスキーの『異境』での、とある馬車置き場を訪れるくだりにも、古代の小説から取ったとおぼしき個所がいくつか散見される。

都会風の格好をした男が馬車置き場から出てきて、周りの人間から金を徴収しはじめた。……数分後、馬車置き場のドアが開き、派手な身なりの四人の女性が舞台に進み出て、その背後から主催者が大きな動物をしたがえてやってきた。……居合わせた農夫は口々に声を張り上げて女たちの品定めをはじめ、興奮気味にいい争った。しばらくして、主催者が騒ぎを制し、これからどの女性がいいか決める投票を行なうと宣した。……投票の結果、群集が選んだのは若い娘だった。……円形舞台の中央に動物を連れてきた主催者が、その締まりのない個所を棒でつついて刺激しだすと、ふたりの農夫が駆け寄り、動物が暴れないよう押さえ込んだ。続いて前へ進み出た少女は動物を抱きしめたり、性器を愛撫したりして戯れながら、一枚一枚ゆっくりと服を脱いでいった。……

男たちはまさに気も狂わんばかりの様子で、少女が全裸になって動物と交わるのを待ちきれず、やいのやいのとせき立てた。動物の性器には、主催者の手で色とりどりの蝶形リボンが三センチおきに結ばれていた。少女は太ももと下腹部にオイルを塗りつけ、動物をなだめすかして自分の体を舐めさせたあと、客のはやす声にこたえて、いよいよ

ヨハン・ハインリヒ・フュースリ、「タイタニアとボトムと妖精たち」、シェイクスピア著『夏の夜の夢』の挿絵、18世紀。

動物の下に横たわり、両足でその体をぐっとはさんだ。腹を持ち上げるや、彼女はそれをぐいと前へ押しだし、最初のリボンまでペニスを挿入させた。ここで主催者が再び会場を制し、各リボンに届くごとに超過料金を払うよう客に頼んだ。ペニスに結ばれたリボンが取り外されるたびに、料金が加算されていくという仕組みである。まさかこんな責めに少女が耐えられるわけがないと農夫たちは思っていたが、飽きもせず何度も金を払い続けた。

カストロ時代以前のキューバでは（『革命前のキューバは実におもしろかった』）、「少女とロバ」のポルノ版（見るスポーツ）が行なわれている。ショーが引けると（「ロバが射精した精液は優に二リットルはあったに違いない。膣から流れだした精液は少女の尻の周りにあふれ、両足の後ろからぽたぽたとしたたり落ちていた」）、観客は少女とねんごろになったが、ロバと数回やっただけの彼女は申し分のない「締めつけ」具合だった。しかし、「ロバとファックしたり、前戯でメチャクチャなことをやったりして、ハバナの売春宿で一、二年も過ごせば、あんなにかわいらしかった少女たちのあそこも、グランド・キャニオン並みになること請け合いだ」。だが、その日はついに訪れなかった。カストロが現われ、売春宿をすべて営業停止としたのである。「働く必要のあった哀れな少女たちにとっては、きっと青天の霹靂だったことだろう。とはいえ、なんといってもかわいそうなのはあのロバだ。きれいなピンク色のあれに締めつけられる快感はもう味わえない。なんか悪いことでもやっちゃったかな、なんて思ったに決まっている」。

以上のふたつの物語には、女性と動物の間にこっそり忍び込んだ第三の人物がいる。男性、しかもこの場合は観客がそうである。しかし、男性読者に劇中人物になりきれといっても無理な相談かもしれない。物語中の男の役割はせいぜい両者の仲を取り持つぐらいだからだ。

性欲ではサルにはかなわない

とにかく、男性は動物（読者が一体感を持つのは圧倒的にこちら）のまれにみる幸運の引き立て役にすぎない。『千夜一夜物語／アラビアン・ナイト』はその古典の例である。

> 私が……ドアに近づくと、その向こうからさんざめく笑い声とウゥッーといううなり声が聞こえてきた。明かりが廊下に漏れているすき間をのぞいた私の目に、寝床の上で抱き合い、みだらで奇怪な格好をいろいろと試しては笑い転げている、ふたつの人影が飛び込んだ。ひとりは私があとをつけてきた少女で、もう一方は人間そっくりの顔つきをした巨大なサルだった。やがて、少女はサルの手をふりほどいて立ち上がり、服を残らず脱ぎ捨てると、またもや寝床に寝ころんだ。サルは全裸になった彼女を襲い、かき抱いて交接した。事が終わって起きあがったサルは、一息ついたかと思うまもなく再び交わり、その後も休んでは交わりをくり返して、とうとう三回も立て続けに襲いかかった。結局、この暴行は延べ一〇回を数え、そのたびにさも人間の男に対するかのように、少女はすばらしい反応でサルに応じた。……

後に少女は彼に語る。

ウーシン、「王女と猿」、『アラビアン・ナイト』の挿絵。

「ワジール（宰相）のひとり娘である私は、一五歳までは父の宮殿でおとなしく暮らしていたんだけど、ある日、黒人奴隷が手ほどきしてやろうと、私の貞操を無理矢理奪ってしまったの。でも、分かるでしょ。黒人ほど女の情欲をかき立てる者はいないって。それも、畑が最初に感じた相手があの卑わいな黒人の一物だったりしたら特にね。そう考えれば、私の畑が始終黒人から肥料をもらいたいと渇望したって、不思議でもなんでもないはずよ。

しばらくして例の黒人が仕事中に死んじゃったものだから、小さいころから私を知ってる古参の侍女に自分の不運な身の上を訴えたの。彼女はやれやれと首を振りながら、こういった。〝黒人に取って代われるのはサルぐらいでしょうかね。秘め事にかけてはサルの右に出る者はおりません〟。

この老女の言葉をうのみにした私は、あるとき、宮殿の窓のそばを通りすぎるサルの曲芸団を目にするや、こちらをたまたま見ていた一番大きなサルに向かって顔のベールをはいだ。とたんに、サルは鎖を壊して、団長が止めるまもなく、あっという間にわき道を抜けて逃げ去ったの。それから、庭をぐるりと回って宮殿に戻ってくると、この部屋に直行して私を抱き、一〇回も立て続けにやったというわけよ」。

部屋をのぞいていた男は、少女が日ごろから「ヒツジの精巣」を買いに通い詰めていた肉屋だった。彼はサルを殺し、その代理を申し出たまでは良かったが、あえなく失敗に終わってしまう。飽くことを知らぬ性欲の持ち主の前では、奇跡を呼ぶ妙薬に頼るしか手はなかった。

また、アルフレッド・ド・ミュッセ作『ガミアニ』のアルシッド男爵も、動物の勝ちを認めざるを得ない。好色なガミアニ伯爵夫人は、男爵ではもはやオーガスムに達することができず、巨大なイヌの力を借りている。「メドール！　メドール！　イかせて！　おねが……！」

なぜじゃまするんだ子ネコちゃん

要するに、第三の人物である嫉妬深い男は、形式上、女性と動物の間の情愛を際立たせる役割を効果的に果たし、物語にさらなる妙味を添えているようだ。次の物語の主人公も、やはりネコである。

今夜はいつもとどこかが違う。エルンストはそう思った。今日こそ、うまくいくぞ。彼がアナベスをぐっと抱き寄せたのと同時に、オーケストラも最後の舞踏曲を奏ではじめた。なんと華麗な調べ！　そして、美しい人よ！　心なしか、彼女の目にも興奮の色が浮かんでいる。エルンストはその興奮を真摯に受け止めた。

車で彼女を家に送り届けるなど、これまでにないことだった。自宅に着くと早々に、アナベスはなんのためらいもなくお茶でもいかがと尋ねた。もちろん、だれが断るものか。

アナベスが文字どおりコーヒーを入れにいっている間、エルンストはそのインテリアにすっかり目を奪われていた。まさにひとり暮らしの女性の部屋といった風情である。

花柄の応接セットに、方々を飾るかわいらしい置物。そしてきわめつきは、あのすばらしいビルマネコだ。寄り目がちじゃなかったら、今ごろはもう賞をごまんと取ってるわ、とアナベスも一度話したことがあった。ネコはセントラル・ヒーティングの前に寝そべり、かすかにごろごろとのどを鳴らしていた。

コーヒーに次いでコニャックを飲んだが、それくらいでとても間に合うはずがない。これでもかこれでもかと飲むうちに、どうしたわけか気がつくと、エルンストはアナベスとベッドのなかにいた。彼女はエルンストの髪をかき上げ、促すように甘くささやく。彼もそれにささやき返し、いざ本番という段になって手に衝撃が走った。裸の女性の柔肌のはずが、手に触れたのはなんともじゃもじゃの毛の塊だったのだ。

知らないうちにエルンストとアナベスの間に押し入ってきたビルマネコは、一向にその場を離れる気配を見せない。だったらかまわず先を続けようとエルンストは心に決めたが、ネコはどうしてもそうさせてくれなかった。「いい子ちゃんね。よしよし、ママとおねんねしましょ」。なだめすかしつつ体をさすってやるアナベスに、ネコも気持ちよさそうにのどをならした。

懸命に気持ちを立て直し、エルンストはもう一度事に挑んだ。アナベスとビルマネコを交互になでていた彼の努力の甲斐あって、ネコは次第にベッドの足元に移動していった。そのころにはもう興奮も最高潮に達していたエルンストのペニスは、そびえ立つほど勃起していた。すると、生まれてはじめて見る光景に、ビルマネコの目がくぎ付けになった。エルンストは当初、それを賞賛のしるしと受け取ったが、実はほどなく意外ともいうべき結果が待ち受けていた。のらりくらりと近づいてきたビルマネコは、ティーポットのような姿勢でゆったりとふたりのそばにうずくまると、おもむろに小首をかしげ、寄り目の視線を注いで上から下までその現象をくまなく観察した。この歯のない怪物はそれほど危険じゃないらしい。そう見て取るが早いか、ネコは右脚をためらいがちに伸ばすと、つめを立てずにじゃれつき、ふくれ上がったペニスの先を軽くたたいた。おもしろいように跳ね返ってくるその様子に、今度は左脚を差しだす。しかし、光速度で縮むおもちゃを相手では、ネコのフットワークも軽やかでなければならない。そろそろすばやい脚さばきにと見計らっていた折も折、首根っこをぐいとつかまれ、部屋の外につまみだされてしまった。

ベッドに戻ったばかりのエルンストの耳に、ドアを引っかくカリカリというういらつく音に交じって、憂いを帯びたネコの鳴き声が届いた。

「なんてひどいことをするの」と、アナベスがとがめるようにいった。再び彼女の手で招き入れられたネコは元の場所に陣取り、ごろごろと心地よくのどを鳴らしはじめた。

「さあさあ、もう大丈夫よ」。

男として屈辱を感じたエルンストは、かすかにくすぶる残り火をまっさらのパンツにしまい込み、怒ってアパートをあとにした。本人はくそおもしろくもないと思ったこの顛末も、彼の精神科医には大いに失笑を買った。

美女と野獣の見果てぬ恋

文学における獣姦はどんな弁解も必要としない。それはかなわぬ愛のようなもので、文学が揃ってテーマに選ぶのもそうした愛である。ロミオとジュリエットや男とサル、母と息子や母とイヌ、そして中世の神秘論者ハデウィヒと彼女の魅力的な花婿に、ヴァン・ヘト・レーヴとロバなど、どれをとっても満たされぬ欲望をうたう果てしのない詩歌にほかならない。

文学としてのラブストーリーに大切なのは、互いに引かれ合いながらも反発し合う両極端の間の緊張である。古典的な両極端の男女を描く小説では、苦心惨憺してその差異を強調する場合が多い。引き締まって毛深い胸の男性に対し、女性の柔らかな白い胸。はたまた、男性の鋭い目つきとは対照的に、内気なまなざしの女性といった具合である。こうした世界では、男性はすぐにでも実物ばりのクマ、サル、オオカミに変身することができる。この結果、さほど努力をしなくても、愛はますます手の届かぬものとなり、欲望はなかなか満たされず、緊張が前にもまして高まっていく。

美女と野獣はまさしく不朽のテーマなのだ。自身の美しさはいうまでもなく、野獣も醜い外見とは裏腹に心やさしい恋人だとたちまち見抜いた娘は恋慕の情を募らせるが、読者と同じくはじめからこんな関係がうまくいくはずはないと覚悟している。少なくとも文学では、かなわぬ愛は不幸な結末を迎えるのが常套だ。早晩、身内の獣性が牙を抜き、彼女かだれかの命を奪うか、ウシが次々に惨殺されるのをいぶかる世間に気づかれるだろう。そんな愛を救う手だてはもはや魔法しかない。

一九四六年にジャン・コクトーがみごとに映画化したおとぎ話的な『美女と野獣』では、まさにそのとおりに展開している。父を救いだすため、身代わりとなって野獣の城に住むことになった美女。ふたりの間に芽生えた愛は絶体絶命の危機に瀕するものの、野獣がハンサムなジャン・マレーに変身し、以降はおとぎ話のような幸せがはじまる。観ている客のほうは、そこでおとぎ話とはおさらばだが。

映画産業は不朽の価値のあるこのテーマをこれまでさんざん食い物にしてきた。とはいえ、コクトーの時代には早くも、その決定版ともいうべきカップルを銀幕に登場させている。一九三三年にお目見えしたフェイ・レイとキング・コングだ。

ニューヨークの上流階級出身の細身でユリのように白い肌をしたフェイ・レイは、有史前の世界が現存すると伝えられる孤島スカルアイランドで、黒毛の巨大な怪物と出会う。神とおそれるコングに、島民は映画のロケ隊とともにやってきたフェイをいけにえとして捧げるが、コングはそんな彼女に恋心を募らせていく。だが、何頭もの恐竜と死闘を繰り広げ、そのたぐいまれな力を見せつけるコングも、人間のテクノロジーの前ではお手上げで、ニューヨークに連れ去られてしまう。そこで十字架に磔にされて見世物となっていたコングは、フェイ・レイを目撃するや鎖を引きちぎり、愛する彼女のあとを追いかける。ニューヨークのほぼ全域を踏み荒らした末に、彼はようやくとあるアパートの一室にいるフェイを見つけだす。しかし、総動員された警察、消防隊、軍隊がコングを徐々に追いつめていく。そして迎える、無数の複葉機がエンパイア・ステート・ビルの頂上からコングを撃ち落とす終末論的なラストシーン。このころにはもう、コングを怪物と考えている登場人物はだれもいない。「戦闘機がついにしとめたぞ」という警察官に傍らの男がつぶやく。「いや、そうじゃないね。……やつは美女にしとめ

「美女と野獣」、マリー・ルプランス・ド・ボーモント夫人による童話の挿絵、1811年ごろ。

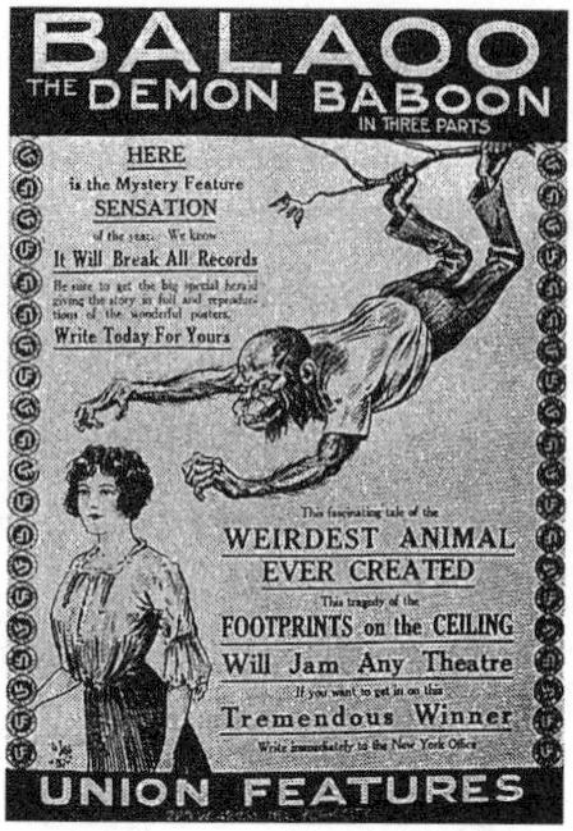

「邪悪なヒヒ、バラウー」、類人猿を題材とした初のノーカット映画、1913年。

グランヴィル、「ガリヴァーを抱く巨猿」、ジョナサン・スウィフト著『ガリヴァー旅行記』の挿絵、1850年ごろ。

られたのさ」。

キング・コングの成功のカギはそのあいまいさにある。人をおそれさせる反面、感動ももたらすコングは、父親的でありながら母性をも感じさせる。これはその出生に秘密が隠されている。監督のメリアン・C・クーパーは、エドガー・アラン・ポー作『モルグ街の殺人』をヒントにキング・コングの残酷な面を描き、他方のやさしい面についてはジョナサン・スウィフトの『ガリヴァー旅行記』を参考にした。巨人国で大きな人形の家に閉じこめられていたガリヴァーを、同じく巨大なペットのサルが引きずりだして胸に抱く。

「あたかも乳母が赤ん坊に乳を飲ませるように、右の前脚で私を抱きかかえた。そのしぐさは、ヨーロッパで同種の生物が子ザルにしていたのとまるでそっくりだった」。突然の物音にはっとしたサルは、摩天楼に追いつめられたキング・コングさながら、ガリヴァーを抱えたまま追っ手を逃れて屋根に駆け上る。しかし、このサルも結局、人間を誘拐したとして殺害されてしまう。

キング・コングの心理面での生みの親、父親側のポーと母親側のスウィフトの影響もさることながら、上品ぶった検閲官にもクーパーの作品は相当恩恵をこうむっている。コングがフェイ・レイの服を一枚ずつはがし、指についた女性の芳香を嗅ぐシーンを筆頭に、露骨なセックス描写はないものの、それらしきイメージや雰囲気を描く場面が随所に盛り込まれていた当初の映画から、くだんの検閲官たちがエロティックな部分をほぼ根こそぎ削り取ったのである。あらわにかき立てないおかげで、空想をそそる仕上がりとなった。

『キング・コング』には当然ながら続編『コングの復讐』が制作されたが、キング自身の後継者的存在といえば、カレル・ライスの珠玉の映画『モーガン』(一九六六)に登場するモーガンをおいてほかにない。

彼はかなり支離滅裂な芸術家で、花、子ども、カール・マルクス、なかでもゴリラに異常なほど執着している。ヴァネッサ・レッドグレーヴ扮する妻とセックスしながらも、キング・コングよろしく勝ち誇ったように胸をたたく、ゴリラの自分を思い浮かべる始末だった。妻はそんな彼から逃れ、金持ちの美術商と結婚したいと願う。「僕がチンパンジーとして生まれていたら、こんなことも起きなかったのに」と嘆くモーガンは、結婚式当日、ゴリラの扮装をして窓から式場に乱入。式をメチャクチャにしたあげく、着ぐるみに火がついた彼は、全身炎に包まれたままテムズ川へとバイクを走らせる。そして、ラストシーン。一生かかっても償えないような罪で社会から追放されたモーガンは、精神病院で庭仕事をしている。空想を現実にしようと策し、罪に問われた彼を、読者諸兄はゆめゆめまねすることなかれ。現実だけでもう手一杯なのだから。

空想世界の獣姦

文学はどうやら人を感化するものらしい。もちろん、獣姦にかぎっての話だ。とすれば、行為は空想の世界にとどめておかなければならない。サドの同名小説の主人公ジュリエットも、イヌとの交接でペニスを抜くときの「痛さはたまらない」と訴えている。また、勃起が一五分すぎても治まらず、危うく一生つながったままになりかけた女性とイヌの話を、ポルノ作家のハーブ・ベネットはこう記す。

ボーゾーもいやがってるふうで懸命に引っ張って抜こうとしたんだけれど、そのときの痛みったらなく、まるで釣り針がなかで引っかかり、内臓をかきむしってるって感じだった。……ボーゾーにしたって、こんな経験ははじめてだったと思う。……そのうち、はずそうと転げ回りだして。ボーゾーがそうすればするほど、あたしのあそこは擦りむけてヒリヒリ痛んだ。なのにしばらくすると、追い打ちをかけるみたいに、また欲情して一からやろうとしたの！　出し抜けにひとわたりやりはじめたときには、あそこをとげつきの針金製の性具でぐりぐりと押し広げられてる気分だった。ああ！　で、そのあともあのすけべイヌったら何度も何度もファックして、死ぬまでやるつもりかしらって思ったくらいよ。……もうどうしていいか全然分からなくって。電話しようか。でも、だれにしたら。だいたい、こんな状態を人にどう説明しろっていうの！

一方、ロビンソン・ジェファーズの叙情詩『葦毛の牡馬』の場合、高尚な調子ながら、その内容はもっとせっぱ詰まった印象を読者に与える。詩の主人公となるのは、退屈な夫との味気ない結婚生活に飽きたらず、刺激を追い求めている女性である。彼女は牡馬と恋に落ち、性体験はいうまでもなく、霊験あらたかな宗教体験も味わって、夫を殺されてもなお、性に合った牡馬のほうを選んでいる。しかし、その交わりが彼女には天にも昇る心地なのに、相手にとってはただのバカ騒ぎにすぎないと知り、牡馬を殺してしまう。

とはいえ、ジョルジュ・ブラッサンスの魅惑的なシャンソン『娘と小猫』が証明するとおり、

ギュスターヴ・ドレ、「あかずきんちゃん」、『ペローの昔ばなし』の挿絵、1862年ごろ。

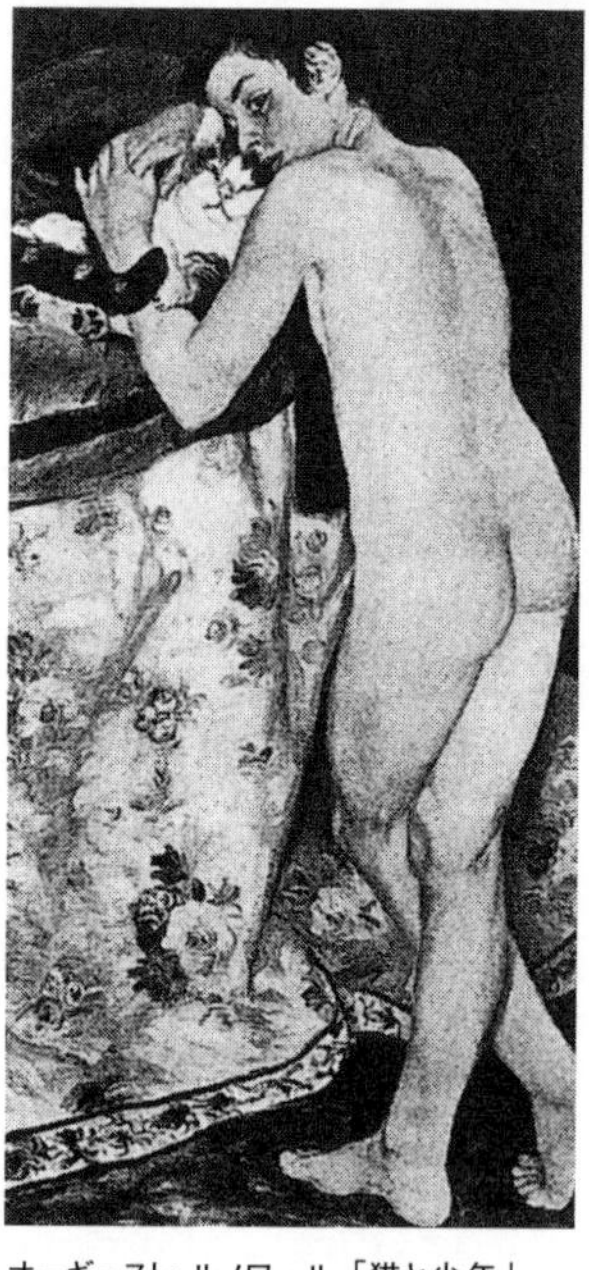

オーギュスト・ルノワール、「猫と少年」、
1868年ごろ。

同種への背信行為はいくら悪意がないといえども許されない。

ある日のこと　路傍で震える
小猫が一匹　羊飼いマルゴはそれを見て
すぐさま胸をはだけると　寒がる猫をば
透けるがごとき白き肌に抱き寄せた
胸をまさぐる小猫にマルゴはいった
「お乳が欲しいの?　小猫ちゃん」

(リフレイン)
おなかが空いた小猫のために
再び肌をあらわにしたマルゴ
それを聞きつけ押し寄せる
町や村の男たち
オー　ララララララララ
オー　ララララララララ
しかし　うぶなマルゴは考えた
これはきっと　このかわいい
小猫のせいに違いない

オー　ララララララララ
オー　ララララララララ
……
上機嫌の男たちとは裏腹に
妻たちは怒りで口も利けぬほど
この騒ぎをどうにかしなければ
ののしり　泣きわめいて　やじりながら
草刈りのごとくこん棒を振り回す女たち
鳴き騒ぐ小猫もとうとう追いだす騒動に
マルゴは涙をぬぐい　これからは契りを
結んだ夫にしか裸を見せないことにした
（リフレイン）

思春期における動物との体験

むろん、文学などの芸術でも、女性ばかりが動物との交接の相手というわけではない。女性がさすがに多いものの、男性も少数ながらその役目を果たす。だが、男性が相手では、読者や見物人をなかなかその気にさせることはできない。

文学に登場する獣姦の大半は、子ども時代の記憶がもとになっている。自らの動物との経験だけでなく、家畜小屋での父親や叔父の秘事を目にして、作家はセックスがどういうものかを学んでいく。このおぞましい性器との初体験で少年に植えつけられた嫌悪感が、動物によって象徴されているのだ。ジャン・ポール・フランセンズのオランダの小説『黄金の子ども』には、イェルという叔父が登場している。

豚小屋に入ってきたイェルおじさんはオーバーオールを着ていた。あれ、今日は日曜じゃなかったっけ？　ぼくたちと一緒に教会に行かないのかな。

リンゴの山のなかに隠れているぼくに、おじさんはまだ気づいていない。屋根裏のリンゴ置き場への出入りを禁じられていたぼくは息を潜めていた。

おじさんに尻をたたかれたブタが、嬉しそうな鳴き声をあげて小躍りしている。そのたっぷりとふくらんだ乳首に、押し合いへし合いして群がり、チューチューと音を立てて乳を吸う子ブタたち。ブタの尻をたたきながら、おじさんがだぶだぶのオーバーオールのチャックを開けた。すげぇ、でかい、こんなのはじめてだ。見ちゃいけないと思いながらも、ついついそちらに目がいく。

鼻を鳴らすブタをしり目に、ほこり、カやブヨ、クモの巣が渦巻くなか、おじさんがひとりマスターベーションをやりだした。と、射精で思わずひっくり返りそうになったおじさんが上を向く。あわててのぞき穴から首を引っ込めたがもう遅い。ぼくを目ざとく見つけたおじさんは、はしごを駆け上がってきてこういった。

「見たな、おまえ」。

「別に。ホントだよ、イェルおじさん、何も見てない」。……

「うそつくんじゃない。うそつきは泥棒のはじまりだ。おまえが目にしたものも許されない。だれにもいうなよ、絶対に。母さんにだってな。分かったか、約束だぞ。見ちゃいけないものを見ちまったら、一生、神さまの罰を受けなきゃならない。ここじゃ、屋根裏倉庫の穴から盗み見するのは罰当たりなことなんだ。いいか、町のやつらとは訳が違う」。

作家のヤン・ウォルケルスも思春期の動物との性体験を語り（「そこで私はニワトリの頭と脚をぐいとつかむと、ペニスでその体をさし貫いた」）、まさしく後ろめたさを感じている（「両親の寝室のカーテンが閉まっているのを見計らい、私は急いで小屋の裏から逃げ去った」）。もしそれが罪でなく、やっても罰せられないとしたら、ヒューゴ・ラースの小説『ものぐさ王』に登場するフィレンソンの息子のように、常軌を逸してしまうに違いない。

ヘーラルト・フィレンソン二世が風呂に必ず持って入るマッチ箱の中身は、なんとハエだった。……入浴するたびに勃起する彼は、自分の体の線に合わせて風呂の湯を張った。年のころは一六歳、顔の見苦しいニキビもときが来れば自然となくなるだろう。さて、中央付近に小さな島が顔を出すよう、水面すれすれに柔肌の体をうずめたヘーラルトは、箱からハエを出して羽をもぎ取り、……例の赤い島のそばに浮かべた。……ハエはもがき苦しんだ末にその島にたどり着き、猛烈な勢いではい回りはじめる。……ほどなく、永遠とも思える恍惚とした無我の境地が訪れると、親指と人差し指でぺちゃんこになる寸前までハエをひねりつぶし、悠久の果てに身内を襲うとどめの一撃を待った。その後、湯を抜いて風呂を出た。そうこうするうちに、彼はとうとう危険な性倒錯者の少年を収容する、郊外の施設送りとなった。

太古の昔から、人はきわどい冗談や楽しい詩にユーモア精神を盛り込み、性行為に対する後ろめたさをうまい具合に紛らしてきた。「ヒッジにディープ・キスをしなければ」という不思議な出だしではじまる詩の作者ハンス・ドレスタインもさることながら、レヴィ・ウェームットもこの分野の第一人者である。

チロルを夢見て幾年月
裸のままで浮かれ騒ぐ
住民たちの好色ぶり
放蕩三昧の金髪女性に
盛りのついた男たち
その表情に陰りはない

バスからのぞく私の目
その手の映画をむさぼり見た
あの長い夜さながらの好色さ

高い尾根がそびえ立つ　なのに
花に埋もれた裸はどこに?!

ああ　アルプスの輝く草原！
いよいよショーの幕開けだ！
ヨーデルを口ずさみつつ
革のズボンを引き下ろし
パンツも眼鏡も眼下へと
ほらあそこ　やっと見つけた
裸の少女の群れ　群れ　群れ！

ああ　めくるめく思い出深き夜！
「モーモー」と叫んだ少女がひとり
「もう」少しとでもいったのか

第10章 ネコとベッドイン

ペットへの過剰な愛情表現

女性が愛しき相手を愛撫している。柔らかな指が肩胛骨の間をやさしくなで、のど首から背中のくぼみへと伝う。そっとため息をもらす彼の耳元に、彼女は愛の言葉をささやく。愛しき相手に首を舐められ、彼女の愛撫はさらに彼の火照った体の隅々まで突き進む。わき腹からおなかを通り、尻、ももへと指が滑っていく。今や触れていないのは後脚のあの部分だけ。

「シーザー、愛してるわ」。彼女は彼の目をじっと見つめてそういうと、最愛の相手の横に寝そべる。呼吸のリズムも次第に揃い、互いにゆったりとくつろいでいる。

以上の場面は驚くなかれ、日常茶飯の出来事だ。動物への愛情表現は珍しくもなく、ましてやその目的で手に入れたペットとなればなおさらである。事実、現代の愛撫の対象としては、ペットが断然群を抜いている。並みのオランダ人だと、イヌより愛撫の回数が多い者はまずいないし、四分の一の家庭ではイヌやネコを寝床に連れていく。枕の上、ベッドの足元、布団のなかにもペットは侵入し、独り寝の寂しさを癒したり、夫婦のセックスの邪魔をする。

これほどまでに異種に愛情を注いだ時も場合もかつてない。孤独を募らせた老人や別世界へ旅立とうとする若者は、行き場のない愛情をここぞとばかりに動物に注ぎ込む。人は人間には厳しく、動物には甘いものだ。世論調査でも、八〇％ものネコの飼い主や八四％ものイヌの飼い主が自分のペットに対して「非の打ちどころがない」と回答している。しかも、ペット中の二九％のイヌと一六％のネコは一〇歳以上であることが判明した。すなわち、どんなに年を取っても捨てられず、死が互いを分かつその日まで人間はせっせとペットの世話をするというわけだ。三組に一組の夫婦が離婚する昨今、その忠誠心は人間に対する場合とは比べものにならない。

連れ合いと同じくイヌもぱっぱと捨てられたら、とたんに公園の木はみなふさがってしまうこと請け合いだ。現実では離婚が成立すると、イヌをめぐって親権者争いが繰り広げられる。法的には動産であるイヌも、裁判所によっては家族の一員として判決を下すケースも多い。

離婚した男性の典型的な例であるベン・ミラーにしろ、毎週金曜日の夜にはニューヨークの郊外に出向き、五歳のコリー犬ブルースを前妻から受け取って、日曜日に返すという生活を続けている。しかし、この訪問権を獲得するには暮らし向きが豊かでなければならない。そうでない場合、イヌは妻のものとなり、ハガキを胸に眠るはめになるだろう。せめて、もとの主人のにおいを忘れないようにと、イヌあてに送りつけるために。

著述家のブレーク・グリーンにも次のような判決文書が交付された。「前述の犬の世話には妻が最適と判断し、監護権を妻に、妥当な訪問権をその配偶者に与えるものとする」。「一緒にいてあくまでも戦い抜くよりはクリストの幸せを思って離婚することにした。別れたからといって彼を巻き添えにはしたくない。互いの悪口をイヌの前で話すのはもちろん、ごちそうやしゃれた服を与えたり、棒拾いの遊びを延長したりして気を引こうともしないつもりだ」。

一九九一年開催の性科学世界会議で講演したある人物が、性欲の欠落に悩む男性の話を紹介している。エッチな話をしても分厚い本を読みあさっても一向に効き目のない夫に、妻は不満を募らせ、ネコに寄り添って寝るようになった。ところが、妻がネコのしっぽでじゃれはじめるや、嫉妬に火のついた男が妻を押し倒したのである。以来、不平はぴたりとやんだという。「このネコは勲章物だ」とはその講演者の評。

とはいえ、ペットのせいで夫婦仲がこじれることも珍しくない。現に、自分はほったらかしにしてイヌの世話ばかりしている、と痛感している女性が少なからずいる。妻にイヌの毛のアレルギーがあると分かっても、イヌを追いだそうとしない男性を人はどう思うだろうか。一方、あと少しでクライマックスという段になって寝床を抜けだし、ベッドの隅に追いやられていたネコをあやしにいく女性も、とても愛する気になどなれないはずだ。男女の不和の種となった悪名高きイヌといえば、アドルフ・ヒトラーのお気に入りだったジャーマン・シェパードのブロンディである。愛人のエヴァ・ブラウンのみならず、その愛犬ジュターシとネーグスにも嫌われていたブロンディは、ヒトラーの寝室によく逃げ込んだものだった。このため、「エフィー、三〇分でいいからブロンディをここへ呼んでやれないもんかね」と切りだすにも、アドルフはプレゼントやイタリア行きの話でエヴァの機嫌を取っている。一九四五年三月にブロンディが

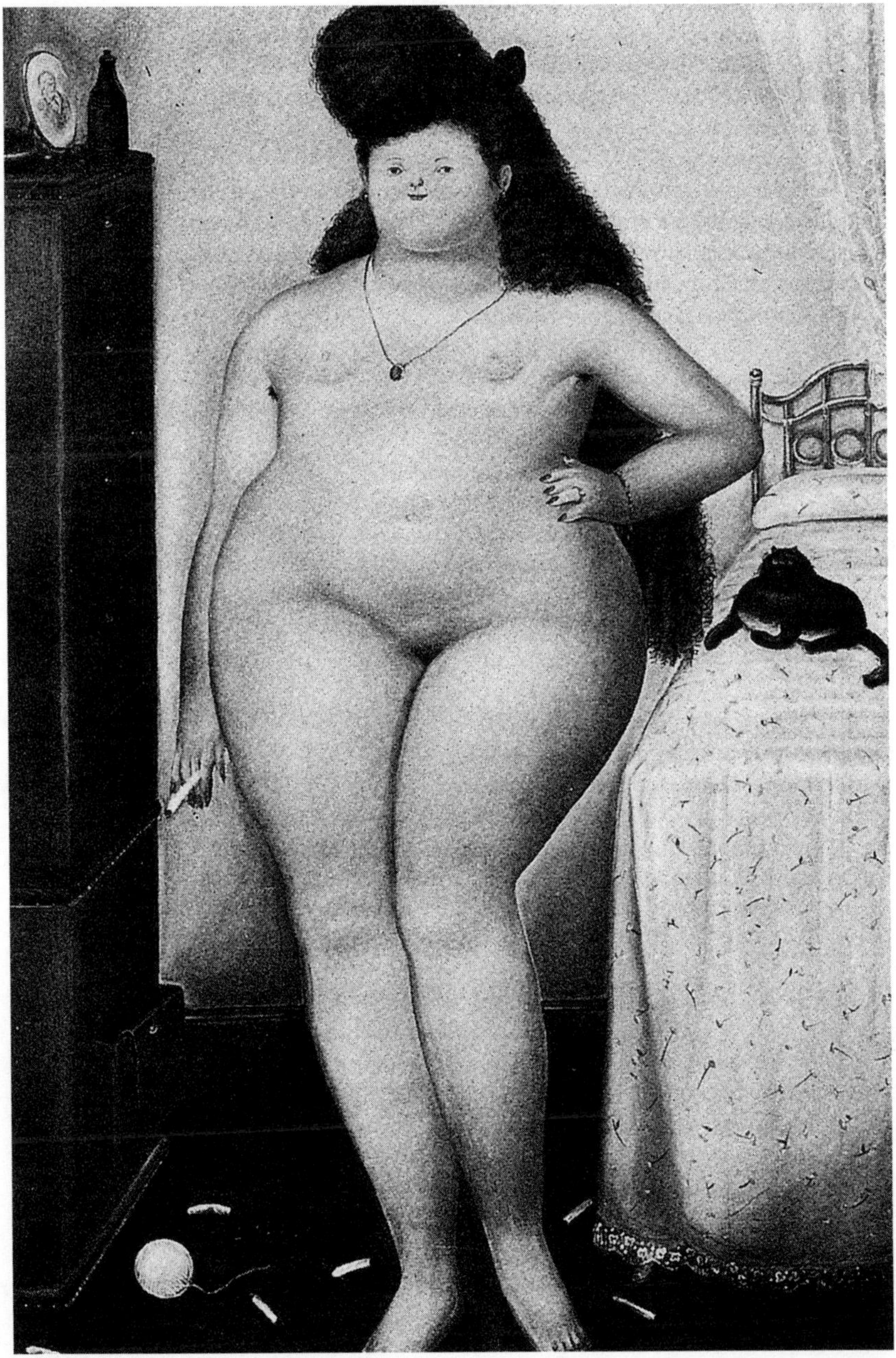

フェルナンド・ボテーロ、「ロザルバ」、1968年ごろ。

五匹の子イヌを生むと、ヒトラーは一番姿形のいい者を選びだし、以前の自称だったヴォルフという名を授けた。ベルリンの官邸の地下壕に寝室を設けていた女主人に対し、このヴォルフとブロンディは主人の寝室で眠っていた。

ペットへの愛はエロティック？

「うちのエアデール・テリアを売るくらいなら、亭主を売ったほうがましよ」と、クラフツのドッグショーで優勝の栄冠を手にしたエマの飼い主、アレグザンドラ・リヴラギはいいはなった。大方の人間はこの意見に同感だ。

「人間を知れば知るほど、動物のほうにますますのめり込んでいく」。これは同種に背を向ける人の決まり文句だが、パリのイヌの墓地にある「リヤン」（一九六二年一二月一五日―一九七七年九月二二日）の墓にもこんな哀悼の辞が刻まれている。「忠実なる魂ここに眠る。人間は裏切れど、わが犬は背かず」。

さらに、コンラート・ローレンツもこう糾弾する。「いったん人間の持つ弱点にがっかりして苦々しく思うと、人は人類愛を否定し、代わりにイヌやネコに愛情を注ぐようになる。しかし、これはいわば忌まわしい性的ならぬ社会的ソドミーのようなもので、ゆゆしき罪にほかならない」。

確かに西欧社会では、社会的ソドミーなるものが巷に横行している。しかし、性的ソドミーはどうだろう。実際にペットの性器を利用する少数派はさておき、大多数の者は嫉妬するほど動物を抱いてなでさすり、耳元で甘い言葉をささやく。性行為には至らないにしろ、前戯と何から何までそっくりだといっていい。だとしたら、ペットへの愛はまさにエロティックなものなのか。

デーヴィッド・アッテンボローは、その質問に答えて次のように反論している。「エロティック？　いや、違うな。官能的？　うん、それそれ。セックスのとりこになった人間だったら、ごちそうを食べてるときに思わずこう口走るんじゃないか。〝ああ、なんてエロティック！　彼女のあの食べっぷりはたまらない〟ってね。かといって、おいしいワインもステーキも、はたまた芳香、特にバラの香りだってエロティックである必要なんてさらさらない。ただ申し分のないもの、それだけでいいんだ。じゃなけりゃ、見るもの聞くものすべてがエロティックってことになってしまう」。

デーヴィッド・アッテンボローはどうも慎重に行動するたちらしい。そこが彼のりっぱなところでもあるのだが。しかし、エロティシズム、官能性、情愛、セクシュアリティ、これらの間の境界は往々にしてあいまいで移ろいやすく、ある関係の性的感情の度合いを言葉でいい表わすことは難しい。互いに指一本触れなくてもゾクゾクする夜を味わうこともあれば、毛ほどの興奮もせずに子どもをつくることだってできる。この二例のどちらが他方と比べエロティックあるいは官能的なのか。それとも、情愛やセクシュアリティが強いというのか。エイズ時代の幕開け以降、セックスはどんな形の「挿入」であれ、それなしで十分楽しめるものでなければならないとする考えが、社会の主流になりつつある。これこそまさしく、数限りないオランダ人がイヌやネコに接する態度なのだ。

セックスを伴うのか否か。この質問に答えるには親密な関係で取り交わす行為そのものよりも、その裏にある意図をまず見抜く必要がある。そもそも人間とイヌ、人間とネコ、人間とセキセイインコはどんな間柄といえるのか。友だちや知り合い、もしくはそれ以上の関係で、恋愛にまで進展する可能性もあるのだろうか。

互いを個性ある存在とみなすこと。関係を結ぶのに不可欠のはずのこの前提条件を、自然保護論者は守っていない。ウィルソン・チドリを好きでも、ウィルソン・チドリの代表として評価している。「ほら、ウィルソン・チドリっていうチドリがいる」とか「いや、あれは普通のシカじゃない。ノロジカという種だ」とのたまう。動物を本当に愛するには、個性ある存在としてみなければならない。そうしてはじめて、仕事を抜きにした個人的な関係が築けるのである。種全体を愛するのは無理にしても、おのおのの動物なら好きになることも可能だ。

「人類」にしろ、全体としては怪物のような代物だが、個々人は価値ある存在といっていいだろう。幸いにも、他とは一線を画した個性ある存在にするうまい手もある。名前をつければいいのだ。何かに名前を与えると、それをわがものにした気がし、仲間だと感じて親しみを覚える。名もないときはただのイヌでしかないものも、命名すれば「自分の」イヌだ。だから、ネコであれ子どもであれ、念には念を入れて名前を選び、よもや軽んじることはない。子どもをつくる判断は早まりがちだが、命名にはたっぷり九カ月もかけてじっくり話し合う。将来、関係を築こうとするなら、名前をつけないことにははじまらない。

イヌとネコとの関係の違い

次に、その関係がどう進展していくかは、動物の種によって大いに左右される。イヌとネコとではその関係のありようもまるで違う。ネコはネコのやり方でしか人に接することができず、イヌもイヌなりに行動している。

イヌとネコのやり方の差は、それぞれの祖先をさかのぼって調べれば一目瞭然だ。オオカミを品種改良した末に誕生したイヌは、食いちぎる楽しみをたっぷり味わえる、シカやヘラジカなどの大型動物を襲う祖先の血を引いている。殺すこと、それがオオカミの一番の楽しみなのだ。群れでなければこうした大型動物に対抗できない彼らは、社交性の点ではサルにも引けを取らない。しかし、そのメカニズムとなると、はったり、共通の出所、非難の目、陳情、悪巧み、駆け引きなどの微妙なやり取りに基づく社会構造を持ったサルにはとてもかなわないだろう。それどころか、イヌはこういうことには情けないほど疎いときている。

そんな粗野なオオカミ社会を反映し、狩りの仕方も単純このうえない。追って、追って、追って、かんで、かんで、かんで、死んだら食べるといった調子である。そのうえ、必ずしもこの順番どおりとはかぎらない。こんな単純な戦略では、進んで群れを率いる大ボスと、むしろ楽しんでそれに服従するようなメンバーがいれば十分だ。イヌもこの服従を楽しむ姿勢をしっかり受け継ぎ、品種改良で一段とその傾向を強めている。

奇妙にも人間を大ボスと位置づけたイヌとは、主人と召使いや奴隷、あるいは君主と臣下のような関係とみなしていい。この結果、ヴィクトリア時代のイギリスでは、飼い主にもまして忠実なイヌが召使いや子どもたちに手本として示された。「たいした知者」（ボズウェル）と称されたサミュエル・ジョンソンは、イヌへの愛情には概してどこかしら性的な優越と侮蔑の気配が漂うことに愕然としている。太古の昔から王や王子はただ漫然とイヌを飼っていたわけでは

フェリックス・ヴァロットン、「怠惰」、1896年ごろ。

なく、実地訓練用として利用していた。臣下たちもまた下位の者に引かれ、ほとんどの者が家来となる四足獣を購入している。ただし、一部の臣下はおべっか使いよりも甘えてすり寄ってくるほうを好み、ネコを飼っていた。

一方、ネコには祖先となる動物はいない。人間が誕生して以来、この世に存在している。オオカミとは対照的にネズミなどの小動物をえさにするネコは、狩りをするのに仲間を必要としない。このため、大ボスはもとより、社会的行動も社会化も彼らには無縁だ。事実、序列にはさしてこだわらず、イヌほど仲間と同じえさ入れを嫌うこともない。先を譲るべきボスのいないネコは、めいめい勝手に食べはじめるのが普通である。野良ネコの一団がゴミあさりをする行動と、これは矛盾していると感じるかもしれない。確かに野良ネコは群れをつくり、ボスらしき存在もいるにはいる。だが、真の社会的種に君臨する本物のボスはこんなものではない。

権力を振るうにしても、集団のためを思ってのことなのだ。野良ネコにそれを期待するのはお門違いもはなはだしい。

ネコは人間を気に入っているのか？

生まれつき単独で生活するネコの場合、人間はもちろん、仲間同士でも交尾以外でべたべたすることはまずない。かといって、孤独でないときを知らないわけではなく、生まれてまもなくは他の子ネコや母親に囲まれてぬくぬくと育ち、のどを鳴らして乳を吸うこともあれば、兄弟たちとじゃれ合ったりもする。人間に示す振る舞いはみな、この至福に満ちた幼いころに端を発している。しぐさや態度、それに鳴き声までも、子ども時代にそっくりだ。乳をつつくしぐさが忍び足になり、母のふところがひざに変わって、舐めつくされていた体を今やなでまわされている。愛猫家がメロメロになるのも、こうした子どもっぽい点にほかならない。人とイヌが主従関係にあるとすれば、人とネコの場合は母親と子どものような間柄と考えていいだろう。

主人になりたいからイヌを飼うというのは分からなくもない。しかし、母親になりたいなら、ずばり本物の子どもを持ったらどうか。ネコが子どもの代わりになるとでも？　そのとおり。統計でもそれは証明されている。ここ一世紀、平均的家族の数は変わらない。昔はパパ、ママ、六人の子どもの八人家族だったが、現在はママ、パパ、太郎、花子、そしてネコ二匹、ウサギ一匹、モルモット一匹となった。変化したのは数ではなく家族構成で、そっけないわが子よりも慕ってくるペットの数が増え、愛に飢えている者にとっては好都合かもしれない。愛らしさ

ルートヴィヒ・クナウス、「猫の母親」、1856年ごろ。

を振りまくのはペットのおはこで、まさにそれで生計を立てている。だんだん年を取って、愛らしさもへちまもなくなったところでお払い箱にし、新入りと交換したとしても、法律には一切触れることはない。しかも、子どもと比べれば格安で、手もかからないときている。

かくて、人がネコを飼うのは不思議でもなんでもない。問題は、ネコがいったい人間のどこを気に入って飼われているのかである。やせこけているくせに肉に締まりがなく、イヌとも付き合ううるさ型のプロレタリアを、万物の王女はどうして交際相手に選ぶのか。恋愛の常ながら、ネコの人間に対する愛情の源はつまるところ誤解なのだ。ネコが愛情を示すのは、決して私たちがご機嫌を取ったり、食事を与えたりするためではない。誕生した家の家族だからである。目を開けるたびにその姿を見、手の感触を肌身に感じながら七週間もすぎれば、ネコの脳裏にはもう飼い主への愛情がしっかり植えつけられている。食事を与え、やさしく見守り、本物の母ネコの舌にはかなわないが体をそっとなでもする飼い主を、母親もどきとみなす。

現代の家族では、こうした互いの誤解のおかげで、イヌもネコもれっきとした家族の一員として迎えられている。子ども同然に扱われる彼らは、子どもや家来（イヌの場合のみ）の役目を別に不満とは感じていない。では、そうした役目には性的ニュアンスがあるのだろうか。一見、主人と家来、母と子、いずれの関係にも性的な意味合いはほとんどないようだが、それはただ事の重大さに気づいていないだけにすぎない。人間にしろ動物にしろ、セックスにはどこか主従と母子の関係を匂わせるところがあるのだ。

一物を見て見ぬふりする愛犬家

とはいえ、いつもいつも人間とイヌをそう考えているわけではない。お上品なご婦人がグレート・デーンを散歩させていても、そんな光景には慣れっこになっている私たちは、ひもにつながれた巨大なペニスと歩いているなんてよもや思わない。モロ出しに対して見て見ぬふりを決め込んでいる。これはなんとも、アンデルセンの『裸の王様』に出てくる「王様の新しい服」を彷彿させる話だ。ただし、こちらはあるのにないふりをする。

この点ではイヌほど厄介な動物はいない。ウマは事がすめばその武器をしまい、ブタにしろドライバーをきちんと片づけ、ウシもしまい込むための特殊な筋肉を備える。なのに、よりによって人が連れ歩いているイヌは、勃起はしていなくとも、ふさふさとした毛では間に合わないほど大きなペニスをむきだしにしている。お上品なご婦人方であれば、下着をつけない夫とヌーディスト・ビーチに足を踏み入れる勇気などないだろう。にもかかわらず、口にしただけでも全身真っ赤になりそうなふりチンのイヌをしたがえ、彼女たちは平然とお歴々の住むご近所を散歩している。

それどころか、街灯はもとより、オークやニレの木に巨大な一物が放尿するのを、わがことのように満足げな様子で見守っているのだ。今や日に平均三・三回散歩をし、野外で延べ一時間をすごして、イヌにトイレをさせるのがアウトドアの楽しみになっている。糞尿が汚いとの不平は耳にするが、あれが不快だという話はとんと聞かない。

「愛犬がうんちをしているときにどんな顔をすればいいか分からない」からイヌを飼わないという、イヴォンヌ・クローネンベルクは例外中の例外である。たいていの人間はこんなことでひるんだりはしない。他端で野蛮な所業が行なわれているひもの一端を、澄まし顔をつくって握りしめている。先入観のない目には痛ましいほどだが、どこ吹く風といった調子で、何ごともないように振る舞う。

こうした連中は、いよいよという段になると背中にひもを丸めて隠し持ち、進行中の犯罪を見張っているふうを装う場合が多い。だから、共犯者の気分に陥るのはさけがたく、イヌにズボンを履かせて取りつくろうこともある。アメリカでは、「裸の動物に関する卑猥防止協会」が発足し、牛馬に服を着せて性器を隠すことを誓っているが、今のところこれといった成果をあげていない。

腹心の性器まわりのことに感情移入するあまり、イヌの排便に同調する飼い主さえいる。唇をきゅっと結び、眉をかすかにしかめて、妻の出産に立ち会う現代の新米パパよろしく、息みながら見守っている。連帯意識もここまで来るとお手上げだ。

ありふれた放尿や排便も、イヌにとっては人間の愛情を測る格好の尺度となっている。尿や糞が汚ければ汚いほど、人はますます愛情をペットに注ぐ。うんちまみれのおむつを見ても、子どもはもうたくさんと思うどころか、また次が欲しいと感じるものだ。同様に、イヌの散歩、ネコのえさ入れの掃除、テレビの背後にたまったウサギの尿の始末であれ、愛情を込めて世話を焼きたいという欲求を巧みに満たしてくれる。不潔なものほど気をそそるのである。

人間はなぜ動物を去勢するのか?

当然ながら、しっぽの下で起きることへの興味は排便だけではない。動物の性生活にしろ、人間が完全に牛耳っている。むしろ、それができなければペットを飼うのは難しい。農夫は生活のため、動物好きは愛情から彼らの性生活を管理する。去勢と育種。動物好きも選択を迫られる。

オランダ人はペットを去勢する傾向が強い。わが国では、八〇%もの雄ネコが去勢され、六八%の雌が避妊されている。イヌの場合は、雌雄それぞれ二四%と二一%となる。手術費が総額で五千円以上かかるうえに、イヌ・ネコの数を制限する目的も達成されないのだから、以上の数字は驚異的といわざるを得ない。つまり、去勢も避妊もしていない約四分の一のネコと四分の三のイヌから誕生する子どもだけで、減少見込を穴埋めし、いっさい放置したのと同じ結果に至るというわけだ。出生率を死亡率より低くするためには、今にもまして去勢と避妊を施さなければならない。

ではいったい、あまたのイヌ・ネコ去勢促進運動や、奇特な女性が身銭を切って迷子の犬猫に去勢手術を施すのはなんのためなのか。そもそも、自分の愛する者の性生活を奪ってしまう理由が分からない。むろん、家にこもる雄ネコの強烈なにおいを一掃し、発情した雌イヌの近くで毎回引きずられる悩みを解消する目的もあるかもしれない。

だが、これにはほかにも解決策がある。要するに人間は、セックスが呼び起こす恐怖心を消し去り、権力欲を満たしたいのだ。去勢すればおのずと無性化し、ひいては友情も育みやすくなる。子どもたちがかわいがるテディベアや人形であれ、性改革論者の必死の努力もむなしく、ほぼ決まって性の区別がない。異性愛者が他の性の同性愛者の友人を持ちたがるのも、「面倒な事態にならずに」物事を深く追求できるからだ。

デズモンド・モリスもまた、パンダに絶大な人気をもたらした二〇の特徴の八番目に、「無性であること」を挙げている。「ジャイアントパンダの場合、外見からは性別の見分けがつきにくい。それに対し、類人猿などのサルは雌雄とも見るからにそれらしき性器を備えている。目のやり場に困るこうした特徴は動物の人気に災いするケースが多い。ジャイアントパンダはその点、人間と同じく性器を入念に覆い隠している」。

もっとも、パンダと比べればイヌは去勢されても性別の見分けはつく。耳まで達するみごとな陰毛を持つネコはもともと雌雄の差はあいまいだが、去勢によって不快さが激減する。激情を静める作用もあるこうした去勢は、一方ではエロティックで攻撃的な面も持ち合わせている。世界中の人間が権力にものをいわせて敵という敵を去勢し、必要か否かにかかわらず、ブタ、ウシ、ニワトリなどと同様、ペットの生殖機能をも取り去る。そればかりか、力を誇示する目的で妻の陰核さえ切除し、一切の性的快楽を奪う暴挙は、きわめて性的な行為といえるだろう。

育種についても、同じような逆説が成り立つ。すべて性に関連していると当然視されている育種だが、ブリーダーの振る舞いはそれとは似ても似つかない。「ペニス」など口にする勇気もなく、明かりもつけずに子どもをもうけるようなカルビニズム信奉者の農婦が、黒いストッキング姿であらぬ方向に向くウマのペニスをぐいと引っ張り、位置を正している。おそらく、産婦人科の医者が本来なら興奮をそそる臓器を淡々と調べるのと寸分たがわず、エロ行為だとはつゆ思わないのだろう。

しかし、そういうまねのできない素人のブリーダーにとって、感情の抑制こそが最大の悩みの種だ。高級住宅地で犬猫を飼うご婦人方はできるだけ素知らぬ顔を装い、自らには戒めている性欲に身を任す、育種中のネコやイヌの様子をじっと見守る。一方、日曜大工に心得のある夫は土曜の午後を使い、最小のチワワが超ド級の雌に背乗りできるよう小さな階段をこしらえている。イヌの育種は主に女性の仕事といまだに考えられ、たいてい妻がその役割を担う。そんな妻のひとり、毎朝イヌの世話をしているバックス夫人はこう語る。「女性には母性愛があるからきっと勤まるんだと思うわ。子どもたちのために早起きしなくちゃならなかった昔と違って、イヌは口答えしないからまだましだけど」。

イヌやネコがするキスの意味

デズモンド・モリスが分析したペットと一緒の飼い主の写真を見ると、世話がやがて愛情に変わるありさまが手に取るように分かる。五〇％の人間が乳飲み子のようにペットを抱き、一一％がその体をやさしくなでている。また、ペットに腕を回したり、ほおずりしたりしている者が各七％に、この世で二番目に親密な行為である口へのキスをする写真が五％におよんだ。セキセイインコからクジラまで、その動物の種類は多岐にわたっている。

人間の場合と訳が違い、動物へのキスは衛生上、非常に危険であることは周知の事実だ。しかし、だれもその衝動を抑えることはできない。イヌやネコに熱烈なキスをし、トリには口移しにえさを与えている。親密に触れ合うなかで互いに引きつけられ、しまいに打ち解けていくのだ。そのうえ、イヌやネコのほうが人間より断然キスに持ち込みやすいときている。かといって、動物のキスが人間と同じ意味を持つのかどうかまだ分からない。なにしろ、手のない動物は代わりに口や舌を使うことがままあり、目ではなく鼻で物を確かめる動物もいるくらいである。

イヌのキスはオオカミの子どもが見せるあるしぐさに酷似している。乳飲み子ではないものの、狩りをするにはまだ早いオオカミは、巣に残って父親が獲物を捕って戻ってくるのを今か今かと待つ。一方、巣から遠く離れた場所で狩りをすることの多いオオカミの場合、胃のなかにえさを収めて持ち帰らなければならない。このため、待ちわびた子どもは父親の鼻を力任せに鼻でつつき、早くえさを吐きださせようとするが、そのしぐさが人間の目には熱烈な歓迎のキスに映るのである。イヌは当然、父親的な存在とみなす主人にもこのせがむしぐさを行なう。最初はただの注意を向けさせる動作だったにしても、たまらなく愛らしいと感じた主人がお返しをすれば、そのしぐさを何度もくり返すようになっていく。

かたや、ネコのキスは鼻をすりつけて歓迎の意を表わすエスキモーのあいさつにそっくりだ。相手のしっぽの下に鼻を押しつけてあいさつするイヌに対し、ネコは手始めに鼻と鼻をこすりつけて互いを嗅ぎ合う。いったん同類とみなせば、人間の鼻はもちろん、そっと差しだされた指のにおいまでもくんくん嗅ぐ。とはいえ、どこかしこと舐め回すネコであっても、口に触れることはめったにない。舐め合うのはもっぱら自力では舌の届かない個所で、口はいうまでもなくそれに該当しないのである。人間はさすがに舐め返しはしないものの、体をなでてその返礼をする。母親が子ネコたちを舐めるとびきりの「舌」に代わるには、ネコのまねできない手技をつくすほかにない。

幼いころの名残はこれ以外にもある。しかも、ネコから人間へのこのうえなく魅力的で淫靡な誘いだ。かすかにきらめく濡れた唇。心持ち先の曲がった尾をぴんと立て、小刻みに震わせながら注意を促す先に、小さくつぼんだその姿がこちらを向く。これはまさしく、子ネコが神聖なかわいいお尻を調べてもらおうと、母ネコに突きだすときのしぐさである。親しいゆえのこうした要求には、なでるだけでは間に合わない。なのに、愚かな人間はせっかくの機会をふいにして、肛門を舐めてほしい子ネコの気持ちも知らず、しゃにむに鼻にキスをしている。そんな人間にネコは体を舐めながら、ただただ困惑の表情を浮かべるばかりに違いない。

やきもちを焼く動物たち

以上のネコやイヌも、性のはけ口としてはたぶんウマの足元にも及ばないだろう。少年よりも先に大人になる少女に、ウマはまさにおあつらえ向きの相手だといっていい。胸毛に興味すらないジョンやフレッドをしり目に、キャロルやアンの胸はすでにふくらみかけている。そうした彼女たちが思い描く金髪の王女さまの夢は、少年のウィンドサーフィンの夢とは訳が違う。その相手のウマの前途には森ではなく、思春期の慰み者としての運命が待ち受けているのだ。世界中のキャロルやアンはいとおしげにウマの手入れをし、四本脚の恋人に蹄鉄を打つ。ややがて、その蹄鉄打ちが男性のソックスの洗濯へと様変わりし、りっぱな大人の女性として人間の恋人を持つまでに成長していく。レズビアンはバイクのほうがお好みだったりするかもしれないが、乗馬道でも教会やバスのなかと同じく、大多数を占めるのは大人の女性たちである。女性の乗馬は一般的に官能をそそる体験そのもので、男性とは置き換えられないまでも、文句なしにそれにプラスすることはできるだろう。

一種相互的な性的関係で、普通のペットが人間とのノーマルな交接を体験し、どれほどの興奮をそそられるものなのか。バーバラ・ホーランドはその著書『猫のことなら――生態と行動・歴史と伝承』のなかで、そうした関係に忍び込む「性的要素」を挙げている。

反対の性の人間を慕うネコは、その配偶者や恋人に激しい嫉妬を抱くものである。当初のバーニーとの関係も疑いなく性的なものだった。種付けの雄ネコとして過ごしてきた彼は、こうするよりほかに好意を表わすすべを知らないのだ。バーニーは時折私の背中によじ登ると、ペルシアネコの客にいつもやるようにあごで首をつかもうとした。私に対するその強い恋心は、彼がついぞ見せたことのない感情だった。だが後日、脚を曲げてごろごろとのどを鳴らし、人間に腹をなでられながら目を細める仲間の姿を目撃し、バーニーは悲しいかな、自分の能力の限界を実感した。

かといって、誘うように腹をむきだしにする行為は、それほど無垢な代物ではない。やるなら少し手加減したほうがいいくらい、交尾のときに腹をなでられた雄のイヌやネコは異常な興奮を示す。だから、イヌやオオカミを恍惚とさせるのに、人間は実際の行為をするまでもない。「セックスだけは、イーゴリの期待に沿うことができない」。フラダ・ブルッフマン＝ラーイヤンデッケルは『パノラマ』誌にそう告白する。彼女の飼っていたオオカミ、イーゴリは夫のベン・ブルッフマンはそっちのけで「オオカミ女」を自分の相手とみなしている。

性的に成熟したイーゴリは、私の月経周期を本能的に察知するようになった。自分でさえ忘れてしまいがちな生理の時期を、彼が近づこうとする行動でいつも気づかされてたわ。そんなある日、イーゴリは秘かに初夜の床を準備しはじめた。でも、申し訳ないけど、私はその誘いを受けるわけにはいかない。だって、ほかにひどく悲しむ者がいるのよ。雌オオカミのアニュシュカはイーゴリにぞっこんなの。でも、イーゴリのほうは彼女に手を出そうともしない。ついに、嫉妬に狂ったアニュシュカが私のブラシを盗んだり、体をかんだりしだして。

こうした嫉妬の例はほかの動物にも見られる。ペットとして飼われはじめて日の浅いチンパンジーは、「主人」が「女主人」と寝ようとすると、やきもちを焼いて危害を加えるケースが多い。逆に、人間自らそれに終止符を打つ場合もある。

以前、ロールチェと呼ぶオウムを一九年間飼っているという二九歳の女性から手紙をもらったことがあった。「一時もじっとしないで」絶えず「飛び回ってさえずっている」オウムについて、彼女は次のように書いている。「オウムは私に夢中らしくて、とてもエロティックなんです。何時間もなでて〝くすぐる〟のを喜ぶし、愛撫もそれなりにじっくりとやってくれます（くちばしで）。尾の下をなでたときなんて、いわゆる〝イッた〟こともありました（雄です）。でも、もうそんなことは二度としないつもりです。両親とまだ同居しているので、今に変に思うんじゃないかって気がしますから。現に母もそのとき、〝なんて妙な動き方をしてるのかしら、あのトリ。鳴き声だってなんだかおかしい〟と話していました」。

ブリトン・リヴィエール、「仲間意識」、1877年ごろ。

動物のかわいがり方各国事情

尾の下をなでたと書く最後の例は、異種間の境界を完全に越えている。いや、その一歩手前だとしても、ペットをかわいがるうえで、セックスやエロティシズムが重要な役割を果たしている印象を拭い去ることはできない。動物を心から愛するあまり獣姦を犯す。なぜそうなってしまうのか。間違った種につい心引かれるとは、遺伝子に何か異常でも？　まさか生物学上の破滅への道をたどっているわけではないだろう。たぶん、そんなことはない。万一破滅への道を進んでいたら、文化的にもっと足並みが揃っていてもいいはずだ。

南へ旅して見れば一目瞭然。ブリュッセルあたりから動物に対する考え方が変化しはじめ、フランスまで行くと、人がみな屠殺人に思えてくる。イギリス人に負けず劣らず鳥好きながら、フランス人はおいしく調理されたトリに目がない。自然をまるで新鮮さを誇る品揃えのいい大型鳥肉屋のショーウィンドーとでも考えているようだ。弾丸のうなりをトリのさえずりにもまして耳にするフランスでは、イギリス人が指さすのもはばかる料理が食卓にのぼっている。

といっても、ヨーロッパの近隣諸国との差はこの程度でしかない。ほかの大陸になるとその差は激しく、過去には外国人労働者の振る舞いに動物好きの西欧人があぜんとすることもあった。キリスト教の祝日には冷凍のシチメンチョウを調理して食卓を賑わす私たちに対し、北アフリカからの移民は宗教的な務めを果たしているのも忘れ、半ダースものヤギを非キリスト教的な野蛮きわまりないやり方で解体する。彼らの神はキリスト教の場合とは違い、その息子の血ぐらいでは飽き足らないらしい。

動物を外国人に任せておけないという思いは、新聞を見ればなおさら募る。カナダでは、そうしたためにアザラシの赤ん坊が殴り殺され、東南アジアであれ、人間の一番の親友が食用に供されている。地域が広がれば広がるほど、思わずたじろぐような動物を好む国民も増えていく。インディアンよりもウマを大事にする西部劇の舞台となった国や、もはや足腰が立たなくなる最期の最期までイヌにごちそうを与える国などに、地図上で色づけしていけば、アングロ・サクソン系のほかに北海沿岸低地帯、スカンディナヴィア、ドイツも加えた諸国がとりわけ動物愛護に腐心しているような気がする。

ネコやイヌをかわいがる動物好きの九〇%は英語圏の者だ。しかし、動物のかわいがり方が各地で違うのはまだしも、それに時代の差があるのにはいささか驚く。動物愛の宝庫であるかのイギリスでさえ、イヌやネコについてとりとめもなくしゃべる風潮が生じたのはここ最近になってからの話だ。二世紀前、イヌは「牛いじめ」という賭博のただの道具にすぎなかった。この闘争用犬は戦意をかき立てられると、ロープで杭につながれたウシめがけて解き放たれた。どう猛なイヌがなかなか屈しないウシの腹にきばを突き立て、血しぶきでも上げようものなら、観客席は興奮のるつぼとなった。最高潮に盛り上がった日には、ウシの悶絶の声に重なって、じゃらじゃらという小銭の触れ合う音が鳴り響いた。

また、採卵用にニワトリを飼うことは今も昔も変わりないが、当時は雄ドリ《コック》をつがえて闘わせることも行なわれていた。現在では、その闘鶏場を示す「コックピット」の名前のみが残っている。一般民衆が飲み物片手にこうした賭博試合を観戦する一方で、伯爵などの貴族は多少とも品のいい獲物、シカをもっぱら追いかけていた。

動物愛の起点、ヴィクトリア時代

ヴィクトリア女王時代のイギリスで、ようやく動物にも満ち足りた日々が訪れるようになった。だが、なぜか。ほかの場所でもその前後の時期でもない、この場所と時代に起こったのはどうしたわけだろう。それはほかでもない、当時のイギリスの工業都市のせいだった。自然愛を育むのに都市生活ほど、うってつけのものはない。

あられの嵐、スズメバチの襲撃、そして泥やくらげからも遠ざかり、都市生活にどっしり安住した身には、久しく触れていない自然がこのうえなくすばらしいものに思えるのだ。ペチュニアが咲き、ネコがまどろむ現実離れした田舎暮らしは、人をそんな錯覚の世界へといざなう。世界初の動物虐待禁止条例、マーティン法（一八二二）が制定されたのもこの時代だった。とはいえ、その対象は「雄ウマ、雌ウマ、去勢ウマ、ラバ、ロバ、雌ウシ、若雌ウシ、雄の子ウシ、雄ウシ、ヒツジなどの家畜」にかぎられ、ペットは法案が下院を通過する間にリストから削除されてしまっている。

「C・スミス議員がロバの保護を持ちだすと、議員の間からどっと笑いがもれ、『タイムズ』紙の記者はその話の半分も聞き取れなかった。……マーティンのことだから、そのうちイヌの法律でもつくりたがるんじゃないかと別の議員が茶化せば、またもやみな笑いさざめき、〝ネコもな!〟という畳みかける言葉に、今度は議場全体が爆笑の渦に包まれた」。

ヴィクトリア時代のイギリスではまた、科学の分野でも新説が生まれている。人間は少なくとも昔はサルで、わずかに残った威厳を保つための解決策はひとつしかないのではないか。チャールズ・ダーウィンはそう不安を募らせた。すでに堕天使となった人間をこれ以上動物にまで堕落させないようにするには、動物を人間のレベルに引き上げなければならない。この意味で擬人主義は申し分のない手段であり、当時あちこちに創設されつつあった動物園は、動物を高みに持ち上げる絶好の場を提供した。それまで毛深い野獣とされていた檻のなかのサルには、大急ぎでコート、帽子、パイプ、ティーカップが与えられ、ついにはチンパンジーのティー・パーティーなるものが誕生している。

ヴィクトリア時代を特徴づけたのは工業化や進化論だけではない。「思いやり」もそのひとつである。当時、児童労働者や老未亡人のケース以外にも、各種動物、囚人、街の孤児、酔っぱらいなどが不運に見舞われていた。つらい目に遭った順からその改善策が練られていったが、驚いたことに、動物は奴隷の次に組織的な保護の手が差し伸べられた。王立動物虐待防止協会(RSPCA)は一八二四年に早くも、児童保護に先んじて設立されている。動機は当初からたいそうりっぱながら、動物の権利要求という革命的ともいえるスローガンにもかかわらず、会長、事務局長、会計係、会員、名誉会員は革命的とはほど遠い状態だった。そもそも会計係は金満財政のために雇われ、会長は社会的地位により選任されていた。会費にしろ、一般市民には高くてとても手が届かなかった。

上流階級がなぜかくも動物保護に引きつけられるのか。これについて、アメリカ人歴史家ジェームズ・ターナーは『野獣への配慮』を通して興味深い解説をした。彼はまず、一九世紀イギリスの「ふたつの国民」からなる堅固な社会構成を指摘している。これによって、貧者のみならず富者にも深刻な問題が生じたというのである。

物質的にはさしたる不満のない上流階級も、労働者階級に対する搾取が自らの良心と隣人愛

官能的なはがき、1902年ごろ。

というキリスト教倫理にどうしてもそぐわず、精神的に思い悩む者がいた。現代の資本家はこんなこと屁とも思わないかもしれないが、ヴィクトリア時代には地獄は依然として問題だった。地獄で、ゆめゆめ軽んじてはならない問題だった。かといって、労働者から搾り取らなければ、自分の身の破滅にもなりかねない。

そこで、枕を高くして寝るための安全弁として、黒人の子どもにベストを編むことが流行したのである。ほかにも、病人（重い伝染病でなければの話だ）を慰問し、飢えた者にパンを与え、文盲の者には詩をはじめとする教養物を読み聞かせた。しかし、わけても上流階級に満足感を与えたのは、動物をかわいがることだった。動物のなかには、恩をあだで返すような社会主義者もいない。そのうえ、動物愛護は教養の高い人間にまさにうってつけの行為だった。全人類のために労働者階級を啓蒙しなければならない。とりわけ彼らに脅威を感じていた上流階級にとってはそうする必要があった。だとしたら、子どもから教育するのが一番なのではないか。この結果、荒々しい動物が登場する動物寓話集は、甘ったるい動物物語に取って代わられた。

これらの物語は今なおその新鮮さを失っていない。ビアトリクス・ポターのネコはいまだにかわいいスーツを着込み、「のねずみチュウチュウおくさん」ではなく、手づくりのパンケーキを食べている(「むかし、むかし、あるところに、のねずみチュウチュウおくさんがいました。おくさんのおうちは、いけがきのしたのどてにあります。それはそれは、おかしなおうちです！」)。愛らしい子ウサギやかわいらしいクマ、それに少々しわがれ声ながら穏やかにごろごろとうなるライオンとの盛大なティー・パーティーを通じ、現代の子どもたちも自然の生態系を学んでいく。だから、成長して人間との愛情にやや疲れを覚えたとき、このホッとするような動物の世界に抱かれたくなったとしても、なんら不思議ではないのである。

愛は種の壁を超える

とはいえ、今や世界は混乱をきわめ、メチャクチャな状況を呈している。イヌ、ネコ、ネズミとこれほど愛をささやき、むつみ合う時代はいまだかつてなかった。人類史上、現代にいくらか似通った時代といえば、エジプト時代後期とローマ帝国衰亡期ぐらいしかない。現代人同様、退廃の絶頂に達した人々はペットを奴隷よりも手厚く扱い、戯れにいちゃつき合った。とすれば、ペットに心が傾くのは、人々が堕落の一途をたどり、愛情の回路がショートして、失速しつつある社会から救いを求めているしるしなのかもしれない。イヌやネコをなでるその手で、恥ずかしげもなく食品産業の差しだす食事にありついているのだから、なおさらである。

それはペットのトリの姿を楽しんだその同じ目で、野外大競技場キルクス・マクシムスで動物の大量虐殺に興じていた、古代ローマ人と少しも変わらない。

愛とはすばらしいもの。動物への愛も例外ではない。しかし、それによって人間への愛に混乱を来すことなど絶対にあってはならないのだ。さもなければ、人間社会のたがが外れて崩壊し、ミャーミャー、ワンワンという阿鼻叫喚の巷と化してしまうに違いない。

なんと暗澹たる現実だろうか。だが、そんな実情でも、欲望を抑えるのは人間だけではないと知るといくぶんか心がなごむ。テキサス州サン・アントニオ発のそのグッド・ニュースによれば、今回、科学上の目的でかの地に二千頭におよぶヒヒが集められたという。周囲のやぶには、何世代も前から野生化し、人間など眼中にないネコが群れを成している。そして、事態は前触れもなく起こった。まだ幼い子ネコが一匹、溝からヒヒの檻にもぐり込んできたのである。それまで小動物が入り込むたびにえじきとしていたのに、ヒヒのX322はそのネコにやさしく毛づくろいをした。ほかのヒヒもこぞって大変な関心を示し、当の子ネコに触れたがった。一時間後、飼育係がとうとうなかに割って入り、ヒヒを全員檻から出したあと、X322に麻酔をかけて子ネコを救出した。一時はやぶに逃げ帰った子ネコも、以降、くり返し訪れるようになる。また、ひょっこりやって来て、二カ月間を檻ですごした灰色の子ネコもいる。X322は子ネコの面倒を見て連れ歩き、人間の手からそれを守った。要するに、X322はネコを飼っていた、というわけだ。

といっても、科学では今に始まったことではない。チャールズ・ダーウィンも『人間の由来』でこう述べている。「心の広いある雌のヒヒは他種のサルの子を育てるのもさることながら、イ

マルクス・ベーメル、「カロス」、1928年ごろ。

ヌやネコの子もさらってきては連れ歩く。……あるとき、養っていた子ネコから引っかかれたこの愛情深いヒヒは、どうやら高度の知性の持ち主らしく、驚いてネコの脚をすぐさま丹念に調べると、無造作にそのつめをかみ切った」。

愛はこのように絶えず形を変え、思いがけない姿で立ち現われる。この姿に虚を突かれ、自分自身に驚きの目を注ぐ。それもそのはず、なぜ心の深奥からそんな感情がわき出るのかだれにも分からない。女性でも男性でもネコでもウサギでも、会えばつい口走ってしまうのだ。「愛してる」、と。

Wilson, Glenn, *The Great Sex Divide – A Study of Male-Female Differences*, Peter Owen, London 1989.

Wilson, Glenn and David Nias, *Love's Mysteries – The Psychology of Sexual Attraction*, Open Books, London 1976.

Wit, H.C.D. de, *Ontwikkelingsgeschiedenis van de biologie*, Pudoc, Wageningen 1982–9.

Wolf, Leonard, *Monsters – Twenty Terrible and Wonderful Beasts from the Classic Dragon and Colossal Minotaur to King Kong and the Great Godzilla*, Straight Arrow, San Francisco 1974.

Wolkers, Jan, *De hond met de blauwe tong*, J.M. Meulenhoff, Amsterdam 1964.

Wulffen, Erich, *Das Weib als Sexualverbrecherin – Ein Handbuch für Juristen, Verwaltungsbeamte und Ärzte*, P. Langenscheidt, Berlin 1923.

Yerkes, Robert Mearns, *Almost Human*, Century New York 1925.

Yerkes, Robert M. and Ada W., *The Great Apes – A Study of Anthropoid Life*, Yale University Press, New Haven & Oxford University Press, Oxford n.d.

Young, J.Z., *An Introduction to the Study of Man*, Oxford University Press, Oxford/New York/Toronto/Melbourne n.d.

Zahn, Eva, *Europa und der Stier*, Königshausen & Neumann, Würzburg 1983.

Zinsser, Hans, *Rats, Lice and History*, Little, Brown & Company, New York 1935.

Tannahill, Reay, *Vlees en bloed – De geschiedenis van het kannibalisme*, Wetenschappelijke Uitgeverij, Amsterdam 1975.
Theunissen, Bert, *Eugène Dubois en de aapmens van Java – Een bijdrage tot de geschiedenis van de paleoantropologie*, Rodopi, Amsterdam 1985.
Thomas, Keith, *Man and the Natural World – Changing Attitudes in England 1500–1800*, Allen Lane, London 1983.
Thompson, C.J.S., *The Mystery and Lore of Monsters – With Accounts of some Giants, Dwarfs and Prodigies*, University Books, New York 1968.
Timmers, J.J.M., *Symboliek en iconographie der christelijke kunst*, J.J. Romen & Zonen, Roermond/ Maaseik 1947.
Toynbee, J.M.C., *Animals in Roman Life and Art*, Thames & Hudson, London 1973.
Treves, Frederick, *The Elephant Man and other Reminiscences*, Cassell, London 1923.
Tripp, Edward, *Crowell's Handbook of Classical Mythology*, Harper & Row, New York 1970.
Trumler, Eberhard, *Mit dem Hund auf du*, R. Piper & Co., Munich 1971.
Turner, James, *Reckoning with the Beast – Animals, Pain and Humanity in the Victorian Mind*, Johns Hopkins University Press, Baltimore/London 1980.
Turner, Dennis C. and Patrick Bateson, *The Domestic Cat – The Biology of its Behaviour*, Cambridge University Press, Cambridge/New York/New Rochelle/Melbourne/Sydney 1988.

Vechten, Carl van, *The Tiger in the House*, Bonanza, New York 1936.
Verroust, Jacques, M. Pastoureau and Raymond Buren, *Le Cochon – Histoire, symbolique et cuisine du porc*, Sang de la terre, Paris 1987.
Verwer, M.A.J., *De hond*, Het Spectrum, Utrecht/ Antwerp 1978.
Vesper, G., *Les Procès d'animaux au moyen age*, Imprimeries réunies, Chambéry 1953.
Villeneuve, Roland, *Le Musée de la bestialité*, Henri Veyrier, Paris 1973.
Visser, M.B.H. and F.J. Grommers, eds, *Dier of ding – Objectivering van dieren*, Pudoc, Wageningen 1988.
Voltaire, *Candide – or Optimism*, transl. John Butt, Penguin, Harmondsworth 1947.
Vondel, Joost v.d., *Noah – Of ondergang der eerste wereld*, Mij voor Goede en Goedkope Lectuur, Amsterdam n.d.
Voronoff, S., *Rejuvenation by Grafting*, Allen & Unwin, London 1925.
Voronoff, S. and G. Alexandrescu, *Testicular Grafting from Ape to Man*, William & Norgate, London, 1933.
Voûte, A.M. and C. Smeenk, *Vleermuizen*, Waanders, Zwolle 1991.
Vrede, Angela de and Gerrit Jan Zwier, *Het meisje en de mol*, Meulenhoff Jeugd, Amsterdam 1989.
Vroman, Leo, *126 gedichten*, Em. Querido, Amsterdam 1964.

Waal, Frans de, *Chimpansee-politiek*, H.J.W. Becht, Amsterdam 1982.
Waal, Frans de, *Peacemaking among Primates*, Harvard University Press, Cambridge, MA 1989
Waal, M. de, *Zuivel, ei en honing – Door alle eeuwen heen*, W.J. Thieme & Cie, Zutphen n.d.
Wakefield, Pat A. and Larry Carrara, *A Moose for Jessica*, E.P Dutton, New York 1987.
Warner, Marina, *Alone of all her Sex: the Myth and the Cult of the Virgin Mary*, Knopf, New York 1983.
Webb, Peter, *The Erotic Arts*, Secker & Warburg. London 1975.
Webster, Gary, *Codfish, Oats and Civilisation*, Doubleday, Garden City, NY 1959.
Weemoedt, Lévi, *Zand erover*, Erven Thomas Rap, Baarn 1981.
Wendt, Herbert, *Ik volgde Noach – De ontdekking van de dieren*, W. de Haan, Zeist 1957.
White, David Gordon, *Myths of the Dog-Man*, The University of Chicago Press, Chicago/London 1991.
White, T.H., *The Book of Beasts – Being a Translation from a Latin Bestiary of the Twelfth Century*, Jonathan Cape, London 1954.
Wickler, W., *De aard van het beestje – Over de natuurwetten van het seksuele contact*, Ploegsma, Amsterdam 1970.
Wierenga, Tineke and Wouter van Dieren, eds., *Mensenwereld dierenwereld*, Koninklijk Verbond van Grafische Ondernemingen, Amstelveen 1986.
Willis, Roy, *Man and Beast*, Rupert Hart-Davis, London 1974.

W.H.S. Jones and D.E. Eichholz, Harvard University Press, Cambridge, MA and Heinemann, London 1938–63.

Pollak, Otto, *The Criminality of Women*, A.S. Barnes & Company, New York 1961.

Polo, Marco, *The Travels*, transl. Ronald Latham, Penguin, Harmondsworth 1958.

Raes, Hugo, *De vadsige koningen*, De Bezige Bij, Amsterdam 1961.

Ramondt, Sophie, *Mythen en sagen van de Griekse wereld*, C.A.J. van Dishoeck, Bussum 1967.

Regan, Tom, *The Case for Animal Rights*, University of California Press, Berkeley 1983.

Relaties tussen mens, dier en maatschappij, Pudoc, Wageningen 1973.

Reve, Gerard Kornelis van het, *Nader tot U*, G.A. van Oorschot, Amsterdam 1966.

Reynolds, Vernon, *The Apes – The Gorilla, Chimpanzee, Orangutan, and Gibbon – Their History and their World*, Cassell, London 1968.

Rheims, Maurice, *Un Carpaccio en Dordogne*, René Julliard, Paris 1963.

Ritvo, Harriet, *The Animal Estate – The English and other Creatures in the Victorian Age*, Harvard University Press, Cambridge, MA and London 1987.

Ronay, Gabriel, *The Dracula Myth*, W.H. Allen, London/New York 1972.

Rooy, Piet de, *Op zoek naar volmaaktheid – H.M. Bernelot Moens en het mysterie van afkomst en toekomst*, De Haan, Houten 1991.

Roux, Jean-Paul, *Le Sang – Mythes, symboles et réalités*, Arthème Fayard, Paris 1988.

Rowland, Beryl, *Animals with Human Faces – A Guide to Animal Symbolism*, George Allen & Unwin, London 1974.

Sade, D.A.F de, *Histoire de Juliette, Ou les prospérités de vice*, Jean-Jacques Pauvert, Sceaux 1954

Sälzle, Karle, *Tier und Mensch, Gottheit und Dämon – Das Tier in der Geistesgeschichte der Menschheit*, BLV, 1965.

Sargent, William, *The Year of the Crab – Marine Animals in Modern Medicine*, W.W. Norton, New York/London 1987.

Schaller, George B., *The Year of the Gorilla*, University of Chicago Press, Chicago 1964.

Schilders, E. ed., *De voorhuid van Jezus – En andere roomse wonderen*, Xeno, Groningen 1985.

Schwab, Gustav, *Griekse mythen en sagen*, Het Spectrum, Utrecht/Antwerp 1956.

Schwabe, Calvin W., *Unmentionable Cuisine*, University Press of Virginia, Charlottesville 1979.

Schwartz, Jeffrey H., *The Red Ape – Orang-utans and Human Origins*, Elm Tree, London 1987.

Senn, Harry A., *Werewolf and Vampire in Romania*, Columbia University Press, New York 1982.

Serpell, James, *In the Company of Animals – A Study of Human-Animal Relationships*, Basil Blackwell, Oxford/New York 1986.

Shaffer, Peter, *Equus*, André Deutsch, London 1973.

Shattuck, Roger, *The Forbidden Experiment – The Story of the Wild Boy of Aveyron*, Secker & Warburg, London 1980.

Shephard, Odell, *The Lore of the Unicorn*, George Allen & Unwin, London 1930.

Sierksma, Kl., *De gemeentewapens van Nederland*, Het Spectrum, Utrecht/Antwerp 1960.

Simons, G.L., *The Illustrated Book of Sexual Records*, Virgin, London 1982.

Singer, Peter, *Animal Liberation*, The New York Review of Books, New York 1990.

Sliggers, Bert, *Meerminnen en meermannen – Van Duinkerken tot Sylt*, Kruseman, The Hague 1977.

Smith, Bradley, *Erotic Art of the Masters – The 18th & 20th Centuries*, Galley Press, New York n.d.

Smith, F.V., *Attachment of the Young – Imprinting and other Developments*, Oliver & Boyd Edinburgh n.d.

Smolders, Armand J.J., *De seksuele perversies – Vivisektie op een seksuele ideologie*, Boom, Meppel 1971.

Sparks, John, *Dierlijke passie & paring – Seks en erotiek in de dierenwereld*, Het Spectrum, Utrecht/Antwerp 1977.

Stanley, Susan, *Females and their Pets*, Publisher's Consultants, South Laguna 1980.

Stenuit, Robert, *The Dolphin, Cousin to Man*, J.M. Dent & Sons, London 1969.

Streepjes, Igor, *Weer een gezicht dat met de billen vloekt*, C.J. Aarts, Amsterdam 1974.

Szasz, Kathleen, *De troeteltrend – Of het petisjisme*, De Arbeiderspers, Amsterdam 1971.

Blond, London 1969.
Mardrus, J. and Powys Mathers, transl., *The Book of the Thousand Nights and One Night*, 4 vols, Routledge, London/New York 1986.
Masters, Anthony, *The Natural History of the Vampire*, Rupert Hart-Davis, London 1972.
Masters, R.E.L., *Abnorme Triebhaftigkeit*, Lichtenberg, Munich, n.d.
Masters, R.E.L., *Sex-Driven People: an Autobiographical Approach to the Problem of the Sex-Dominated Personality*, Sherbourne Press, Los Angeles 1966.
Merki, Peter, *Die strafrechtliche Behandlung der Unzucht mit Tieren – Besonders in der Schweiz*, Dissertation, Zürich, M. Eberhard & Sohn 1948.
Michell, John and Robert J.M. Rickart, *Living Wonders – Mysteries and Curiosities of the Animal World*, Thames & Hudson, London 1982.
Mode, Heinz, *Fabeltiere und Dämonen – Die phantastische Welt der Mischwesen*, Edition Leipzig, Leipzig 1973.
Moffat, James, *Queen Kong*, Everest, London 1977.
Moller-Christensen and K.E. Jordt Jørgensen, *Dierenleven in de bijbel*, Bosch & Keuning, Baarn n.d.
Money, John, *Lovemaps – Clinical Concepts of Sexual/Erotic Health and Pathology, Paraphilia, and Gender Transposition in Childhood, Adolescence, and Maturity*, Irvington, New York 1986.
Montgomery Hyde, H., *A History of Pornography*, William Heinemann, London 1964.
Moolenburgh, H.C., *Engelen – Als beschermers en als helpers der mensheid*, Ankh-Hermes, Deventer 1983.
Morris, Desmond, *The Naked Ape*, Jonathan Cape, London 1967.
Morris, Desmond, *Dogwatching*, Jonathan Cape, London 1986.
Morris, Desmond, *Animalwatching: a Field Guide to Animal Behaviour*, Arrow, London 1993
Morris, Desmond, *Orns contract met de dieren*, A.J.G. Strengholt, Naarden 1991.
Morris, Ramona and Desmond, *Men and Snakes*, Hutchinson, London 1965.
Morris, Ramona and Desmond, *Men and Pandas*, McGraw-Hill, New York/St Louis/San Francisco 1966.
Morris, Ramona and Desmond, *Men and Apes*, McGraw-Hill, New York 1966.
Morus, *Geschiedenis der dieren – Hun invloed op beschaving en cultuur*, Het Wereldvenster, Baarn 1953.
Morus, *Het rijk van Venus – Algemene geschiedenis van de menselijke sexualiteit*, Meulenhoff, Amsterdam 1957.
Musset, Alfred de, *Gamiani*, Merlin, Hamburg 1968.

Naaktgeboren, C., *Voortplanting bij het dier – paring, bevruchting, embryonale ontwikkeling en geboorte*, Kluwer, Deventer 1967.
Naaktgeboren, C., *Mens en huisidier*, Thieme, Zutphen 1984.
Neimoller, A., *Bestiality and the Law*, Girard, Kansas 1946.
Neimoller, A., *Bestiality in Ancient and Modern Times*, Girard, Kansas 1946.
Neuhause, Ulrich, *Melk – De witte levensbron*, Pax, 's-Gravenhage n.d.
Nosek, Barbara, *Huilen met de wolven – Een interdisciplinaire benadering van de mens-dierrelatie*, Van Gennep, Amsterdam 1988.

Ovid, *Metamorphoses*, transl. by Mary M. Innes. Penguin, Harmondsworth 1955.

Pagels, Elaine, *Adam, Eve and the Serpent*, Weidenfeld & Nicolson, London 1988.
Paré, Ambroise, *Des Monstres – des prodiges – des voyages*, Club de Libraire, Paris 1964.
Parmelee, Alice, *All the Birds of the Bible – Their Stories, Identification and Meaning*, Harper & Row, New York 1959.
Patterson, Francine, *Koko's Kitten*, Scholastic, New York/Toronto/London/Auckland/Sydney 1985.
Physiologus, Der, German transl. Otto Seel, Artemis, Zürich/Munich 1960.
Pinney, Roy, *The Animals in the Bible – The Identity and Natural History of all the Animals mentioned in the bible*, Chilton, Philadelphia/New York 1964.
Pitlo, A., *De vlo in het recht – En andere curiosa uit oude rechtsliteratuur*, Gouda Quint, Arnhem 1980.
Pliny, *Natural History*, transl. by H. Rackham,

prentbriefkaarten, Andreas Landshoff, Amsterdam 1977.

Kevler, Daniel, *In the Name of Eugenics – Genetics and the Uses of Human Heredity*, New York 1985.

Kinsey, Alfred C., Wardell B. Pomeroy and Clyde E. Martin, *Sexual Behavior in the Human Male*, W.B. Saunders, Philadelphia/London 1948.

Kinsey, Alfred C., Wardell B. Pomeroy, Clyde E. Martin and Paul H. Gebhard, *Sexual Behavior in the Human Female*, W.B. Saunders, Philadelphia/London 1953.

Kipling, Rudyard, *The Jungle Books*, Airmont, New York 1966.

Kirk, G.S., *Myth – Its Meaning and Function in Ancient and Other Cultures*, Cambridge University Press, Cambridge/Berkeley/Los Angeles 1970.

Kirk, G.S., *The Nature of Greek Myths*, Penguin, Harmondsworth 1974.

Klaits, Joseph and Barrie, *Animals and Man in Historical Perspective*, Harper & Row, New York/Evanston/San Francisco/London 1974.

Klingender, Francis, *Animals in Art and Thought to the End of the Middle Ages*, Evelyn Antal and John Harthan, London 1972.

Köhler, Wolfgang, *The Mentality of Apes*, Routledge & Kegan Paul, London 1925.

Kosinski, Jerzy, *Steps*, The Bodley Head, London/Sydney/Toronto 1968.

Kosinski, Jerzy, *The Painted Bird*, Bantam Books, Toronto 1981.

Kousbroek, Rudy, *De aaibaarheidsfactor*, Thomas Rap, Amsterdam 1969.

Krafft-Ebing, R. von, *Aberrations of Sexual Life*, trans. Arthur Vivian Burbury, Staples Press, London/New York 1951.

Kraus, Friedrich, *Japanisches Geschlechtsleben*, Karl Schustek, Hanau n.d.

Kraus, Werner, *Zur Anthropologie des 18. Jahrhunderts – Die Frühgeschichte der Menschheit im Blickpunt der Aufklärung*, Akademie-Verlag, Berlin 1978.

Kronhausen, Eberhard and Phyllis, *Wat is pornografie? – Eros en de vrijheid van drukpers*, Bert Bakker/Daamen, The Hague 1961.

Kronhausen, Eberhard and Phyllis, *Erotische Exlibris*, Wilhelm Heyne, Munich 1976.

Krutch, Joseph Wood, *The Great Chain of Life*, Houghton Mifflin, Boston 1956.

Langemeijer, G.E., *Het dier in de rechtsorde*, in: *Mens en dier – Bundel aangeboden aan prof. dr. F.R.L. Sassen*, 1954.

Ledda, Gavino, *Padro padrone – De opvoeding van een herderszoon*, Meulenhoff, Amsterdam 1978.

Leguat, François, *De gevaarlyke en zeldzame reyzen van den heere François Leguat met zyn byhebbend gezelschap naar twee onbewoonde Oostindische eylanden gedaan zedert den jare 1690, tot 1698 toe*, Willem Broedelet, Amsterdam 1708.

Levinson, Boris M., *Pets and Human Development*, Charles C. Thomas, Springfield, Ill 1972.

Lewontin, Richard, *Menselijke verscheidenheid – Het spel van erfelijkheid, milieu en toeval*, Natuur & Techniek, Maastricht/Brussel 1985.

Leyhausen, Pauls, *Katzen – Eine Verhaltenskunde*, Paul Parey, Berlin/Hamburg 1979.

Linden, Eugene, *Silent Partners – The Legacy of the Ape Language Experiments*, Times, New York 1986.

London, L.S. and F.S. Caprio, *Sexual Deviations*, Linacre Press, Washington 1950.

Looij, Maarten, *Van fabeldier tot wrekend beest – Negen thema's in Nederlands dicht en ondicht over dieren*, Kwadraat, Utrecht 1988.

Lopez, Barry Holstun, *Of Wolves and Men*, Charles Scribner's Sons, New York 1978.

Lucie-Smith, Edward, *Sexuality in Western Art*, Thames & Hudson, London 1991.

Mayr, E., *Animal Species and Evolution*, Belknap Press and Harvard University Press, Cambridge, MA 1963.

Maclean, Charles, *De wolfskinderen*, Het Spectrum, Utrecht/Antwerp, 1978.

MacNamara, Donal E.J. and Edward Sagarin, *Sex, Crime and the Law*, The Free Press, New York 1977.

Maerlant, Jacob van, *Naturen Bloeme*, Gijsbers & van Loon, Arnhem 1980.

Malson, Lucien, *Wolf Children and the Problem of Human Nature*, Monthly Review Press, New York/London 1972.

Manila, Gabriel Janer, *Macros – Wild Child of the Sierra Morena*, Souvenir Press, London 1982.

Marais, Eugène, *The Soul of the Ape*, Anthony

Gould, Stephen Jay, *The Flamingo's Smile – Reflections in Natural History*, W.W. Norton, New York/London 1985.
Grant, Michael and Antonia Mulas, *Eros in Pompeji – Erotische taferelen uit het geheime kabinet van het Museum van Napels*, Amsterdam Boek, Amsterdam 1985.
Grassberger, Roland, *Die Unzucht mit Tieren*, Springer, Vienna/New York 1968.
Graves, Robert, *The Greek Myths*, 2 vols, Penguin, Harmondsworth 1984.
Grimal, Pierre, *Dictionnaire de la mythologie Grecque et Romaine*, Presses Universitaires de France, Paris 1951.
Gun, Nerin E., *Eva Braun – Hitler's Mistress*, Hodder & Stoughton, London 1976.
Guthrie, R. Dale, *Body Hot Spots – The Anatomy of Human Social Organs and Behavior*, Van Nostrand Reinhold, New York/Cincinnati/Atlanta/Dallas/San Francisco 1976.

Haeberle, E.J., *Die Sexualität des Menschen – Handbuch und Atlas*, Walter de Gruyter, Berlin/New York 1983.
Hahn, Emily, *Eve and the Apes*, Weidenfeld & Nicolson, New York 1988.
Hamel, Frank, *Human Animals*, The Aquarian Press, Wellingborough 1973.
Hamilton, David, *The Monkey Gland Affair*, Chatto & Windus, London 1986.
Haneveld, G.T., *Het mirakel van het hart*, Ambo, Baarn 1991.
Hapgood, Fred, *Why Males Exist – An Enquiry into the Evolution of Sex*, William Morrow and Company, New York 1979.
Harris, Marvin, *Good to Eat – Riddles of Food and Culture*, Allen & Unwin, London/Boston/Sydney 1986.
Harrisson, Barbara, *Orang-utan*, Collins, London 1962.
Hayes, Catherine, *The Ape in our House*, Harper & Row, New York 1951.
Hearne, Vicki, *Adam's Task – Calling Animals by Name*, Heinemann, London 1987.
Hedgepeth, William, *The Hog Book*, Doubleday, Garden City, NY 1978.
Hediger, H., *Skizzen zu einer Tierpsychologie im Zoo und in Zirkus*, Europa, Stuttgart 1954.
Hediger, H., *Mensch und Tier im Zoo – Tiergarten-Biologie*, Albert Müller, Rüschlikon, Zürich/Stuttgart/Vienna 1965.
Hentig, Hans von, *Soziologie der Zoophilen Neigung*, Ferdinand Enke, Stuttgart 1962.
Hernandez, Ludovico, *Les Procès de bestialité aux XVIe et XVIIe siècles*, Bibliothèque des Curieux, Paris 1920.
Herodotus, *History*, trans. D. Grene, Penguin, Harmondsworth 1988.
Hillier, Jack, *The Art of Hokusai in Book Illustration*, Philip Wilson, London 1980.
Hirschfeld, M., *Sexual Pathology – A Study of Derangements of the Sexual Instinct*, Emerson Books, New York 1940.
Hoage, R.J., ed., *Perceptions of Animals in American Culture*, Smithsonian Institution Press, Washington/London, 1989.
Holland, Barbara, *Secrets of the Cat – Its Lore, Legend and Lives*, Ballantine, New York 1989.
Holm, Erik, *Tier und Gott – Mythik, Mantik, und Magie der südafrikanischen Urjäger*, Schwabe & Co., Basel/Stuttgart 1965.
Howell, Michael and Peter Ford, *The True History of the Elephant Man*, Allison & Busby, London 1980.
Hunold, Günther, *Abarten des Sexualverhaltens – Ungewöhnliche Erscheinungsformen des Trieblebens*, Wilhelm Heyne, Munich 1978.

Illies, Joachim, *Anthropologie des Tieres – Entwurf einer anderen Zoologie*, R. Piper & Co., Munich 1973.
Ingersoll, Ernest, *Birds in Legend, Fable and Folklore*, Longmans, Green and Co., New York 1923.
Irvine, William, *Apes, Angels and Victorians – A Joint Biography of Darwin and Huxley*, Weidenfeld & Nicolson, London 1956.

Jasper, James M. and Dorothy Nelkin, *The Animal Rights Crusade – The Growth of a Moral Protest*, The Free Press, New York 1992.
Jennison, George, *Animals for Show and Pleasure in Ancient Rome*, Manchester University Press, Manchester 1937.
Johns, Catherine, *Sex or Symbol – Erotic Images of Greece and Rome*, British Museum Publications, London 1982.
Jones, Barbara and William Ouelette, *Erotische*

Du Chaillu, P.B., *Explorations and Adventures in Equatorial Africa*, John Murray, London 1861.

Dumas, Alexandre, *L'Homme aux contes*, Office de Publicité, Brussel 1875.

Dupuis, H.M., C. Naaktgeboren, D.J. Noordam, J. Spanjer and F.W. van der Waals, *Een kind onder het hart – Verloskunde, volksgeloof, gezin, seksualiteit en moraal vroeger en nu*, Meulenhoff Informatief & Amsterdams Historisch Museum, Amsterdam 1987.

Edey, Maitland A., *De ontbrekende schakel*, Time-Life International, Amsterdam 1973.

Engel, Marian, *Bear*, Routledge & Kegan Paul, London 1977.

Es, Ton van and Fon Zwart, *Duizend gezichten van zuivel – Recepten, wetenswaardigheden en curiosa uit de gehele wereld*, Het Nederlands Zuivelbureau, Rijswijk 1988.

Evans, E.P., *The Criminal Prosecution and Capital Punishment of Animals*, William Heinemann, London 1906.

Farson, Daniel and Angus Hall, *Vampires, Zombies, and Monster Men/Monsters and Mythic Beasts*, Aldus, London 1975.

Fekkes, Jan, ed., *De God van je tante – Ofwel het Ezelproces van Gerard Kornelis van het Reve*, De Arbeiderspers, Amsterdam 1968.

Fiedler, Leslie, *Freaks – Myths and Images of the Secret Self*, Simon & Schuster, New York 1978.

Fireman, Judy, ed., *Cat Catalog – the Ultimate Cat Book*, Workman, New York 1976.

Fogle, Bruce, ed., *Interrelations between People and Pets*, Charles C. Thomas, Springfield, Ill. 1981.

Fogle, Bruce, *The Dog's Mind*, Pelham Books, London 1990.

Fokkinga, Anno, *Koeboek*, Educaboek, Culemborg 1985.

Ford, Clellan S., *A Comparative Study of Human Reproduction*, Yale University Press, New Haven CT 1945.

Ford, Clellan S. and France A. Beach, *Vormen van seksueel gedrag*, Het Spectrum Utrecht/Antwerp 1970.

Fossey, Dian, *Gorillas in de mist*, Veen, Utrecht/Antwerp 1984.

France, Peter, *An Encyclopedia of Bible Animals*, Croom Helm, London/Sydney 1986.

Franssens, Jean-Paul, *Een gouden kind*, De Harmonie, Amsterdam 1991.

Friday, Nancy, *My Secret Garden. Women's Sexual Fantasies*, Quartet/Virago, London 1975.

Friday, Nancy, *Men in Love*, Hutchinson, London 1980.

Friedman, John Block, *The Monstrous Races in Medieval Art and Thought*, Harvard University Press, Cambridge, MA 1981.

Frischauer, Paul, *Zeden en erotiek in de loop der eeuwen*, H.J.W. Becht, Amsterdam n.d.

Garon, Jay and Morgan Wilson, eds, *Erotica exotica*, Belmont Books, New York 1963.

Geldof, W., *De koe bij de horens gevat*, Het Spectrum, Utrecht/Antwerp 1984.

Geldof, W., *Wel verhip zei de kip*, Het Spectrum, Utrecht/Antwerp 1985.

Giese, Hans, ed., *Die sexuelle Perversion*, Akademische Verlagsgesellschaft, Frankfurt am-Main 1967.

Giese, Hans, *Zur Psychopathologie der Seksualität*, Ferdinand Enke, Stuttgart 1973.

Gmelig-Nijboer, Caroline Aleid, *Conrad Gessner's 'Historia animalium' – An Inventory of Renaissance Zoology*, Dissertation, Utrecht 1977.

Goden en hun beestenspul, Exhibition catalogue, Allard Pierson Museum, Amsterdam 1990.

Godlovitch, Stanley, Roslind Godlovitch and John Harris, *Animals, Men and Morals – an Enquiry into the Maltreatment of Non-Humans*, Grove, New York 1971.

Goldner, Orville and George E. Turner, *The Making of King Kong – Behind a Film Classic*, Ballantine, New York 1976.

Goldstein, Michael, J. and Harold Sanford Kant, *Pornography and Sexual Deviance*, University of California Press, Berkeley/Los Angeles/London 1973.

Goodall, Jane, *Through a Window – Thirty Years with the Chimpanzees of Gombe*, Weidenfeld and Nicolson, London 1990.

Gould, Charles, *Mythical Monsters*, W.H. Allen, London 1886.

Gould, James L. and Carol Grand Gould, *Sexual Selection*, Scientific American Library, New York 1989.

Gould, Stephen Jay, *The Mismeasure of Man*, W.W. Norton, New York/London 1981.

tants, South Laguna 1980.

Carrington, Richard, *Mermaids and Mastodons – A Book of Natural & Unnatural History*, Chatto & Windus, London 1957.

Carson, Gerald, *Men, Beasts and Gods – A History of Cruelty and Kindness to Animals*, Charles Scribner's Sons, New York 1972.

Cate, C.L. ten, *Wan god mast gift . . . – Bilder aus der Geschichte der Schweinezucht im Wald*, Pudoc, Wageningen 1972.

Cauldwell, D.O., *Animal Contacts*, Girard, Kansas 1948.

Chideckel, Maurice, *Female Sex Perversion – The Sexually Aberrated Woman as She Is*, Brown, New York 1963.

Chorus, A., *Het denkende dier – Enkele facetten van de betrekking tussen mens en dier in psychologische belichting*, A.W. Sijthoff, Leiden 1969.

Clark, Anne, *Beasts and Bawdy*, J.M. Dent & Sons, London 1975.

Clark, Stephen R.L., *The Nature of the Beast – Are Animals Moral?*, Oxford University Press, Oxford/New York 1982.

Clébert, Jean-Paul, *Bestiaire fabuleux*, Albin Michel, Paris 1971.

Cohen, Daniel, *A Modern Look at Monsters*, Dodd, Mead & Co., New York 1970.

Collier, John, *His Monkey Wife; or Married to a Chimp*, Peter Davies, London 1930.

Coco, G., *Is het erg dokter?* Mondria Uitgevers, Hazerswoude-dorp, Amsterdam, n.d.

Corbin, Alain, *Women for Hire – Prostitution and Sexuality in France after 1850*, Harvard University Press, Cambridge, MA 1992.

Costello, *The Magic Zoo – The Natural History of Fabulous Animals*, St Martin's Press, New York 1979.

Damhouder, Jodocus, *Rerum criminalium praxis*, Antwerp, 1562.

Dale-Green, Patricia, *Cult of the Cat*, Weathervane, New York 1963.

Darwin, Charles, *The Origin of Species by Natural Selection*, Watts, London 1951.

Darwin, Charles, *The Descent of Man and Selection in Relation to Sex*, John Murray, London 1922.

Davenport-Hines, Richard, *Sex, Death and Punishment – Attitudes to Sex and Sexuality in Britain since the Renaissance*, William Collins Sons, London 1990.

Davids, Karel, *Dieren en Nederlanders – Zeven eeuwen lief en leed*, Matrijs, Utrecht 1989.

Davidson, Gustav, *A Dictionary of Angels – Including the Fallen Angels*, The Free Press, New York 1967.

David, Murray S., *Smut*, The University of Chicago Press, Chicago & London 1983.

Dekkers, Midas, *Bestiarium*, Bert Bakker, Amsterdam 1977.

Dekkers, Midas, *Het edelgedierte – Over het vreemde verbond tussen mens en dier*, Bert Bakker, Amsterdam 1978.

Dekkers, Midas, *Bovenste Beste Beesten – Eigenzinnige dierbiografieën*, Bert Bakker, Amsterdam 1979.

Dekkers, Midas, *Het walvismeer – Op de bres met Greenpeace*, Meulenhoff Informatief, Amsterdam 1982.

Dekkers, Midas, *Houden beren echt van honing?* CPNB, Amsterdam 1985.

Dekkers, Midas, *De kanarie en andere beesten*, Contact, Amsterdam 1987.

Dekkers, Midas, *De krekel en andere beesten*, Contact, Amsterdam 1989.

Dembeck, Hermann, *Mit Ti[illegible]n Leben*, Econ-Verlag, Düsseldorf/Vienna 1961.

Dieren van stal, de – Het dier in de Griekse en Romeinse beschaving, Exhibition catalogue, Allard Pierson Museum, Amsterdam 1988.

Diodorus of Sicily, *Bibliotheca historica*, trans. C.H. Oldfather. Harvard University Press, Cambridge, MA 1962–70.

Drimmer, Frederick, *Very Special People*, Amjon, New York 1973.

Dros, Imme, *Een heel lief konijn*, Em. Querido, Amsterdam 1992.

Dröscher, Vitus B., *Leven in de dierentuin – Avonturen en ontdekkingen*, Het Wereldvenster, Baarn 1970.

Dröscher, Vitus B., *Dieren beminnen en haten elkaar – Nieuwste gedragsonderzoekingen*, Het Wereldvenster, Baarn 1974.

Dubois, Eugène, *Pithecanthropus erectus – Eine menschenähnliche Uebergangsform*, Batavia 1894.

Dubois-Dessaule, Gaston, *Étude sur la bestialité au point de vue historique, médical et juridique*, Charles Carrington, Paris 1905.

Perigee Books, New York 1983.
Beek, Frans van der, *De koe*, Loeb, Amsterdam 1983.
Beer, Rüdiger Robert, *Einhorn – Fabelwelt und Wirklichkeit*, Georg D.W. Callwey, Munich 1972
Bennett, Herb, *The Thrill of Animal Sex*, Copley Square Press, Hollywood 1975.
Bergen, François van, *Gemengelde parnas-loof: bestaande in verscheidene soort van gedichten: zo ernstige als spot-dichten*, Amsterdam 1693.
Berkenhof, L.H.A., *Tierstrafe, Tierbannung und rechtsrituelle Tiertötung im Mittelalter*, Dissertation, Bonn, Zürich 1937.
Bessy, Maurice, *A Pictorial History of Magic and the Super-Natural*, Spring Books, London 1964.
Bevers, Holm, Peter Schathorn en Barbara Welzell, *Rembrandt: De meester & zijn werkplaats – Tekeningen & etsen*, Rijksmuseum, Amsterdam & Waanders, Zwolle 1991.
Bingham, H.C., *Sex Development in Apes*, Johns Hopkins University Press, Baltimore 1928.
Blackburn, Julia, *Charles Waterson 1782–1865 – De eerste natuurbeschermer*, G.A. van Oorschot, Amsterdam 1990.
Blount, Margareth, *Animal Land – The Creatures of Children's Fiction*, Avon Books, New York 1977.
Boardman, John and Eugenio La Rocca, *Eros in Griekenland*, Amsterdam Boek, Amsterdam 1975.
Bobis, Laurence, *Les Neuf vies du chat*, Gallimard, Paris 1991.
Boccaccio, Giovanni, *The Decameron*, trans. G.H. McWilliam, Penguin, Harmondsworth 1972.
Boerstoel, Jan, Hans Dorrestijn and Willem Wilmink, *Verre vrienden – 44 nieuwe liedjes*, J.C. Aarts, Amsterdam 1983.
Bogart, Nico, *Het paard*, Het Spectrum, Utrecht/Antwerpen 1978.
Bolen, C. van, *Dr. Kinsey en de vrouw – De Kinsey-rapporten in het licht der kritiek*, Nieuwe Wieken, Amstelveen n.d.
Bontius, J., *Historiae naturalis & medicae Indiae Orientalis*, Elzevirios, Amsterdam 1685.
Boon, Dirk, *Dierenwelzijn en recht*, Gouda Quint, Arnhem 1979.
Boon, Dirk, *Nederlands dierenrecht*, Dissertation Groningen, Gouda Quint, Arnhem 1983.
Borges, Jorge Luis, *Het boek van de denkbeeldige wezens*, De Bezige Bij, Amsterdam 1976.
Bowell, John, *The Kindness of Strangers – The Abandonment of Children in Western Europe from Late Antiquity to the Renaissance*, Random House, New York 1988.
Boullet, Jean, *La Belle et la Bête*, Le Terrain Vague, Paris 1958.
Brassens, G., *Poésie et Chansons*, Pierre Seghers, Paris 1969.
Brongersma, E., *De historische achtergronden van wetsbepalingen – Enkele opmerkingen over de historische achtergronden van wetsbepalingen, waarin seksuele gedragingen strafbaar worden gesteld*, in *Seksinfo*, Studium Generale, Utrecht & NVSH, Amsterdam 1969.
Brown, Christopher, Jan Kelch and Pieter van Thiel, *Rembrandt: De meester & zijn werkplaats – Schilderijen*, Rijksmuseum, Amsterdam & Waanders, Zwolle 1991.
Brusendorff, Ove and Poul Henningsen, *Bilderbuch der Liebe – Aus der Geschichte der Freude und der moralischen Entrüstung vom Griechischen Altertum bis zur Französischen Revolution*, Pigalle, Stockholm n.d.
Bruijel, F.J., *Bijbel en natuur – Studies over planten en dieren uit de Heilige Schrift*, J.H. Kok, Kampen 1939.
Buddingh', C., *Gorgelrijmen*, Bruna, Utrecht 1953.
Buffon, George-Louis Leclerc, Comte de, *Histoire naturelle générale et particulière – Avec la description du Cabinet du Roy*, Imprimerie Royale, Paris 1749–1804.
Bullough, Vern L., *Sexual Variance in Society and History*, John Wiley & Sons, New York/London/Sydney/Toronto 1976.
Burroughs, E.R., *Tarzan of the Apes*, A.L. Burt, New York 1914.

Cabanés, Flavian, *Procédures singulières – Les animaux en justice*, Albin Michel, Paris 1928.
Cabanne, Pierre, *Erotik in Malerei und Graphik*, Bertelsmann, Gütersloh/Berlin/Munich/Vienna 1972.
Calvet, Jean and Marcel Cruppi, *Les animaux dans la littérature sacrée*, Fernand Lanore, Paris 1956.
Carpenter, Thomas H., *Art and Myth in Ancient Greece – A Handbook*, Thames & Hudson, London 1991.
Carr, Pattie, *Raped by her Pet*, Publisher's Consul-

参考文献

Aelian, *De natura animalium*, trans. A.F. Schofield, Harvard University Press, Cambridge, MA and Heinemann, London 1958–9.

Aldrovandi, Ulyssis, *De quadrupedibus digitalis viviparis*, Bonn 1645.

Allais, Alphonse, *A se torda*, Albin Michel, Paris n.d.

Amerongen, M. van and R.O. van Gennep, eds, *Het orgasme van Lorre – Nieuwe verhalen, gedichten en artikelen*, Van Gennep, Amsterdam 1983.

Anderson, R.S., ed., *Pet Animals and Society*, A.B.-S.A.V.A. Symposium, Baillière Tindall, London 1975.

Annan, David, *Movie Fantastic – Beyond the Dream Machine*, Bounty Books, New York 1974.

Annan, David, *Ape – the Kingdom of Kong*, Lorrimer, London 1975.

Apuleius, *The Golden Ass*, trans. Robert Graves, Penguin, Harmondsworth 1950.

Aristotle, *Historia animalium*, trans. A.L. Peck, Heinemann, London 1965.

Armstrong, Edward A., *The Life and Lore of the Bird – In Nature, Art, Myth and Literature*, Crown, New York 1975.

Arrabal, *Theâtre VI – Bestialité érotique*, Christian Bourgois, Paris 1969.

Arsan, Emmanuelle, *l'Anti-vièrge*, Le Terrain Vague, Paris 1968.

Ars erotica – Catalogo della mostra, Overart, Firenze n.d.

Ayrault, Pierre, *Des procez faicts au cadaver, aux cendres, à la mémoire, aux bestes brutes, choses inanimées, et aux contumas*, Anthoine Hernault, Angers 1591.

Banton, Michael, *The Idea of Race*, Tavistock, London 1977.

Barber, Richard and Anne Riches, *A Dictionary of Fabulous Beasts*, Macmillan, London 1971.

Barloy, Jean-Jacques, *La peur et les animaux*, Baland, Paris 1982.

Barrès, Maurice, *Du Sang, de la volupté et de la mort*, Plon, Paris 1921.

Bartholomeus Anglicus, *Dat boeck van den proprieteyten der dinghen*, Jac. Bellaert, Haarlem 1485.

Bateson, P., ed., *Mate Choice*, Cambridge University Press, Cambridge 1983

Baumann, Peter and Ortwin Fink, *Zuviel Herz für Tiere – Sind wir wirklich Tierlieb?*, Hoffmann und Campe, Hamburg 1976.

Baur, Otto, *Bestiarium humanum – Mensch-Tier-Vergleich in Kunst and Karikatur*, Heinz Moos, Munich 1974.

Bay, André, ed., *La Belle et la bête et autres contes du cabinet des fées*, Club des libraires de France, Paris 1965.

Beaver, Bonnie, *Veterinary Aspects of Feline Behavior*, C.V. Mosby, St Louis/Toronto/London 1980.

Beck, Alan and Aaron Katcher, *Between Pets and People – The Importance of Animal Companionship*,

地図のない場所

伴田良輔

人は人にしか恋しないのだろうか？　「動物学者を熱い目で追いかけるツル」は微笑ましくても、「ツルを熱い目で追いかけた動物学者」はアブノーマルということになってしまうのだろうか？

そんなことはない。少数派ではあっても、人間という種以外の種を、大まじめに愛してしまった者たちがいるのだ。たしかに、激しい恋情に急かされて一心不乱にツルを追いかける者の「告白手記」や顔写真が表面に出てくることは少ない。神話や昔話や漫画ならともかく、現実にそんな人間がいるとは信じがたい、というのが一般的な感覚だろう。人は人としか性愛をかわさないのだろうか——というこの問いは、大がかりな性意識調査から精神分析まで、さまざまな性愛のディスクールによってありとあらゆる地図が描かれた「性の世紀」二〇世紀において、最後に残された空白地帯だったといってもいい。ミダス・デッケルスは本書においてその問いに果敢に挑み、豊富な資料を縦横に駆使しつつ、その空白に、おそらく世界ではじめて地図を描いてみせたのだ。

　ギリシア神話のミダス王、手に触れるものすべてを金に変えた王と同じ名前を持つ著者ミダス・デッケルスは、ユーモアのセンスを文章の随所にちりばめつつ（「何が起こってもポーカーフェイスの牛」、「たばこも酒もたしなまず、パーティーにだって行かない知的な動物のイルカが、孤独に耐えかねてすることがこれとは……」といった微笑をさそう文章があちこちに顔を出す）きわめて真摯に、また精力的に、この地図制作に取り組んでいる。動物と人間を性愛＝エロスの糸でつないだ、かつて見たこともないこの地図を前にすると、人類が二〇世紀になって狭いメディア・カルチャーの中で勝ち取ったとされる「フリーセックス」というお題目も、また、人間中心的な危機管理意識による「動物保護」のお題目も、なんだかかすんで見える。「フリーセックス」も「動物保護」も、人間を頂点とした進化論的な樹系図の存在を根底から揺り動かすものではない。樹系図の枝と枝が互いを求めてからみあう「立体的な地図」がこうして提示されてみると、言葉のひろい意味での圧倒的な「自由さ」に呆然とする。そして、この「自由」がなければ、実際的な種の境界線上での混交も発生せず、進化そのものも起きなかったのではないかと思えてくる。

　性愛をつきうごかす得体のしれない情熱、種を超えてさえ惹かれあう自由こそが、生命をここまで多様な形態にしたのではないか？

異種間性愛美術館を夢想して

伴田良輔＝選

❶

❷

❸

❺

❹

❼

❻

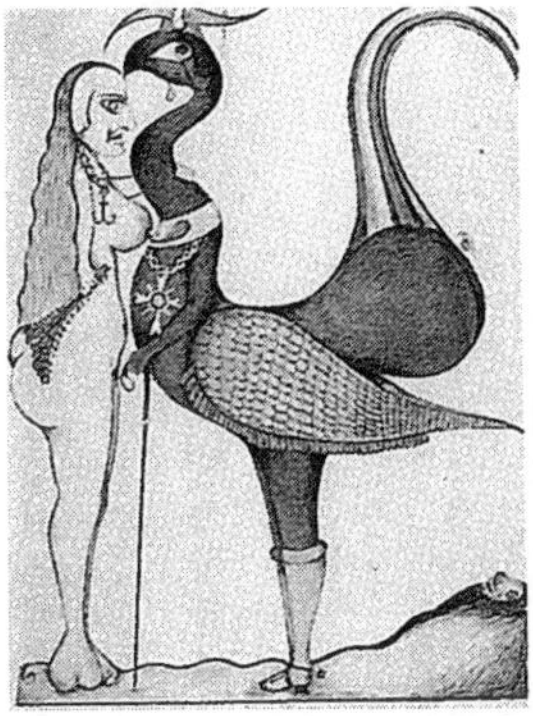

❿

❾

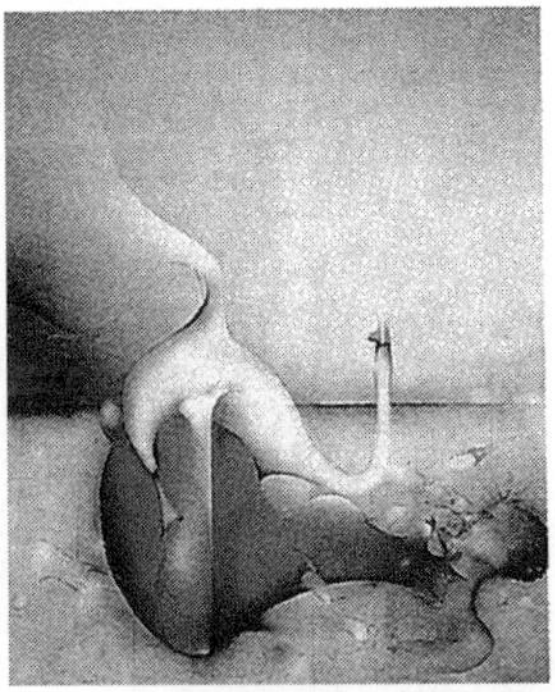

❽

⓫

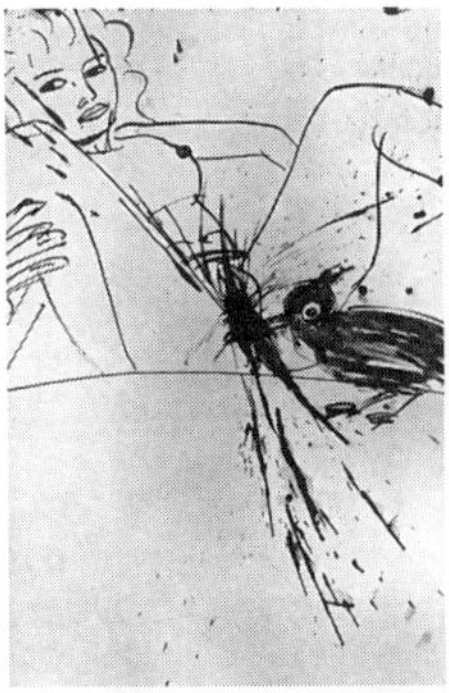

⓬

⓭

❶カースティン・アペルマン・エベルク、「ノアの箱船」、1969年。
❷ユリウス・クリンゲル、ロチェスター伯爵作の『ソドム』の限定本の挿絵、1909年ごろ。
❸ヤン・レーベンシュタイン
❹A・レイモンド・カッツ
❺メル・ラモス、「セイウチ」、1967年。
❻アンドレ・マッソン、アプレイウス作『黄金のロバ』の挿絵。
❼ジェフ・クーンズ、「ピンク・パンサー」、1988年。
❽パウル・ヴンダーリヒ、「レダと白鳥」、1966年。
❾ジョルジュ・ヒュネ、「Le proimdan cornu」、1947年。
❿ゾンネンシュタイン、「Wellodistanzissimus」、1952年。
⓫ドロテア・タニング、「Tableau vivant」、1954年。

⓬ウォレス・チン、「甘草の味」。

⓭アンドレ・マッソン、「ピアノとセックスする女性」。

図版出典：『The Complete Book of Erotic Art 』(Bell Publishing Company)、『20世紀の性表現』(宝島社)

もとより、異種との交配から生まれる奇抜な身体デザインは、人間の想像力の源泉になってきた。第五章で詳しく述べられているとおり、神話の世界では、動物と人間の境界はほとんどないに等しい。ケンタウロス、ミノタウロス、セイレーンといった半人半獣の神々の圧倒的な存在感は、本書図版でもあらためて確認できるだろう。またありとあらゆる動物と人間の結婚譚が、世界中の民話の中に発見されている。異種への憧れと恐怖は、表裏一体のセットになって人間の想像力を刺激し、はぐくんできたのだ。いや、想像するだけではない。古代から現代まで人間がこれほど身体装飾に情熱を燃やし、装飾的差異＝ファッションをとぎれることなく生み出し、誘惑し合ってきたことも、オスメスの身体デザインを超えてさらなる異形の身体をもとめる欲求、ある種の「異種愛」の変形と見ることができるだろう。

また洞窟壁画から現代美術まで、生物学や宗教に何の義理も借りもない率直で大胆な想像力が、くり返し動物と人間との性愛を描いてきた。その、時代を超えた普遍的テーマといってもいいほどの豊富さは「異種間性愛美術館」の設立の可能性を確信させてくれる。まずは神話上の神々や天使や悪魔といった姿をとって人間と交わっていた動物たちは、しだいに閨房に飼われる犬や猫や小鳥の姿になり、人間の性愛を覗き込む地上的存在になっていった。そうした卑近な動物との交わりは、二〇世紀前半の大きな芸術潮流であるシュールレアリスムの格好のテーマにもなった（図版頁・アンドレ・マッソンの作品ほか参照）。さらに現代美術においては、現代人の私生活の奥深くに関わる性的存在としての「ペット」を、多くの作家たちがテーマに選んでいる（図版頁・ジェフ・クーンズ「ピンク・パンサー」参照）。動物たちが互いの種の壁を超えることなく性愛をかわしているカースティン・アペルマンの作品「ノアの方舟」（図版頁参照）は、一見、異種との性愛をタブーとした旧約聖書上の概念を描いているように見えるが、その奇妙な白々しさにこそ、現代性があるといえるだろう。

　絵画表現において徹底的に動物との性愛場面が描かれたにもかかわらず、性医学の領域では、「動物愛」は治療対象以前のもの、つまり論外なものとして真正面から扱われなかった。一九四八年と一九五三年に男女の性行動を調査したキンゼイ・レポートは、おそらくはじめて真面目に動物との性行為をとりあげた例だが、多くはオナニズム的な妄想の症例にとどまった。しかし、動物との共棲を選んだ人間が、神話世界の住人ではなく隣人として彼らと接する以上、ヒトとヒトとの間だけで使われるのではない「愛」という単語の意味合いに、目をとざすことはできなくなっているのである。

　それにしても「ペット」とは何だろう？

　かつて私は、あるコラムの中でペット＝PETという単語を

PRETTY（可愛い）

ENVIOUS（人のうらやむような）

TAME（飼い馴らされた）

という三つの単語《クロスワード》に分解してみたことがある。しかし本書に出会って、これは人間中心、人間から見たペット観にすぎないのだと気づいた。動物たちは喋らない。意思を言葉で人間に伝えることはできないのだ。「可愛らしさ」の基準も、世間的な人気や価値も、ペットたちにとってはまったく関係のない、理解不可能なことだろう。

動物たちの側に立ったら、ペットとして彼らを扱う人間はたとえばこんなふうに見えているかもしれない。

PUNISH（罰を与える）
EROGENOUS（性的に敏感な）
TORMENTED（残酷な）

先頃、新聞の一面トップに、「中国の動物園が、パンダに性教育」という記事が写真つきで出ていた。性行為をしているパンダのビデオを性行為が不得手なパンダに檻ごしに見せている光景がそこにあった。「可愛い」動物の代表として、ぬいぐるみやさまざまなキャラクターになっているパンダとその「性欲」のとりあわせを、奇異に感じたわけではない。パンダにも性欲がある、という単純な事実を、こうして見せてくれたのは素晴らしいとさえいえる。けれどもその光景が滑稽さのようなものをも感じさせたのは、「種の保存」という名目でお仕着せのエロスを人間から与えられたパンダが、まるで各種メディアから性的刺激を日々浴びている人間がぬいぐるみを着ているように見えたからだろう。

人が人の性愛を管理する権限などあるのだろうか、という問いは二〇世紀に徹底的に議論された問題だったが、この問いは、隣人としてこの社会に住まわされた動物たちにも、そろそろあてはめなければいけないのかもしれない。空前のペットブームが巻き起こっている日本で使われている「可愛い」という単語にも、本書によって、思いもよらない奥行きと認識が加えられるはずである。

［著者略歴］

ミダス・デッケルス Midas Dekkers

一九四六年、オランダのハールレム生まれ。生物学者、作家。動物界をテーマにしたテレビやラジオ番組でも活躍。著書には、児童文学、サイエンス・エッセイなど多数あり、一貫して人間と動物の共通基盤に焦点を合わせながら、持ち前の機知を駆使したユニークな執筆活動を続けている。邦訳書に『誕生の瞬間』（こぐま社）がある。

［監修者略歴］

伴田良輔（はんだ・りょうすけ）

一九五四年、京都府生まれ。上智大学外国語学部中退。著書に『独身者の科学』『女の都』（以上河出文庫）、『絶景の幾何学』（ポーラ文化研究所）、『欲望百科』（光文社文庫）、『湖畔の宿』（自由国民社）、『誘惑術―性のデザイン』（河出書房新社）、『Erovogue』（新潮社）など、訳書にカレル・チャペック『ダーシェンカ』『子犬の生活』（以上新潮社）、M・スローン『リプレーの奇人不思議館』（河出書房新社）、ペンタグラム『パズルグラム』（朝日出版社）などがある。

［訳者略歴］

堀 千恵子（ほり・ちえこ）

一九五八年、熊本県生まれ。熊本女子大学（現・熊本県立大学）文家政学部英文学科卒業。翻訳家。訳書に、D・コックス『はじめてのおどり』（新世研、同社主催の英米出版社絵本翻訳コンクール最優秀賞作品）、M・トウェイン『王子と乞食』（ニュートン・プレス）、J&G・リーブス＝スティーブンス『アート・オブ・スタートレック』（ジャパン・ミックス）、L・M・クラウス『SF宇宙科学講座』（日経BP社）など。そのほか、SF／科学雑誌での翻訳も手がける。

This book was published with financial support
from the Foundation for the Production and Translation of Dutch Literature.

愛しのペット

発行日――二〇〇〇年六月三〇日
著者――ミダス・デッケルス
監修――伴田良輔
訳者――堀 千恵子
編集――石原剛一郎
エディトリアル・デザイン――阿部 聡
印刷・製本――文唱堂印刷株式会社
発行者――中上千里夫
発行――工作舎　editorial corporation for human becoming
〒150-0046　東京都渋谷区松濤2-21-3
phone:03-3465-5251
ISBN4-87502-330-8
URL http://www.kousakusha.co.jp
E-mail saturn@kousakusha.co.jp

禁断の文化史　工作舎の本

匂いの魔力
◎アニック・ル・ゲレ　今泉敦子＝訳
中世ではペストの原因は「臭い」だと信じ芳香で予防していた！　誘惑・差別・治癒など「生命の原理」と分ちがたい匂いの歴史をひもときながら、その力の秘密に迫る。
●四六判上製●280頁●定価　本体2200円＋税

感覚の力
◎コンスタンス・クラッセン　陽　美保子＝訳
視覚を中心として成立する現代社会。その文化に染まらず育った野生児たちの超人的な感覚、熱によって世界を認識する部族などをとりあげ、感覚と文化の多彩な関連性を明らかにする。
●四六判上製●224頁●定価　本体2200円＋税

サイケデリック・ドラッグ
◎L・グリンスプーン＋J・B・バカラー　杵渕幸子＋妙木浩之＝訳
LSD、メスカリンなど、サイケデリック・ドラッグの豊富な事例とともにその功罪を検証。専門医が書いた本格的研究書。精神医療へのドラッグ利用が再評価されている。
●A5判上製●540頁●定価　本体5000円＋税

女性を弄ぶ博物学
◎ロンダ・シービンガー　小川眞里子＋財部香枝＝訳
リンネが命名した「哺乳類（字義どおりには乳房類）」という分類名には、女性を妻・母のジェンダーに限定していく裏面もあった。18世紀の博物学者の虚妄を暴く。
●A5判上製●280頁●定価　本体3200円＋税

愛と支配の博物誌
◎イーフー・トゥアン　片岡しのぶ＋金　利光＝訳
盆栽、犬や猫、ハーレム、宦官……自然をねじ曲げ、動物を作り変え、人間を道具とし、そして可愛がる権力者の愛と力。文明史の蔭にひそむ、この愛と残酷こそが創造力の源泉だった！
●A5判上製●288頁●定価　本体2800円＋税

女神のストッキング　新装版
◎天野哲夫
SFマゾヒズム小説『家畜人ヤプー』の作者沼正三と告白した著者が、古今東西の博識と自らの体験をもとに繰り広げる妖女論、畸形論、やくざ論、倒錯論など。エロス復権の書。
●A5変型上製●208頁●定価　本体1900円＋税